LES ANIMAUX
DE
BASSE-COUR

A Madame C. de ROOSMALEN,

*hommage respectueux de l'auteur :*

Albert LARBALÉTRIER.

École pratique d'Agriculture de Berthonval.

Septembre 1887.

BIBLIOTHÈQUE D'UTILITÉ PRATIQUE

LES ANIMAUX
DE
BASSE-COUR

ÉLEVAGE DES POULES ET COQS, DINDONS,
PINTADES, OIES, CANARDS,
CYGNES, PAONS, PIGEONS, LÉPORIDES, LAPINS,
ET COBAYES

PAR

Albert LARBALÉTRIER

Ingénieur-agronome, professeur à l'École pratique d'Agriculture du Pas-de-Calais

Ouvrage illustré de 106 gravures et vignettes

PARIS

GARNIER FRÈRES, LIBRAIRES-ÉDITEURS

6, RUE DES SAINTS-PÈRES, 6

INTRODUCTION

On désigne sous le nom d'animaux de *basse-cour*, les oiseaux de produit, tels que les poules, les dindons, canards, oies, pintades, pigeons ; d'agrément, comme le paon, le cygne, etc, auxquels il faut ajouter deux petits mammifères : le lapin et le cobaye.

Au point de vue de leur anatomie, physiologie, classification, mœurs et distribution géographique, l'étude de ces animaux est du ressort de la *zoologie* ; mais, outre l'intérêt scientifique qui s'attache à ces êtres, il y a encore une question pécuniaire, qui d'abord négligée, a pris dans ces derniers temps une grande importance, puisque dans bon nombre de fermes, l'élevage bien conduit des animaux de basse-cour, suffit parfois, et même au delà, par les produits qu'il donne, pour payer le fermage. L'étude des meilleurs modes de production, d'élevage, d'alimentation, d'entretien des animaux qui nous occupent, fait donc partie de la *zootechnie* ou économie du bétail. On comprendra sans peine, que pour approfondir quelque peu cette dernière science, il faut posséder, tout au moins les éléments de la première ; car, de même que pour bien conduire une machine et en tirer tout le travail possible, il faut connaître les pièces et les rouages qui la constituent, de même pour exploiter un animal domestique avec fruit, il est essentiel de connaître les organes, et par cela même les fonctions sur lesquelles on agit par les diverses méthodes d'alimentation, d'élevage, etc. C'est pourquoi l'on ne peut guère séparer la zoologie de la zootechnie, deux sciences sœurs, au même titre que la mécanique et la machinerie.

Dans ce volume, nous étudierons successivement les animaux suivants :

1° poules ;
2° dindons ;
3° canards ;
4° oies ;
5° pintades ;
6° pigeons ;
7° cygnes ;
8° paons ;
9° lapins ;
10° cobayes ;

au point de vue zoologique (organisation, classification, mœurs, habitudes, genre de vie etc.) et zootechnique (races, multiplication, alimentation, logement, entretien, hygiène, etc.). Enfin, nous mentionnerons les principales maladies dont peuvent être atteints les animaux qui nous occupent, et les moyens les plus simples de les combattre.

Cette dernière partie n'est pas, tant s'en faut, une des moins importantes, car s'il est vrai, qu'une espèce quelconque de basse-cour, la poule par exemple, a une grande valeur comme animal de produit, lorsqu'elle est prise en masse, il est non moins vrai, que lorsqu'un individu est atteint d'une affection quelconque, on ne se donne guère la peine d'avoir recours au vétérinaire et pour cause; la visite de l'homme de l'art, dans ce cas, coûtant plus que l'animal ne vaut ; qu'advient-il ? La plupart du temps, faute de soins appropriés, résultant du manque de connaissances techniques de la part du propriétaire, la bête succombe. Il importe donc de connaître tout au moins les principales maladies des animaux de basse-cour, les plus communes, car c'est la fermière ou la personne spécialement chargée de cette partie du bétail de la ferme, qui doit être le vétérinaire de ses élèves. Ce qui n'empêche nullement, bien entendu, d'avoir recours à l'homme de l'art dans les cas graves, les épizooties par exemple, où un grand nombre d'individus ou même d'espèces sont atteints à la fois.

PREMIÈRE PARTIE

COQS ET POULES

CHAPITRE PREMIER

CONSIDÉRATIONS HISTORIQUES

Origines. — Comme pour tous les animaux domestiques, et pour le coq peut-être encore plus que pour tout autre, on est dans une ignorance à peu près absolue en ce qui concerne l'époque de sa domestication.

C'est un de ces animaux qui paraissent aussi anciens sur la terre que l'homme lui-même, dont l'origine se perd dans la nuit des temps.

Non seulement on ignore l'époque à laquelle la poule fut domestiquée, il semble qu'elle l'ait toujours été; mais on ignore encore, malgré les assertions plus ou moins risquées de quelques voyageurs et naturalistes, la ou les contrées dont elle est originaire. Tout ce qu'on a avancé à ce sujet, sont de simples conjectures.

L'opinion qui prévaut aujourd'hui est qu'elle est originaire des pays chauds, car, malgré tout, la poule est restée frileuse; de ce qu'elle était répandue en Perse bien avant Darius et Megabaze on a prétendu qu'elle était originaire de l'Asie, des forêts et des jungles de l'Inde notamment.

D'après le naturaliste Temminck, les ancêtres du coq actuel seraient le coq géant de Malaisie (Gallus giganteus) et le coq bankiva (Gallus bankiva). Toutefois, nous le répétons, les preuves à l'appui de ces assertions font défaut.

La poule, qu'elle soit ou non originaire des Indes, n'a pas toujours existée en Europe. Ce seraient les Phéniciens, qui les premiers auraient fait connaître ces oiseaux sur les rivages de la Méditerranée. Encore cette manière de voir n'est-elle pas acceptée par tous les auteurs. En un mot, sur ce point, nous n'avons qu'à avouer notre ignorance.

Les coqs et les poules chez les anciens. — Les anciens Grecs connaissaient fort bien ces gallinacées, puisque Socrate élevait des poules pour leurs œufs.

Les Romains étaient dans le même cas; de plus, ces peuples superstitieux s'il en fût, entretenaient des poulets sacrés; ils n'entreprenaient rien d'important, tel que guerres, décisions politiques graves, etc., sans consulter les volailles sacrées; la manière d'être de ces oiseaux réglait pour ainsi dire la conduite du sénat et des armées.

RACES GALLINES DIVERSES.

Les armées romaines, raconte le Dr Lamouroux, rapportèrent, dans leur pays, au retour des conquêtes de la Grèce et de l'Asie, l'habitude de manger les poules engraissées dans les lieux clos et avec certaines pâtes, dont Pline attribue l'invention aux habitants de l'île de Cos.

Ils poussèrent même la délicatesse jusqu'à ce point, que l'engraissement des volailles devint une profession particulière, un art qui avait ses règles et ses préceptes. Marcus Lœlius Strabon, chevalier romain, inventa les volières pour renfermer les poules; d'autres s'appliquèrent à l'étude de la nourriture spéciale, qu'on devait leur donner...

Il y avait, d'après Pline, des poules ainsi engraissées qui ne pesaient pas moins de seize livres.

L'engouement pour cette nourriture était devenu tel que l'on était menacé d'une prochaine disette de poules. Les magistrats s'en émurent, et le consul Fannius édicta une loi, qui défendit de servir aucune poule grasse sur les tables, mais seulement des poules non engraissées, et une seule à chaque repas.

Mais la gourmandise ne perd jamais ses droits, et comme la loi Fannia ne parlait que des poules, on trouva moyen de l'éluder en prenant aux Grecs l'usage de chaponner les jeunes coqs, coutume qui s'est perpétuée jusqu'à nos jours[1].

Le coq gaulois. — D'après quelques auteurs, il existait des poules sauvages dans les épaisses forêts de la Celtique, le nom de Gaule aurait été

---

1. Dr. A. Lamouroux : Le *Poussin*, 1re Année.

donné à ce pays à cause de cette particularité : il dérive de *Gallus* qui signifie *coq* en latin.

Ces oiseaux existaient aussi en Grande-Bretagne avant l'invasion romaine. César fait remarquer à ce sujet, que les habitants s'abstenaient d'en manger, ils n'élevaient ces animaux que pour leur plaisir.

En Gaule il n'en était plus ainsi, car les Gaulois étaient non moins friands de volailles que les Romains.

Les Romains employaient le mot *Gallus* pour désigner à la fois le coq et les Gaulois.

Les Celtes avaient consacré le coq au soleil à cause du feu qui brille dans ses yeux.

D'ailleurs le coq est l'emblème national de la France. C'est lui qui surmontait les drapeaux français pendant la première révolution. En 1830 il fut remplacé par la fleur de lis.

Cet emblème avait été choisi à cause de la hardiesse du coq, son intrépidité, son courage, son orgueil, sa vigilance et son ardeur belliqueuse, bien caractéristiques de nos pères les Gaulois et des vaillants bataillons de 1793.

La gallinoculture. — La partie de la zootechnie qui s'occupe spécialement des poules et coqs est appelée *Gallinoculture* (de *Gallus*, coq.)

D'après une statistique récente publiée et commentée par M. N. Masson, on compte en France 43.858.780 coqs et poules, qui, au prix moyen de trois francs la pièce, donnent un chiffre de 131.576.340 francs.

De cette quantité, un cinquième est livré annuellement à la consommation soit, 8.771.756, à trois francs pièce, donnent un premier produit de 26.315.268 francs.

Puis, 8.771.756 coqs sont également réformés chaque année et vendus aux mêmes conditions que les précédents, soit un deuxième rapport de 26,315,268 francs.

Il reste 26.315.268 poules pondeuses, desquelles naissent tous les ans, 101.000.000 de poussins en moyenne, sur lesquels il faut prendre 8.771.756 reproducteurs destinés à remplacer les ascendants sacrifiés.

Et déduire encore 8.771.756 élèves à cause des accidents et des maladies qui affectent ordinairement les volailles, ce qui fait une réduction de 17.543.512 sujets, sur le chiffre de 101.000.000 de poulets, soit un nombre restant de 83.456.488 jeunes, qui, vendus à un franc soixante-quinze la pièce, donnent un troisième résultat de 146.048.856 francs.

Aux chiffres qui précèdent, il faut ajouter une plus-value, pour les chapons et les poulardes, qui ne peut être évaluée moins de 7.000.000 de francs, comme quatrième chiffre productif.

De sorte que le total énumératif, fourni par la vente de ces animaux, est de 205.679.390 francs.

Nos 26.315.268 poules, pondant environ chacune 100 œufs par an, nous donnent un chiffre de 2.631.526.800 œufs.

En déduisant les 101.000.000 d'œufs employés aux couvées des poussins, dont il est parlé plus haut, il reste un total net de 2.530.526.800 œufs à sept centimes pièce en moyenne, ce qui représente une somme de 177.136.876 francs.

En somme, nos 43.858.780 sujets se trouvent réduits à 26.215.268, qui, à trois francs pièce forment un chiffre de 78.945.804 francs. Plus 205.679.390 francs produits par la vente des animaux.

LE COQ ET LA POULE.

Enfin 177.136.876 francs résultant de la vente des œufs.

Soit un total général de 461.762.070 francs, chiffre qui indique le rapport annuel des coqs et des poules en France. Comme on le voit, c'est un chiffre important.

Or, comme le fait si judicieusement remarquer M. E. Menault, ce n'est pas là le dernier mot de la production de nos basses-cours, tant s'en faut. Il est certain que nous pourrions nourrir 150 millions de poules qui rapporteraient en viande et en œufs plus d'un milliard.

En 1880, il est arrivé aux Halles centrales de Paris, environ 300 millions d'œufs et 15 millions de pièces de volailles engraissées pour la vente, ce qui constitue une valeur de 80 millions dans une seule ville. Cette source de prospérité ne s'est développée que depuis trente ans dans la classe des cultivateurs.

En 1850, la France exportait à peine pour 8 millions d'œufs.

En 1860 pour 60 millions.

En 1879 pour 160 millions.

On conçoit quelle source de prospérité peut devenir l'exercice rationnel de la gallinoculture.

Voyons maintenant, tout au moins sommairement, ce qui se passe sous ce rapport chez nos voisins les Anglais.

« Les Anglais, dit à ce propos Mme Millet-Robinet, avaient proscrit de leurs fermes presque toutes les volailles comme bêtes voraces et pillardes, ingouvernables, dévorant la semence et la récolte, dépensant plus qu'elles ne rapportent. Les Anglais se sont repentis et se sont tout à coup livrés avec ardeur à la création de races énormes qu'ils nous ont ensuite présentées comme des types propres à améliorer nos petites variétés communes, bonnes pondeuses quand on les soigne, très productives quand on ne les abandonne pas à la misère.

Les anciennes races de volailles n'ont pas trouvé grâce devant nos voisins, ils les ont grossies, alourdies. Ils en ont fait des géants exigeants, qui ne pillent pas, parce qu'ils sont confinés avec soin, mais dont la nourriture est ruineuse. Ces oiseaux de basse-cour, hauts et fiers aristocrates, pleins de morgue, donnent beaucoup de viande, mais aussi beaucoup d'os ; les uns ont de la précocité, mais peu de fécondité ; les autres produisent des œufs plus nombreux, mais les femelles, mères ignorantes, ne savent point élever leurs petits ; on vante les volailles qui se montrent disciplinées, qui ne grattent ni le sol du parc, ni les tas de fumiers, toujours si riches en victuailles ; mais les maraudeurs ont leur utilité, car ils récoltent des masses de nourriture que les autres laissent perdre en dédaignant de les chercher. Presque toutes les races anglaises ont la chair dure et peu savoureuse ; il en est qui donnent presque autant de viande que nos plus chétives bêtes à laine, mais que la saveur de cette viande est différente, et comme nos petits poulets, quand on les soigne, leur sont supérieurs sans avoir coûté autant [1] ! »

Les Anglais ont cherché à obtenir plus de viande, nous nous sommes contentés de faire produire à nos volailles plus d'œufs : nous pouvons facilement obtenir beaucoup plus dans les deux ordres de produit. D'ailleurs nous exportons tous les ans des millions d'œufs en Angleterre.

1. Mme Millet-Robinet : *Basse-cour*, pigeons et lapins.

Valeur alimentaire des volailles et des œufs. Hygiène. — La chair de poulet est une viande de luxe, fort appréciée à cause de sa finesse et de sa facile digestion; de plus, elle est nourrissante malgré sa légèreté, aussi convient-elle surtout aux convalescents. Pour que cette chair ait toutes les qualités qui font qu'on la recherche, l'individu qui la fournit ne doit être ni trop jeune, ni surtout trop âgé, car la digestibilité de cet aliment est d'autant plus grande que l'animal est plus jeune. De plus, avant d'avoir atteint un an, la viande de poulet est gélatineuse et peu agréable au goût. C'est entre un an et dix-huit mois que cette viande possède son plus grand degré de digestibilité, c'est aussi à ce moment qu'elle est le plus savoureuse. Au delà de deux ans, la viande du coq et de la poule est dure et filandreuse, toutefois elle est toujours agréable au goût et fort nutritive, elle demande seulement une ébullition plus prolongée.

L'usage alimentaire des œufs est généralement connu et justement apprécié. C'est l'une des substances, fait remarquer le Dr Hector George, les plus nourrissantes sous un petit volume, dont la digestion est la plus salutaire, et, comme l'a dit Mérat; « qui se marie le mieux avec la plupart des matières alimentaires. » Les formes sous lesquelles on les sert sur nos tables, l'emploi qu'en font les cuisiniers et les pâtissiers, montrent toute l'importance de ce précieux produit.

D'après Aulagnier, on connaît en France *cinq cent quarante-trois* manières d'accommoder les œufs. **Au point de vue de la digestion, le docteur de la**

Porte classe les œufs dans l'ordre suivant : à la coque, au miroir (ou sur le plat), brouillés, pochés, au lait. Il regarde comme plus indigeste l'omelette et les œufs au beurre noir. Ici, comme en toute matière analogue, les divers estomacs ont souvent des appréciations différentes. Pourtant de l'avis général, les œufs durs sont ceux qui opposent à la digestion le plus de résistance, ce qui ne les empêche pas d'être une précieuse ressource dans les voyages et les parties de campagnes.

Les œufs crus sont rarement employés, et causent du dégoût à beaucoup de personnes. La saveur en est cependant des plus agréables, lorsqu'ils sont récemment pondus, encore tout chauds, et ils sont alors d'une digestion très facile. Les chanteurs en usent souvent pour s'éclaircir la voix [1].

On reproche parfois aux œufs d'être échauffants. Cette action tient à leur complète digestibilité. En vertu de cette propriété, ils rendent de grands services aux personnes chez qui la liberté du ventre est poussée jusqu'à la licence.

Dans certains pays où manquent l'huile et le vinaigre pour la salade, on les remplace par un jaune d'œuf et du jus de citron. Alexandre Dumas père raconte, dans ses *Mémoires* une certaine salade qu'il confectionna de la sorte en Espagne et qui eut un grand succès.

Il est bon de rappeler que l'œuf varie beaucoup de qualité et de goût suivant l'alimentation de la poule qui l'a pondu, exactement comme le lait des différentes vaches. Lorsqu'on nourrit les poules

---

1. Dr H. George. Les œufs pour l'alimentation. *Le Poussin,* tome III

avec des vers blancs, des hannetons ou de la viande putréfiée, lorsqu'on leur laisse boire l'eau des fumiers, les œufs acquièrent une odeur et une saveur très désagréables.

Les odeurs peuvent même se communiquer à l'œuf à travers les pores de la coquille. C'est ainsi que les œufs conservés dans la paille humide et pourrie prennent un goût désagréable.

Voilà pourquoi l'on ne doit faire cuire les œufs à la coque que dans l'eau pure et très propre, de peur d'altérer leur goût.

En revanche on peut donner aux œufs un goût de truffe exquis, en ajoutant des truffes dans un bocal contenant des œufs, et en laissant le tout hermétiquement fermé pendant quarante-huit heures.

CHAPITRE II

ORGANISATION DE LA POULE

(ANATOMIE ET PHYSIOLOGIE)

Les Gallinacés. — Les oiseaux qui nous occupent appartiennent à l'ordre zoologique des Gallinacés, dont la caractéristique générale peut être ainsi formulée :

Corps charnu, ailes courtes, bec court, mandibule supérieure courbe; de quatorze à dix-huit rectrices[1], doigts antérieurs unis à la base par une membrane; trois doigts en avant, un en arrière, ce dernier manque quelquefois.

Les gallinacés sont en général des oiseaux d'assez forte taille, ils volent avec peine, mais marchent fort bien, ils grattent généralement la terre pour y chercher leur nourriture qui consiste en grains et en animalcules divers.

La fécondité de ces animaux est prodigieuse, toutefois le mâle ou *coq* ne s'occupe guère de sa progéniture; la mère au contraire en a grand soin.

Burmeister s'exprime ainsi au sujet de ces oiseaux : Aucun groupe d'oiseaux de même valeur n'est aussi répandu sur toute la surface de la terre, ne présente des types aussi variés que les gallinacés, cette dénomination étant prise dans

1. On nomme ainsi les plumes qui forment la queue; elles sont implantées dans le croupion et recouvertes par les tectrices. On les appelle encore *pennes*.

son sens le plus vaste. Il y a partout des gallinacés : non seulement ce sont des oiseaux domestiques, accompagnant l'homme sous toutes les latitudes, mais encore chaque contrée habitable de la terre a son type propre. A la vérité ce type est souvent si défiguré, qu'il faut un certain travail pour constater la parenté originelle de tous ces oiseaux. »

Notons que c'est surtout en Asie que ces oiseaux abondent. Il est à remarquer aussi qu'en Europe n'existe pas une famille qui ne se trouve en Asie et en Afrique. Les mêmes familles sont communes à toutes les contrées du Nord. Ce n'est que dans la zone tropicale qu'on trouve des types spéciaux essentiellement propres à chaque région.

Classification. — L'ordre des gallinacés comprend plusieurs genres, nous ne mentionnerons que les principaux, avec leurs caractéristiques essentielles, renvoyant pour plus de détails aux traités spéciaux d'ornithologie.

Tout d'abord on peut établir deux groupes :

1° Gallinacés ayant une queue pouvant se redresser pour faire la roue.

Ce groupe renferme les dindons et les paons.

Les *dindons* seront caractérisés plus loin, il en sera de même des *paons*.

2° Gallinacés ne pouvant pas redresser la queue ; ce groupe renferme :

Les *Faisans* ;

Les *Tétras*, qui ont la queue pendante ;

Les **Pintades**, dont nous reparlerons ;

Les *Perdicidés* ou perdrix ;
Les *Coturtricidés* ou cailles.
Enfin, les *Gallidés*, dont nous allons nous occuper en détail en commençant par l'anatomie du squelette.

Squelette. — Le tronc est généralement ramassé, le cou est court formant une S, il s'allonge et se raccourcit assez facilement à la volonté de l'animal car les vertèbres qui le constituent sont très mobiles.

Tout le monde sait que les coqs et les poules tournent avec beaucoup de facilité la tête à droite ou à gauche et même en arrière, cela est dû à ce que l'*altoïde*, c'est-à-dire la première vertèbre s'articule avec la tête par une seule facette, ce qui permet des mouvements très étendus.

La tête est petite, munie d'un bec plutôt court; les os du crâne se soudent entre eux de très bonne heure; l'ouverture des fosses nasales est large et béante.

Les vertèbres du dos sont presque soudées entre elles, le sternum est très développé, de plus il est muni d'une crête très forte appelée *bréchet* donnant attache à des muscles puissants.

Il y a généralement sept vertèbres caudales; l'omoplate est plutôt petite.

Les ailes ou membres supérieurs, sont formées par un humérus assez développé, un radius et un cubitus formant ensemble l'avant-bras ; — les os du carpe forment une seule rangée, il y a un os styloïde ou pouce. Les plumes placées sur l'avant-bras constituent les *pennes secondaires;* les grandes plumes de l'aile sont appelées *remiges.*

L'aile est courte et arrondie

Les jambes sont fortes, le fémur ou cuisse est plus court que le tibia (jambe) le péroné est très mince, le tarse et le métatarse sont réunis en un seul os appelé *éperon.* Cet os est épais; les quatre doigts sont bien conformés, le doigt postérieur est petit et situé plus haut que les autres; les ongles sont peu recourbés.

Muscles. — Il y a trois muscles pectoraux, ils constituent le blanc de volaille, c'est la partie comestible la plus délicate, un de ces muscles est très volumineux, c'est le plus profond. C'est grâce à une irritation particulière de ces muscles, comme le fait remarquer M. Mariot-Didieux que se manifeste le besoin de couver; leur grand développement est donc un bon signe à tous les points de vue.

La langue se termine en pointe au bout de laquelle est une plaque cartilagineuse: elle est aplatie et molle à sa face dorsale.

La glotte est longitudinale, c'est une fente qui se ferme lorsque l'oiseau élève la tête, ce qui explique pourquoi les coqs et les poules allongent la tête pour boire.

Viscères. — L'œsophage présente trois renflements ou poches.

Le premier est très vaste, c'est le *jabot.*

Le second ou *ventricule succenturié*, encore appelé jabot glanduleux, est oblique, mais beaucoup plus petit, toutefois ses parois sont épaisses et très glan-

LE CHANT DU COQ EST PERÇANT ET CLAIR... (Voir page 26.)

duleuses, elles secrètent le suc gastrique. Enfin le gésier est très épais, il a un aspect nacré, et secrète un liquide jaune qui dissout le carbonate de chaux et même la silice.

Les boissons ne pénètrent jamais dans le gésier, elles sont absorbées dans le ventricule succenturié et le jabot.

Les intestins sont relativement courts, trois fois environ la longueur de l'animal. Il y a deux cœcums longs et en forme de massue.

Le rectum aboutit dans une poche où débouchent aussi les uretères. Ceux-ci y apportent une urine blanche et laiteuse. Cette poche forme le cloaque, l'anus en forme l'entrée, il sert à la fois à la sortie de l'urine et des excréments solides qui sont mélangés.

Le foie est volumineux et à lobes inégaux ; la vésicule biliaire est plutôt petite, elle secrète une bile très épaisse et excessivement amère. La rate, située derrière le foie, est petite et arrondie.

Respiration. — L'entrée de l'air se fait par les narines, plus rarement par le bec ; les narines, au nombre de deux, sont étroites et séparées par une cloison, elles s'ouvrent dans la bouche par une fente longitudinale étroite qui se ferme quand l'animal tient la tête élevée pour boire.

La trachée est molle, formée d'anneaux cartilagineux.

Les poumons sont larges, roses, à texture très fine.

Le cœur est conique et formé de quatre cavités.

Organes des sens. — Les gallidés ont la voix forte, d'ailleurs ils crient beaucoup.

Ces oiseaux ont la vue très perçante, ils voient à de très grandes distances ; grâce au développement de ce sens, ils aperçoivent sur le sol les plus petits fragments de nourriture. La cornée de l'œil est très convexe, le cristallin est petit ; il y a une troisième paupière à l'angle interne de l'œil.

L'ouïe est de même très développée, les coqs et les poules entendent de très loin ; il n'est même pas rare, dans les campagnes, d'entendre les coqs se répondre à de très grandes distances. L'oreille est dépourvue de conque, elle est entourée d'un tégument rougeâtre.

Le toucher est peu développé chez les oiseaux en général, et particulièrement chez les gallinacés. Il en est de même de l'odorat, la membrane pituitaire étant à peu près sèche. Par contre, le goût est développé, car on sait que ces animaux montrent une préférence marquée pour certains aliments.

Chacun sait que les poules sont d'infatigables pondeuses. La durée de l'incubation est de vingt et un jours. Pendant cette période c'est à peine si la poule prend le temps de chercher de temps à autre quelque nourriture ; chez elle l'amour maternel est poussé très loin.

CHAPITRE III

LE COQ ET LA POULE

Mœurs, habitudes, genre de vie. — Ce sont des animaux très peu intelligents, chez lesquels l'instinct domine ; d'ailleurs ceci s'applique à tous les oiseaux, mais c'est particulièrement vrai chez les gallinacés.

Voici à ce propos un trait rapporté par la *Revue scientifique* ; c'est un combat entre un canard et un poulet, où le poulet, comme on va voir, n'a pas eu le beau rôle.

« Une femme jeta des grains de maïs aux oiseaux de basse-cour. Un poulet, poussé trop vivement par un canard, lui donna un coup de bec. A ce qu'il paraît, la morsure fut assez douloureuse pour exciter le canard à une véritable vengeance. Voilà que tout d'un coup le canard se dressa sur ses deux pattes en agitant les ailes et fit face au poulet. Celui-ci, préoccupé plutôt par le manger que par la menace de son ennemi, sauta un peu de côté et se mit à avaler les grains éparpillés sur la terre. Le canard s'élança de nouveau ; mais par un saut plus grand, le poulet se plaça plus loin. Cette manœuvre toute naturelle exaspéra le canard qui, allongeant le cou et se dressant de son mieux sur les pattes en s'aidant des ailes, se mit à la poursuite du poulet. Celui-ci comprenant le courroux du canard, se dresse à son tour en sautant par-dessus et cherchant plutôt à se défendre qu'à attaquer. Mais le canard assez habile, attrapa le poulet par une aile et tirailla dessus avec un acharnement qu'on ne voit que chez les hommes qui se battent à mort. Le canard resta avec les plumes dans le bec, et le poulet, tout en poussant des cris, se sauva à toutes jambes.

- « Croyez-vous que le canard fut satisfait? Au contraire, il se mit à la poursuite du poulet en faisant le tour de la maison, jusqu'à ce qu'il l'attrapât de nouveau. Cette fois, on arracha le poulet du bec du canard qui resta encore avec de nombreuses plumes.

« Les hommes même cessent quand pour une seconde fois ils restent vainqueurs; pourtant le canard en question voyant échapper son ennemi, s'exaspéra encore et sauta tout autour de la femme pour attraper le poulet. La femme, à plusieurs reprises, a dû se tourner et crier au canard, qui après quelques tentatives happa la robe de la femme et tirait de son mieux, comme le ferait un petit chien qui ne veut pas lâcher un morceau de viande qu'on lui dispute [1].

« Étudions maintenant quelque peu, les mœurs, habitudes et genre de vie du coq et de la poule. »

Le coq. — Nous ne donnerons pas ici les caractères distinctifs du coq, cet oiseau est trop connu pour que nous insistions sur ce point.

Le naturaliste Lenz a fort bien décrit les mœurs de cet animal. Voici comment il s'exprime :

« Un coq, beau, fier, courageux est de tous les oiseaux le plus intéressant.

[1] *Revue scientifique*. Année 1884. — Quelques faits sur l'intelligence des animaux.

« Il porte haut sa tête couronnée ; ses yeux étincelants se portent de tous côtés avec assurance ; aucun danger ne l'effraye, il sait toujours y faire face. Malheur au rival qui ose se mêler à ses poules, malheur à l'homme qui ose, en sa présence, enlever une de ses favorites ! Toutes ses pensées, il les exprime par divers sons, par divers gestes. A-t-il rencontré quelque grain, on l'entend appeler ses compagnes ; il partage avec elles toutes ses trouvailles. Parfois on le voit dans un coin, occupé à construire un nid pour la poule qu'il préfère entre toutes les autres. Il marche à la tête de sa bande, dont il est le guide et le protecteur. S'il est dans la campagne, et qu'il entende le gloussement joyeux d'une poule annonçant qu'un œuf vient d'être pondu, il accourt aussitôt, salue la pondeuse par quelques regards pleins de tendresse, répond à son cri joyeux, puis revient en toute hâte reprendre sa place à la tête des siens. Le moindre changement de température, il le pressent et l'annonce par son cri. C'est par son chant qu'il annonce aussi l'approche du jour, qu'il appelle le laboureur à la reprise de sa tâche quotidienne. Il s'envole sur un mur ou sur un toit, il bat fortement des ailes, il chante, il semble dire : « Ici je suis maître et seigneur ; qui ose me le contester ? » L'a-t-on chassé, vient-il d'échapper à un danger, il chante encore de toutes ses forces, il insulte l'ennemi dont il ne peut se venger autrement ; ses allures majestueuses se manifestent surtout lorsque, de bon matin, fatigué d'un long repos, il quitte le poulailler, et salue joyeusement les poules qui le suivent. Mais il paraît encore plus beau, encore plus fier, quand le cri de quelque mâle inconnu vient frapper son oreille. Il écoute, il lève la tête d'un air audacieux, il bat des ailes, et provoque l'adversaire au combat par ses chants. Aperçoit-il l'ennemi, il s'avance courageusement, se précipite sur lui avec fureur. Les deux combattants sont en face l'un de l'autre ; les plumes du cou sont hérissées, et forment comme un bouclier ; les yeux étincellent ; chacun cherche à

LE COQ, LA POULE ET SES POUSSINS.

mettre sous lui son adversaire en sautant fortement. Chacun tente de s'emparer du poste le plus élevé, pour combattre de là avec l'avantage de la position. La bataille dure longtemps ; mais bientôt la fatigue arrive, et avec elle un moment de trêve. La tête penchée, prêts à l'attaque et à la riposte, frappant la terre du bec, ils restent toujours en face l'un de l'autre. L'un d'eux pousse un cri de voix tremblotante ; il est encore hors d'haleine ; l'autre fond sur lui de nouveau. Ils se frappent avec une nouvelle ardeur ; mais, à la fin, les ailes et les pattes refusant d'agir par lassitude, ils ont recours à une dernière arme, la plus terrible. Ils ne sautent plus l'un sur l'autre ; mais les coups de bec se succèdent avec rapidité, et le sang coule de plus d'une blessure.

Enfin l'ennemi perd courage, il hésite, il recule, il reçoit encore un coup vigoureux ; la victoire est décidée. Il fuit, les plumes de la nuque hérissées, les ailes levées, la queue pendante ; il se tapit dans un coin, il glousse comme une poule ; il cherche à implorer la pitié du vainqueur. Mais celui-ci ne se laisse pas toucher ; il reprend haleine, bat des ailes, chante, puis se met à la poursuite de son rival, qui ne se défend plus, heureux quand il ne trouve pas la mort sous ses coups. »

Comme on vient de le voir dans la description qui précède, dans la vie du coq la voix joue un grand rôle ; le chant du coq a d'ailleurs fait l'objet de bien des écrits, les poètes surtout ne manquent jamais d'en parler dans leurs poèmes champêtres. Quoique traitant la chose à un tout autre point de vue, nous ne pouvons passer outre en ce qui concerne le chant du coq ; nous prendrons pour guide l'étude qu'a publiée sur ce sujet M. Gustave Philippon [1].

Chez les coqs, la voix ne se forme pas dans le larynx supérieur, mais au bas de la trachée-artère, dans le larynx interne. Chez eux, les principales

---

1. Voir le Poussin. *Revue des Eleveurs.*

bronches ont un aspect particulier : elles présentent, transversalement posées les unes sur les autres, une série de membranes disposées de telle sorte qu'elles n'occupent que la partie périphérique des bronches, laissant ainsi au centre un espace libre à l'air, et de cette façon aidant à la production de la voix. Et ces membranes sont plus qu'utiles dans la fonction vocale : elles sont indispensables; percez-les : la voix se perd et, pour se faire entendre

LE COQ.

de nouveau, elle exige que les membranes redeviennent intactes.

Des différences anatomiques dans la structure de l'appareil vocal indiquent nécessairement des différences dans la voix; mais à ces agents modificateurs il en faut joindre un autre et non des moins puissants : je veux parler du sens de l'ouïe. Plus l'oiseau a l'oreille fine, plus son chant peut être harmonieux par imitation ou par éducation.

Le chant du coq est perçant et clair : la nuit comme le jour il se fait entendre indifféremment, mais à des heures irrégulières : à deux ou trois heures du matin, l'été; dès dix ou onze heures du soir, l'hiver.

Les anciens croyaient que le chant du coq fait fuir le lion : c'était exagérer sa puissance ; mais, s'il ne produit pas cet effet, il inspire, du moins, de l'amour à un grand nombre de poules. Tous les éleveurs savent qu'un bon coq pourrait facilement en contenter une cinquantaine; mais dans l'intérêt de la force et de la beauté de race, car, surmené de cette façon, un coq, en moins de deux ans, aurait perdu sa force fécondante et même la puissance de sa voix, on ne doit lui laisser que douze ou quinze poules.

Toussenel a dit du coq qu'il est l'emblème du tambour-major, empanaché, tapageur, mauvais coucheur et lovelace de bas lieu. Et ce n'est pas une réputation absolument surfaite.

Le beau coq vernissé qui reluit au soleil,

comme l'appelle Victor Hugo, a plus d'un chant.

Sa voix matinale qui retentit comme un clairon sur la campagne endormie, il sait l'assouplir et la rendre douce et puissante pour inviter ses femelles à manger; il leur choisit lui-même la nourriture.

Quand ses poules s'écartent, quand il lui arrive de les perdre de vue, son chant, qui, tout à l'heure, venait de retentir fièrement, s'affaiblit en se voilant d'une teinte mélancolique de regret; il les cherche, car il a pour elles autant de soin que d'inquiétude ; il les ramène, son chant redevient clair et gai, et il ne se livre au plaisir de manger que lorsqu'il les voit toutes picorer autour de lui. Il les surveille avec un soin jaloux sans les maltraiter jamais : sa jalousie, pourtant, bien qu'aussi vive que son amour, n'est point une passion irréfléchie qui s'en prend indistinctement à tous : il ne s'attaque qu'à un vrai rival, dédaignant le chapon, qu'il croit indigne de ses colères.

Le chant du coq a joué un certain rôle dans l'histoire des religions.

Mahomet, dit dans son Coran, qu'au ciel un coq, tout blanc, je crois, mais superbe à coup sûr, chante la gloire d'Allah devant les élus, et le prophète affirme que c'est la voix de ce coq qui réveillera les morts au jugement dernier.

On se souvient du récit dans lequel l'Evangéliste raconte la Passion du Christ : l'apôtre Pierre allait faillir et renier son maître, lorsque le chant du coq le rappela à son devoir.

C'est en souvenir de cela que les chrétiens consacrèrent le coq à saint Pierre.

Combats de coqs. — Les instincts querelleurs et batailleurs des coqs, les combats fréquents qu'ils se livrent entre eux, ont été exploités par les hommes, qui trouvent dans ces luttes acharnées un spectacle, paraît-il, réjouissant. Voici ce que dit Buffon à ce sujet :

« Les hommes, qui tirent parti de tout pour leur amusement, ont bien su mettre en œuvre l'antipathie invincible que la nature a établie entre un coq et un coq; ils ont cultivé cette haine innée avec tant d'art, que les combats de deux oiseaux de basse-cour sont devenus des spectacles dignes d'intéresser la curiosité des peuples polis, et en même temps des moyens de développer ou d'entretenir dans les âmes cette précieuse férocité, qui est, dit-on, le germe de l'héroïsme. On a vu, on voit encore tous les jours, dans plus d'une contrée, des hommes de tous états accourir en foule à ces grotesques tournois, se diviser en deux partis, chacun des deux partis s'échauffer pour son combattant, joindre la fureur des gageures les plus outrées à l'intérêt d'un si beau spectacle, et le dernier coup de bec de l'oiseau vainqueur renverser la fortune de plusieurs familles. C'était autrefois la folie des Rhodiens, des Tongriens, des habitants de Pergame. C'est aujourd'hui celle des Chinois, des habitants des Philippines, de Java, de l'isthme de l'Amérique et de quelques autres nations des deux continents. »

La poule. — La poule, quoique d'aspect plus modeste que le coq, n'en est pas moins une personnalité importante à bien des points de vue, sans compter celui de son utilité, qui ne peut faire l'objet d'aucun doute.

Comme le fait remarquer M. E. Lemoine, chez elle, ce ne sont pas les qualités extérieures qui sont recommandables; ne lui demandez pas l'éclat du plumage, le pittoresque des attitudes, le son de voix retentissant ou mélodieux; son seigneur et maître, le coq, a pris pour lui tous les brillants dehors ; il a laissé à sa compagne les avantages solides et tangibles qu'apprécie surtout la ménagère : une fécondité admirable et une source de revenus ou d'alimentation fort riche, sous trois formes : les œufs, la chair, la plume, auxquels nous ajouterons même la fiente.

Si nous examinons la poule, ce qui nous frappe d'abord en elle, c'est la forme de sa queue, qui est dans un plan vertical et pliée en deux parties égales, — nous faisons exception, bien entendu, pour la poule dite « sans queue », la walikiki. — Un second caractère distinctif de cet oiseau, c'est qu'il chante peu. Il est loin cependant d'être aphone, mais il ne sonne jamais, ainsi que le coq, ces joyeuses fanfares qui jettent une animation si vive dans le petit monde de la basse-cour. Comme elle-même, le chant de la poule est, avant tout, *utile*. Il lui sert à exprimer les sensations qu'elle éprouve. Est-elle contente, elle caquette. Couve-t-elle, elle glousse et rappelle ses petits, mais on ne l'entend pousser des cris perçants que si quelqu'un veut s'emparer d'elle ou menace sa couvée. Pour cette dernière, ses soins sont constants : grâce à sa vue excellente, elle aperçoit en l'air l'oiseau de proie qui plane, et elle donne l'alarme ; ou bien elle découvre à terre le grain de mil ou le vermisseau préféré qu'elle partage toujours en bonne mère avec ses enfants.

La poule peut vivre dix ans, mais pendant ce laps de temps sa production est loin d'être constante. La première année est très bonne, sous le rapport du poids et du nombre ; pendant la deuxième année, le rapport est moins considérable ; il diminue encore pendant la troisième année, et c'est à partir de la mue de cette dernière époque que nous devons cesser de compter sur les œufs des poules. Elles ne sont plus aptes qu'à passer entre les mains de la cuisinière, qui saura accommoder leur chair à des sauces succulentes.

Ce dernier sort doit être également celui de toutes les poules — âgées ou non — qui sont reconnues mauvaises pondeuses, qui cassent leurs œufs ou qui les mangent [1].

Comment reconnaître les jeunes poules d'avec les vieilles? On comprend, d'après ce qui précède, que cette distinction a une grande importance.

Les personnes familiarisées avec le gouvernement de la basse-cour reconnaissent l'âge des poules au *faciès* des individus ; mais une certaine habitude est nécessaire. Il y a quelques autres caractères qui doivent être pris en considération. Ainsi les jeunes poules ont sur la peau, entre les plumes, un duvet léger assez fourni et long qu'on ne rencontre pas chez les poules âgées. De plus, les jeunes individus ont les pattes lisses, à écailles fines et bien vernissées. Au contraire, chez les vieilles poules, les pattes sont rugueuses et ternes ; de plus, celles-ci ont la peau sèche, rugueuse, plus plus ou moins farineuse et d'un blanc mat.

Une excellente méthode a été préconisée par Caffin d'Orsigny pour reconnaître du premier coup d'œil les vieilles poules d'avec les jeunes. Elle

---

[1]. E. Lemoine : *Le Poussin*.

consiste à mettre, la première année, une petite bandelette blanche à la patte droite de la bête ; la seconde année, on en fera de même à la patte gauche ; à la troisième année, on démarque la patte droite ; enfin, si on garde dans le poulailler des poules de quatre ans, on les démarquera aux deux pattes. On reconnaîtra ainsi à première vue l'âge des poules qu'on exploite.

Combien de poules faut-il pour un coq ? — On croit généralement que les poules ne peuvent pondre sans l'intervention du coq. C'est là une erreur profonde. Les poules n'ont nul besoin de coq pour donner des œufs, mais les œufs qui sont produits ainsi ne sont pas fécondés, c'est-à-dire qu'ils ne peuvent donner naissance à des poussins, et ce serait en vain qu'ils seraient couvés par la poule.

Ceci posé, combien faut-il de poules pour un coq ? Tous les auteurs qui ont écrit sur la basse-cour diffèrent d'avis sur ce point. Columelle donnait le chiffre cinq, Buffon allait à douze et quinze, M. Ch. Jacque réduit ce nombre à quatre, Mme Millet-Robinet en indique dix.

Ces divergences d'opinion se comprennent, car il n'y a aucune règle fixe à ce sujet, une foule de circonstances particulières peuvent faire adopter un nombre différent.

L'éleveur devra tenir compte de l'emplacement dont il dispose, de la nature du sol, des abris édifiés contre le vent et la pluie. Comme pour tous les animaux en général, sans excepter l'espèce humaine, fait remarquer à ce sujet M. A. Buret, l'agglomération entraîne l'anémie, par conséquent atténue les facultés génératrices, surtout chez les mâles. Il faut donc, partout où un grand nombre de volailles seront réunies dans un espace restreint, ne donner que très peu de poules à un coq ; — c'est faute de tenir compte de ce principe fondamental que la plupart des élevages soi-disant modèles ne fournissent, malgré des prix excessifs, que des œufs non fécondés. On construit de jolis petits parquets de 6 à 8 mètres superficiels, bien coquets, ornés de fleurs et de verdure et l'on y enferme le lot traditionnel de six poules et un coq. — On établit ainsi, côte à côte, vingt ou trente petits jardinets et, avec la conviction de l'amateur satisfait, on annonce des œufs de reproducteurs soigneusement séparés. — La désillusion n'arrive qu'au bout de l'année, quand toutes les couvées n'ont rien produit. On attribue l'insuccès à toutes les causes imaginables, sauf à la seule réelle : les lots étaient bien séparés par un grillage, mais il n'y avait pas moins une quantité de poules sur un terrain trop étroit, fortement agglomérées, manquant d'exercice, de verdure, d'insectes et de tous les éléments principaux de la liberté. — Dans ce cas, un coq était insuffisant pour six poules. C'était trois poules au plus qu'il convenait de lui donner, et encore aurait-on eu une notable proportion d'œufs clairs, car, en dépit de tous les soins, l'influence de l'agglomération et du manque de liberté se fait toujours sentir.

Tout autre est la règle à suivre s'il s'agit d'une nombreuse basse-cour de ferme ayant libre parcours dans les champs ou les prairies environnants. — Là, plus le nombre des poules est grand, moins il faut de coqs relativement. — Les coqs n'ayant pas plus de deux ans et étant de race vigoureuse suffisent amplement à douze ou treize poules, et tous les œufs sont fécondés.

Dans une petite basse-cour d'une douzaine de poules seulement, jouissant d'une liberté relative, un coq, à moins d'être d'une vigueur exceptionnelle, est insuffisant. Il vaut cependant mieux le laisser seul que de lui adjoindre un rival.

La proportion d'œufs fécondés sera plus grande avec un seul coq, maître absolu dans son poulailler, qu'avec deux, jaloux l'un de l'autre, passant leur temps en querelles perpétuelles, et négligeant leurs compagnes pour satisfaire leur amour-propre personnel. — Dans ce cas, le meilleur moyen de tout concilier est d'avoir deux coqs, mais de les lâcher alternativement après un ou deux jours de repos dans une niche isolée. Ils ont ainsi chacun une exubérance de vigueur à dépenser et cela au profit des couvées à venir, qui réussiront à merveille[1].

Se basant sur cette remarque, que la présence du coq n'est nullement indispensable pour provoquer la ponte, que les œufs ainsi produits sans son intervention sont aussi bons au point de vue comestible (*œufs clairs*) que ceux qui sont fécondés, et qu'ils supportent même plus facilement les longs voyages, on a tenté dans quelques basses-cours produisant exclusivement des œufs pour la vente au

---

1. *L'Aviculteur.*

marché de supprimer les coqs, éloignant ainsi bon nombre de bouches inutiles. Ces essais n'ont pas réussi comme on l'espérait. On a remarqué que les œufs ainsi produits étaient moins gros, et devenaient même à la longue moins abondants, ce qui peut s'expliquer par ce fait que les organes producteurs de l'œuf ont besoin d'être excités tout au moins de temps à autre, enfin que le coq est l'ami et le protecteur des poules, qui se sentent ainsi plus à l'aise lorsqu'elles sentent un représentant du sexe fort à leur côté.

Dans une basse-cour, le coq doit être surveillé et surtout observé, car il arrive parfois qu'à la suite d'accidents ou de maladies sa faculté fécondante se perd. Dans ce cas, on est tout étonné d'avoir des œufs clairs malgré la présence d'un coq. Cet hôte du poulailler demande donc à être observé et soigné en raison même de son importance, car, quoi qu'on ait pu dire, il est de première nécessité dans la plupart des exploitations.

Il arrive aussi que le coq a une préférence marquée pour telles ou telles poules et que par cela même il néglige les autres ; toutefois, il ne les dédaigne pas pour cela et fait la saillie de toutes ; mais, en l'observant de près, on voit que souvent il en fait le simulacre, et le résultat alors est négatif ; dans ce cas, les poules délaissées doivent être confiées à un autre coq moins capricieux.

C'est à partir de l'âge de trois mois qu'un coq commence à féconder les poules dont il dispose.

Il va sans dire qu'on ne donnera pas aux poules un coq quelconque. Une race étant donnée, on devra choisir un coq vigoureux et bien constitué ; la valeur future des poussins est, on le comprend sans peine, étroitement liée aux qualités du coq.

Mme Millet-Robinet donne à ce sujet les conseils suivants :

Un coq doit avoir l'œil très vif, le regard et le port effrontés, le plumage abondant et de nuances très éclatantes, le bec gros et court, la crête riche et d'un beau rouge, les pattes armées de vigoureux éperons. Il doit être ardent à caresser les femelles ; aussitôt qu'il trouve quelque chose à manger, il doit les appeler à partager sa trouvaille ; il doit s'occuper le soir de les rassembler pour les faire rentrer au poulailler et se débattre avec beaucoup de force lorsqu'on veut le saisir ; il doit chanter souvent et être toujours prêt à défendre les poules. S'il est timide et doux, il ne vaut rien. Les coqs de race cochinchinoise font exception à cette règle, ils sont à la fois excellents coqs et très doux.

Un coq ayant ces attributs joints aux qualités de conformation que nous étudierons par la suite, présente toutes les conditions requises pour féconder à coup sûr un grand nombre de poules.

CHAPITRE IV

LES RACES

Choix d'une race. — Les races de poules sont fort nombreuses, nous ne pouvons donc songer à les décrire toutes; toutefois, nous énoncerons les caractéristiques des principales, ainsi que leurs qualités et défauts.

Aujourd'hui, la gallinoculture progressive poursuit un but, la substitution des races nouvelles, plus productives, aux races anciennes, confondues toutes ensemble sous la dénomination commune de poules de ferme ou poules communes.

Il faut bien avouer, fait remarquer le Dr Hector George, que la poule commune forme encore le fond de toutes les basses-cours françaises ; les poulaillers modèles ou améliorés ne sont qu'une rare exception.

Le seul caractère de la poule commune, c'est de n'en avoir pas, ou plutôt, c'est d'en avoir trop. Cette poule est en effet très variable. C'est un produit dégénéré de races primitives meilleures. On a remarqué que toutes les races sont entourées, dans leur milieu natif, d'une « poule commune » qui ne ressemble pas à celle des autres régions. Mais, même dans une région donnée, elle n'a aucune fixité dans les caractères, car elle est le résultat de croisements successifs d'autres races, et il serait impossible de décrire sa forme et son plumage.

Avec M. Lemoine nous poserons ces questions :
« Est-elle grosse ? Est-elle petite ? Est-elle haute ?
Est-elle noire ? Est-elle jaune ? Elle est tout cela, et
en somme elle est indéfinissable. Et ce qui prouve
qu'elle n'est pas une race primitive fixée, c'est
qu'on n'en retrouve pas le type. »

On reconnaît à la poule commune la qualité d'être
rustique, de s'élever en quelque sorte toute seule,
et de savoir trouver sa nourriture sans qu'on ait
même besoin de s'en occuper.

Mais la médaille a son revers, et l'on peut reprocher à cette poule ses habitudes de maraudage et
ses mœurs vagabondes, car elle pond sans cesse
au dehors, et la plus grande partie de ses œufs sont
perdus pour ses maîtres. Ajoutons qu'à ce vagabondage elle risque sa vie ; car, s'il est défendu de
tuer ou de maltraiter des animaux trouvés en état
de délit, la loi du 28 septembre 1791 a fait une
exception pour les volailles, que l'on peut toujours
tuer au moment et sur le lieu du dégât.

En outre, sa taille est généralement peu élevée ;
sa charpente est très accentuée et son squelette
volumineux relativement à la quantité de chair qui
la recouvre ; enfin, la viande a peu de saveur et
s'engraisse difficilement.

Tous les éleveurs s'accordent à reconnaître que
cette poule commune doit faire place à une race
améliorée. Mais quel sera le principe de l'amélioration ?

A une époque encore assez récente, on vantait
beaucoup les croisements, et l'agent améliorateur
était un coq étranger. Par un hasard singulier,

il n'était pas anglais comme l'étalon de pur sang, le taureau de Durham, le bélier dishley, il venait du fond de l'Asie : c'était le coq cochinchinois, qui avait fait son apparition en Europe au mois de mai 1846, adressé de Macao en France, au ministre de la marine, par le vice-amiral Cécile.

Mais on s'aperçut rapidement que les croisements désorganisaient les basses-cours, et l'on y renonça, d'autant plus que, dans les concours de Paris, on en est arrivé à refuser des encouragements à tous les produits de croisement, et à réserver les récompenses pour les races pures.

Donc, la solution du problème consiste à substituer des races pures, perfectionnées, à la poule commune dont nous avons rappelé les défauts. Voici les qualités que présentent ces races perfectionnées : leur taille est ordinairement supérieure à celle de la poule commune ; elles pondent des œufs plus gros, plus nombreux, de meilleur goût, le squelette est réduit et la chair prédomine ; enfin, la viande a une saveur très fine et s'engraisse facilement [1].

Aptitudes des diverses races. — Mais quels caractères faut-il surtout prendre en considération dans le choix d'une race galline ?

Tout d'abord, il est essentiel de ne pas introduire dans un pays une race exotique vivant dans un milieu par trop différent de celui qu'on lui réserve, surtout au point de vue climatologique. De plus, il faut être en état de pourvoir à l'alimentation des sujets qu'on se propose de produire. Cette question, qui

---

[1]. D₁ H. George *Journal d'agriculture pratique.*

semble puérile au premier abord, a cependant une grande importance. En effet, tandis que les poules dites de *race commune* sont peu difficiles sur le choix de la nourriture, tant au point de vue de la qualité qu'au point de vue de la quantité, trouvant elles-mêmes la plus grande partie des aliments qu'elles consomment, par le fait même de leur naturel vagabond, il n'en est plus de même avec les races dites perfectionnées, qui sont généralement assez difficiles sur ce point. De cela, nous pouvons dès maintenant tirer cette conclusion : que dans les pays pauvres, ou tout au moins à culture peu avancée, on a souvent tout avantage à n'exploiter que les individus de la race commune. Le cas se présente parfois, comme nous le verrons par la suite, mais alors, comme nous le verrons aussi, il convient d'exploiter d'une façon rationnelle la race commune, qui, dans ces conditions, peut donner, et donne d'ailleurs, de beaux bénéfices; le tout est de savoir s'y prendre

Comme une poule, quelle que soit d'ailleurs la race à laquelle elle appartienne, doit toujours terminer son existence à la cuisine, il faut choisir une race qui s'engraisse facilement, car, dès que les poules auront dépassé l'âge auquel elles donnent le maximum d'œufs, il faudra les engraisser ; or, il importe, on le comprend sans peine, que cette période d'engraissement soit aussi courte que possible. Sous ce rapport, comme nous le verrons par la suite, la race *bressane* est très recommandable. Toutefois, il ne faudrait pas choisir une race dont l'aptitude à l'engraissement ne soit développée qu'aux dépens d'une autre aptitude, telle que la ponte, par exemple[1]. Il est hors de doute que, pour bien juger en ces matières, il est indispensable de connaître les aptitudes de toutes les races, leurs qualités et leurs défauts.

Il y a une période dans la vie des poules où la ponte est maxima ; cette époque, d'ailleurs variable avec les races, arrive généralement vers l'âge de deux ou trois ans. Or, il importe de choisir une race *précoce*, c'est-à-dire qui arrive au maximum de ponte le plus tôt possible, étant donné qu'une poule, une fois qu'elle a dépassé cet âge, doit avoir le cou coupé.

Les animaux précoces ont le squelette fort réduit, ce qui est un avantage considérable au point de vue de la boucherie.

La précocité, c'est-à-dire l'arrivée à l'âge adulte dès le jeune âge, est donc à rechercher toujours, qu'on vise exclusivement les œufs, la viande ou même les deux. C'est un caractère à prendre en sérieuse considération dans le choix d'une race galline.

La race choisie doit être bonne pondeuse et bonne couveuse. Sous ce rapport, il faut s'arrêter aux races pondant beaucoup et des œufs de forte taille. Il y a, à cet égard, une grande diversité parmi les races : ainsi, tandis que quelques-unes pondent une moyenne de 90 œufs par an, comme la race anglaise, d'autres vont à 230 et même 250 : telles les races de la Campine et de Hambourg. Le poids des œufs n'est pas, comme on serait tenté de le croire, en raison

---

1. A moins que l'élevage ne comporte qu'une seule opération, l'engraissement à titre exclusif, la ponte étant alors secondaire.

inverse du nombre ; ainsi les races de Campine et de Hambourg, qui sont les plus productives, pondent des œufs du poids moyen de 48 grammes, la race de Louhans (poule bressane, variété noire) donne des œufs du poids moyen de 80 grammes.

Mais en général, et ceci va de soi, plus la poule est grande et forte, plus les œufs qu'elle pond sont gros et lourds.

Quelquefois, on a tout intérêt à sacrifier le nombre d'œufs à leur poids, notamment lorsqu'on fournit le commerce de luxe, comme les restaurants des grandes villes.

En ce qui concerne l'aptitude à couver, elle est surtout à prendre en considération dans les petits élevages ; pour peu qu'on exploite un certain nombre de volailles, cette aptitude perd beaucoup de son importance, surtout maintenant que les couveuses artificielles commencent à se répandre dans les basses-cours.

Comme on le voit, le choix d'une bonne race n'est pas aussi facile qu'on serait tenté de le croire au premier abord ; car, en supposant même qu'on trouve la race modèle, la *race parfaite*, c'est-à-dire celle qui réunirait toutes ces conditions :

1° Rusticité ;

2° Aptitude à l'engraissement et bonne qualité de la chair.

3° Précocité et réduction du squelette ;

4° Bonne pondeuse et bonne couveuse, etc., etc., réunirait-elle, disons-nous, toutes ces qualités, il faut que la race puisse vivre dans le pays qu'on lui destine. Ainsi, si par exemple on avait arrêté son choix à la race de Crèvecœur [1], il serait imprudent de l'introduire dans un pays humide, car cette race est très sensible à l'humidité et son exploitation dans des conditions aussi désavantageuses au point de vue climatérique l'est fatalement au point de vue pécuniaire.

Classification des races. — Comme nous l'avons déjà fait remarquer, les races gallines sont fort nombreuses ; aussi, pour en faciliter l'étude, a-t-on songé à les classer. Aucune des classifications proposées jusqu'à ce jour n'est parfaite, aucune n'est rationnelle ; mieux vaut donc, dans l'impossibilité où l'on se trouve actuellement de classer ces animaux, n'en adopter aucune.

Nous diviserons donc tout simplement les races dont nous avons à nous occuper en sections :

1° Les races dites primitives, qu'on a données comme étant la souche des races actuellement existantes ;

2° Les races françaises ;

3° Les races étrangères.

[1]. Il ne faudrait pas croire cependant qu'elle réunisse toutes les conditions citées plus haut.

CHAPITRE V

RACES DITES PRIMITIVES

Généralités. — Nous avons vu, dans le premier chapitre de ce livre, que quelques auteurs assignent aux races gallines une origine asiatique. Nous n'avons pas à discuter ici cette manière de voir. Toutefois, nous ferons remarquer que les auteurs diffèrent notablement sur le type primitif : pour les uns, c'est le coq bankiva ; pour les autres, le coq malais, pour d'autres, le coq de Sonnerat, etc., etc.

Ce sont ces races, encore actuellement existantes, que nous appelons *primitives* ; il importe donc ici de ne donner à ce mot que l'expression exacte que nous y attachons.

LE COQ DE SONNERAT

(GALLUS SONNERATI)

Caractères généraux. — Cette espèce habite le continent indien. Les indigènes la nomment *katukoli*.

Le coq de Sonnerat a à la tête et au cou de longues plumes pendantes, formant une collerette.

Ces plumes sont longues, étroites et arrondies à leur extrémité ; les barbes sont gris foncé.

Cette espèce a sur le dos des plumes longues et

étroites d'un brun noir semé de taches plus claires ; les ailes sont brun châtain brillant, les plumes du croupion sont grises à lisérés plus clairs ; les remiges sont d'un gris sale. La queue est d'un vert foncé très brillant, le ventre est couvert de plumes gris-noir.

Ce coq mesure 65 c. de long, la queue a 40 c. Les pattes sont d'un jaune clair, la crête rouge, l'œil jaune clair et le bec jaunâtre.

Les caractères de la poule peuvent être ainsi énoncés : dos brun foncé assez uniforme à lisérés peu visibles, gorge blanche, poitrine et ventre d'un gris jaunâtre, rectrices d'un brun noir ponctué de brun foncé.

Cette espèce, qui est sauvage, habite les fourrés de bambous des montagnes. Ses mœurs sont peu connues, car il n'est pas facile d'observer ces animaux.

On chasse peu ces oiseaux, dont la chair n'est d'ailleurs pas fort délicate.

Captivité. — Le coq de Sonnerat est difficile à apprivoiser ; toutefois, on l'a fait reproduire plusieurs fois en captivité aux Indes et en Europe.

M. John Douglas, qui a élevé un grand nombre de volailles de Sonnerat dans sa propriété de Clumber, Worksop, Notts, en Angleterre, prétend que ces oiseaux reproduisent assez bien en captivité, et que les poules traitent leurs poussins avec une tendresse vraiment maternelle.

Cependant à l'état de liberté ces oiseaux sont très défiants. Or, lâchés dans un parc, ils deviennent assez confiants pour circuler au milieu des chevaux, si on les laisse en paix ; dans une basse-cour, fait observer M. La Perre de Roo, ils s'apprivoisent même rapidement et viennent manger des miettes de pain jusque dans la main des personnes qui s'occupent d'eux.

LE COQ GÉANT DE MALAISIE

(GALLUS GIGANTEUS)

Caractères. — Cet oiseau habite la péninsule malaise et toutes les contrées de l'Inde.

C'est une grande volaille à poitrine ample, à épaules larges, son naturel est très querelleur et batailleur, elle est acharnée à la lutte et par cela même très employée comme race de combat.

A ce propos, un voyageur anglais, M. Richmond Keele, disait :

« La race malaise est assez justement nommée, car, là où se trouvent les Malais, si passionnés pour les combats de coqs, ces volailles abondent. J'ai vu une centaine et plus de coqs attachés par la patte à une corde sur l'herbe à une distance suffisante pour éviter les batailles. »

M. E. Lemoine a donné une excellente description de cette race ; nous lui faisons des nombreux emprunts dans l'énoncé des caractères qui suivent.

La poitrine du coq est large, sa tête est forte, le bec, épais à la base, est beaucoup plus crochu que chez toutes les autres volailles ; il est jaune ; tout cela lui donne un aspect féroce.

La crête, basse et plate, ressemble à la moitié d'une noix couverte de granulations.

Les barbillons et les oreillons sont rouges et très petits. L'œil est généralement méchant, dominé par des arcades sourcilières épaisses; l'iris est jaune, la pupille noire, les joues et une petite partie du cou sont dénudés et rouges; tout cet ensemble donne à l'oiseau une allure de serpent, sauvage et menaçant. Le cou est long; le corps forme un plan très incliné, les ailes sont portées haut et font forte saillie aux épaules. Au contraire, vers la queue, qui est tombante, le corps devient étroit.

Les pattes sont hautes et de couleur jaune; la marche de cet oiseau diffère beaucoup de la marche des autres : son corps reste droit, raide, et du reste le véritable caractère de cette race est d'avoir cette attitude très féroce; plus féroce même que ne l'ont les coqs de combat, auxquels il est inférieur sous ce rapport, car il n'est pas animé du vrai courage. Tout le plumage du *Malais* est très court, dur et d'un lustre extraordinaire et bien appliqué sur le corps; il a l'apparence d'une cuirasse.

La poule de la race malaise ressemble au coq, en presque tous points; mais dans sa démarche le coq ne tombe pas autant en arrière; elle porte la queue non comme le coq, mais un peu au-dessus de la position horizontale.

Variétés. — Dans son ouvrage sur la basse-cour, M. Lemoine admet cinq variétés :

1° Variété *noir rouge* (*black red malay*).

Coq : camail[1], dos, épaules, roux foncé ; poitrine, ventre, queue d'un beau noir et le reste du corps rouge foncé ; l'aile a une barre noire en travers.

Poule : tout le plumage est semblable à celui d'une perdrix.

2° Variété *brun rouge* (*brown red malay*)

Coq : tête, camail et lancettes d'une couleur brune ; dos et épaules marrons ; les plumes de la poitrine sont noires bordées de brun ; le reste du corps est noir.

Poule : camail noir avec un liséré doré et le reste du corps brun marron foncé.

3° Variété *pile* (*pile malay*).

Coq : poitrine blanche bordée de rouge à la partie supérieure, camail et dos rouges ; épaules et queue blanches.

Poule : camail rouge clair ; poitrine rouge légèrement foncé ; le reste du plumage est blanc avec des teintes marron clair.

4° Variété *blanche* (*white malay*), entièrement blanche.

5° Variété *noire* (*black malay*), complètement noire.

Cette dernière variété est la plus générale.

La variété blanche est très rare et peu estimée.

Les volailles de race malaise ont été longtemps très en faveur en Angleterre.

La chair de cette race est médiocre. La poule couve mal, et les poussins très délicats à élever ; mais à l'état adulte cette volaille est très rustique[2].

1. On désigne ainsi, le dessus de la tête et les épaules.
2. Er. Lemoine. *Élevage des animaux de basse-cour.*

LE COQ BANKIVA

(GALLUS BANKIVA)

Généralités. — Le coq bankiva est celui qu'on admet le plus généralement comme étant la souche de la poule domestique.

Isidore Geoffroy Saint-Hilaire, Darwin, de la Blanchère et d'autres abondent dans ce sens. Nous ne sommes pas tout à fait de l'avis de M. E. Gaultier, qui dit à ce propos : « En supposant que l'opinion de ces naturalistes soit une simple hypothèse, on doit l'admettre, puisqu'il n'en est pas de meilleure. » C'est là de l'origine à outrance ; je crois que, dans une question aussi délicate, chaque fois qu'il y a doute, mieux vaut faire comme le sage, et s'abstenir.

D'ailleurs, M. de La Perre de Roo, dont les travaux sur les races gallines sont bien connus, demande à son tour : « En bonne logique, est-il permis d'admettre que le seul coq bankiva puisse avoir donné naissance aux innombrables types de races gallines dont la nature des plumes et la disposition des couleurs sont aussi variables que les formes du corps ? »

— Que sais-je ?

Comme on le voit, le bankiva a été l'objet de bien des discussions, de bien des polémiques.

Caractères. — Cette volaille mesure 60 centimètres de long ; la longueur de l'aile est de 24 centimètres, celle de la queue de 36. Elle vit le plus souvent à l'état sauvage; toutefois, elle est susceptible de s'acclimater dans nos basses-cours.

Le coq a un plumage très riche, rouge pourpre sur le dos, plus brillant au milieu. A la tête et au cou, sont de longues plumes pendantes d'un jaune doré très brillant, des plumes de même couleur forment la queue, qui est longue et pendante; les plumes de la poitrine sont noires à reflets vert-doré.

L'œil est d'un beau rouge orange; la crête est droite, simple, dentelée et rouge, le bec est brunâtre. La tête est fine et petite. Les pattes sont d'un noir ardoisé.

La poule est de taille moindre; elle a une crête presque nulle, de même les barbillons.

La queue est dirigée presque horizontalement. Les plumes du cou sont noires, bordées de jaune très clair; celles du ventre sont isabelle.

Comme la race précédente, celle-ci a le caractère belliqueux. Ses mœurs sont à peu près les mêmes que celles de la race de Sonnerat.

La chair de cette volaille est peu succulente.

CHAPITRE VI

RACES DE PRODUIT

RACES FRANÇAISES

RACE COMMUNE

Caractères généraux. — Cette race, communément répandue, peut être ainsi caractérisée :

Taille assez variable, de grosseur moyenne là où elle est bien nourrie; plutôt petite dans les contrées où elle est mal soignée. Tête petite, terminée par un bec fin et pointu, de couleur rosée; crête assez variable, quelquefois simple et droite, d'autres fois double et renversée d'un côté. Ailes grandes, longues, bien garnies de plumes; queue développée haute et droite formée de deux rangs de plumes.

Le plumage est variable, on en trouve de toutes les couleurs. Toujours le coq a les couleurs plus éclatantes que la poule; il prend d'ailleurs grand soin de sa robe, qu'il ne souille jamais. Il n'en est pas de même de la poule.

Les individus de la race commune ont les pattes recouvertes d'une peau écailleuse de couleur rosée, les ongles sont longs, forts et acérés.

La poule commune a la poitrine étroite, et c'est là un défaut qu'on lui reproche souvent.

Le reproche, dit à ce sujet M. Eugène Gayot, n'est que trop souvent fondé. Trop souvent aussi il s'aggrave d'une difformité que lui imposent par surcroît des juchoirs défectueux. Pauvre nourriture et mauvaise hygiène n'engendrent jamais une constitution large et athlétique, mais à ces causes pourquoi ajouter les souffrances inutiles de juchoirs impossibles, à bâtons trop minces et ronds, sur lesquels les animaux ont peine à se tenir, et sur lesquels ils contractent très vite cette difformité particulière qu'on nomme le brichet. Heureusement le consommateur s'interpose, il repousse tout à fait, ou n'achète qu'à regret et à prix réduit les volailles ainsi conformées, parce que, chez elles, les muscles pectoraux, atrophiés, ne donnent presque pas de chair dans la région la plus estimée de l'espèce. Le consommateur a raison ; qu'il pèse de toute sa force sur le producteur, et celui-ci, pour se conformer à ses exigences, réformera par intérêt les vues de l'élevage qui peuvent lui enlever une partie de ses bénéfices.

En voilà bien long là-dessus. C'est que la chose a sa gravité. L'animal qui souffre n'est jamais bien en point, il se développe mal et rembourse difficilement ses frais de production. A bon entendeur salut. D'un juchoir défectueux ou commode peut dépendre une partie du succès ou de l'insuccès d'une éducation. En vérité, on est bien coupable envers soi-même quand on compromet ses intérêts pour si peu.

Les défectuosités de la poitrine ne vont jamais seules ; elles sont toujours accompagnées. Derrière elles, on constate l'insuffisance du volume du ventre, c'est-à-dire de tout l'appareil de la digestion, puis des cuisses effacées, minces, pointues, or, le riche développement de cette région a son prix. Quand il manque, les parties moins estimées semblent dominer, et cette prédominance ne facilite en rien la vente [1].

Mœurs et genre de vie. — Nous avons déjà insisté, dans un précédent chapitre, sur les mœurs et habitudes de la poule, nous nous contenterons donc de les résumer ici.

Vive, alerte, rustique, courageuse, bonne couveuse et bonne mère, telles sont les qualités de la poule commune. Par contre, elle est coureuse, vagabonde, portée à ravager les cultures, les vergers, treilles, semis et potagers; elle aime à pondre dans les endroits peu fréquentés et à couver en secret; les œufs sont petits et contiennent une grande quantité de blanc ou albumine, le jaune étant peu abondant. Le coq chante avant d'avoir atteint l'âge de la puberté, et il est fécond à quatre mois. Les jeunes poules pondent généralement sept ou huit mois après leur naissance.

Considérations générales. — Comme on le voit, cette race a des qualités, qui sont à prendre en considération. Par ce fait même que ces poules passent la plus grande partie de leur journée dehors, à la recherche d'insectes, de graines perdues, de grains d'avoines non digérés qu'elles trouvent dans le crottin de cheval, substances qui seraient perdues sans elles, cette poule, exploitée intelligemment, a sa place marquée dans les petites fermes qui n'élèvent de la volaille que pour la consomma-

[1]. E. Gayot: *Poules et Œufs*.

tion personnelle de leurs habitants; elle est aussi la race qui s'impose chez le garde-chasse, l'ouvrier des campagnes, etc.

Ces volailles, dit M. E. Leroy, lorsqu'elles sont adultes et que le nombre n'en est pas disproportionné avec le parcours et les ressources naturelles mis à leur disposition, sont aptes à se suffire elles-mêmes et ne coûtent presque aucune dépense de nourriture, sauf l'hiver.

A ce point de vue, elles sont éminemment pratiques et constituent, pour l'habitant des campagnes, un revenu en œufs et en poulets ne nécessitant à peu près aucune mise de fonds. Ce revenu, par suite du renchérissement progressif des substances alimentaires, peut être assez considérable pour donner à réfléchir au fermier.

Nous venons de voir que la volaille libre des campagnes ne coûte presque aucun frais, sauf l'hiver; et encore, avant ce moment, les bons campagnards ont l'habitude de porter au marché la majeure partie de leurs hôtes emplumés, pour se restreindre à la quantité strictement indispensable à la remonte. Aux mois d'octobre et de novembre, les poulets engraissés par le glanage des graines perdues, lors de l'enlèvement des récoltes, dans les champs, aux abords des granges, autour des meules, ont acquis la somme d'*embonpoint naturel* dont ils sont susceptibles, et sont d'un écoulement assuré sur les marchés, où ils font prime sous le nom de *poulets de grain*.

Malheureusement, la plupart de nos villageoises, avec l'âpreté au gain qui, parfois, obscurcit chez elles l'intelligence de l'intérêt bien entendu, commettent trop souvent la faute de porter à la ville leurs plus beaux sujets, dans le but d'arrondir la somme à recevoir. Cette faute se paie, à bref délai, par l'appauvrissement de la race[1].

Choix des reproducteurs. — La race ainsi dégénérée, que fait-on? Depuis quelques années on introduit dans les campagnes des volailles exotiques plus ou moins monstrueuses, comme les cochinchinoises, les brahmas, etc., qui ont pour mission de grossir la race commune ou de l'améliorer, mais qui, la plupart du temps n'arrivent qu'à l'abâtardir en enlevant ses qualités tout en lui conservant ses défauts : d'ailleurs, ces croisements mal compris ne sont pas et ne peuvent être fixes ; on marche donc dans les ténèbres ne sachant pas où l'on arrivera.

Avec M. Leroy, déjà cité, nous dirons : Il est grand temps de réagir contre cet engouement pour les volailles étrangères, contre ces tendances à déplacer sans discernement, de leur milieu naturel où ils prospèrent, des sujets destinés à dépérir sous nos climats, et à vicier, à éloigner de leur vrai type nos poules indigènes avec lesquelles on a voulu les croiser.

Lorsque la race commune peut être fructueusement exploitée, lorsque les circonstances qui entourent le petit fermier s'y prêtent, et que pour une raison ou pour une autre elle vient à dégénérer, **deux cas** se présentent : ou bien l'améliorer avec

---

1. E. Leroy : *La Poule pratique.* 1885.

des individus de races françaises importées de pays très voisins de celui où l'on se trouve ; ou bien régénérer la basse-cour avec des individus de race commune choisis, réunissant toutes les beautés zootechniques requises.

Or, quelles sont ces beautés, zootechniques, ces perfections? Nous indiquons les caractères physiques ; bien entendu, en ce qui concerne les mœurs et habitudes, on arrivera toujours à les modifier, dans une certaine mesure par les méthodes d'exploitation.

Chez le coq, on donnera la préférence à celui qui aura les yeux vifs et brillants, une démarche fière et assurée, une grande liberté d'allure, une taille moyenne, le bec gros et court, la crête d'un beau rouge, la poitrine large, les ailes grandes et fortes, les cuisses charnues, les jambes épaisses armées de longs éperons.

La poule devra être assortie au coq. On donnera la préférence à une grosse tête, un cou épais, la crête rouge pendante et lisse, les pattes bleuâtres. Bon nombre de fermières les préfèrent aux poules noires, qui sont plus fécondes que les blanches[1]. La poule ne devra pas être trop grasse. Toujours on devra rejeter une poule qui chante comme le coq, car généralement elle est impropre à la ponte, ou si elle pond, ses œufs sont petits et n'ont presque pas de jaune

RACE DE LA FLÈCHE

Généralités. — La race de La Flèche est une de nos meilleures volailles. D'ailleurs, sa célébrité

---

[1]. Cette remarque est généralement justifiée ; toutefois elle n'est pas absolue.

ne date pas d'hier. Voici à ce sujet ce que dit M. Letrône : « Sa renommée peut prendre date vers le quinzième siècle, selon les rapports de quelques vieux historiens; je pense néanmoins qu'elle doit avoir une origine plus ancienne. C'est au Mans qu'on faisait ces belles poulardes tout primitivement, puis à Mézeray, puis à La Flèche. Aussi désigne-t-on indifféremment ces sortes de produits sous ces dénominations différentes. Cette industrie a depuis longtemps cessé au Mans ; elle déchoit à Mézeray et ne s'est bien conservée qu'à La Flèche et dans les communes qui l'avoisinent. »

Caractères. — La race de La Flèche peut être ainsi caractérisée :

Belle race, pleine d'élégance, à la démarche fière, au port élevé. Tête fine, yeux très vifs, bec assez fort. La crête, chez le coq, a environ quatre centimètres de haut, elle est transversale et double formée de deux cornes dirigées en avant. Chez la poule, cette crête existe aussi, mais elle est très petite. De plus, chez le coq et la poule il existe un rudiment de crête au-dessus des narines : c'est un petit épi de plumes droites ou retombantes fort caractéristique. Les narines sont très ouvertes. Les barbillons sont pendants et allongés. La poitrine est large. Enfin les pattes sont fortes et hautes, nettement visibles, se détachant nettement du tronc. Or, comme le fait très judicieusement remarquer M. Eug. Gayot, cette élongation des membres étant généralement prise aux dépens des dimensions du corps, il en résulte d'ordinaire une infériorité marquée. Or, ce n'est pas le cas ici. Le corps n'y a rien perdu.

Qualités. — Les volailles de La Flèche ont une chair très délicate, fine, savoureuse; d'ailleurs, leur renommée est universelle.

C'est une race fort peu précoce, elle est même plutôt tardive, car ce n'est qu'à huit mois environ que toute la croissance est achevée; à cette époque, ces oiseaux atteignent le poids respectable de 4 kilogrammes, 4 kil. 1/2 et même 5 kilogrammes.

Les volailles de La Flèche s'engraissent très facilement. Elles sont très rustiques, peu sujettes aux maladies et s'acclimatent facilement. « Les poussins s'élèvent très bien, fait remarquer M. E. Lemoine, surtout les premiers jours; ils croissent rapidement, mais ils ont un instant critique à traverser, c'est au moment de leur première mue; le duvet les quitte subitement, et, les plumes ne repoussant pas facilement, il en résulte que leur petit corps n'est pas abrité et qu'il est très sensible à la chaleur et à la pluie. Plus que pour les poussins des autres races, il est donc essentiel d'éviter, pendant les six premières semaines, de les laisser sortir le matin à la rosée ou par un temps froid et pluvieux. Aussi doit-on, de préférence, élever les poussins de La Flèche sous de hautes futaies bien aérées, où ils peuvent au besoin se mettre à l'abri des rayons ardents du soleil et des ondées qui glacent leur petit corps dénudé. »

Les poulardes du Mans, si renommées, sont des poules de La Flèche livrées à l'engraissement avant qu'elles aient pondu.

Toutefois, la poule de La Flèche est loin d'être mauvaise pondeuse ; en moyenne, elle pond de cent vingt à cent cinquante œufs par an ; ceux-ci pèsent en moyenne 70 grammes. Dans cette race, la ponte commence d'assez bonne heure. Par contre, elle est fort mauvaise couveuse ; dans les pays où on l'élève, on entretient des dindes, dont la principale mission est de couver. C'est surtout pour cette race que les couveuses artificielles trouvent leur emploi.

Comme nous venons de le voir, la race de la Flèche s'acclimate facilement, et sa pureté se conserve fort bien, pourvu qu'on renouvelle le sang de temps à autre. Les volailles de La Flèche s'habituent à toutes les nourritures possibles dès qu'elles ont atteint un certain âge.

Elevées en liberté, si elles sont pourvues de verdure, dont elles sont d'ailleurs très friandes, elles ne s'écartent pas trop.

Le principal reproche que l'on puisse faire à cette race, c'est qu'elle est tardive, encore ce défaut est-il mis à profit. En effet, voici ce que dit M. Ch. Jacque à ce sujet :

« La fléchoise met de neuf à onze mois pour arriver à son état de perfection, ce qui prouve qu'elle n'est pas d'une grande précocité ; mais on tire de cet inconvénient un grand avantage, car les poulets, étant fort longs à devenir adultes, continuent de se développer pendant l'hiver, et donnent au printemps, à cette époque où les bonnes volailles deviennent très rares, de magnifiques et délicieux produits que se disputent à prix d'or les tables somptueuses [1].

---

1. Ch. Jacque : *Le Poulailler.*

Poule du Mans. — Il existe une variété exactement semblable, pour la forme et les résultats, à la race principale, excepté que la crête, qui est volumineuse, d'un seul lobe assez rond, aplati pardessus et formant une pointe en arrière, est remplie de granulations à la partie supérieure et rentre dans la classe de celles qu'on nomme frisées. C'est ordinairement celle à crête frisée qu'on désigne sous le nom de poule du Mans.

RACE DE CRÈVECŒUR

Caractères généraux. — Cette race est d'origine normande, elle tire son nom du village de Crèvecœur, où on la trouve dans toute sa pureté.

C'est une de nos races les plus méritantes à bien des titres.

Les volailles de Crèvecœur ont le corps volumineux, large, trapu, aux formes épaisses ; elle semble cubique, tant elle est bien en chair, « elle est, suivant l'expression de M. E. Gayot, une manière de type à viande ».

Ses membres sont forts et charnus, ses pattes noirâtres sont munies de quatre doigts.

Toutefois, le squelette est fin et léger. La poitrine est développée, le dos large, les ailes grandes.

Le coq, fin et élégant, a une grosse huppe qui retombe en arrière de chaque côté de la tête ; la crête forme deux cornes larges à la base et pointues au sommet. Chez la poule, la crête est très petite. Les oreillons petits, sont d'un bleu nacré et en partie cachés par les plumes.

Dans la race de Crèvecœur, le plumage est entièrement noir; chez le coq, les plumes du cou et du croupion ont des reflets dorés et violets. Parfois, après la seconde et surtout la troisième mue, on voit apparaître quelques plumes blanches dans la huppe; toutefois, ce caractère n'est pas constant.

Les volailles de cette race ont le bec très fin et pointu, les narines sont larges et ouvertes.

Chez les Crèvecœur, la croissance est très rapide : à cinq mois elles ont acquis tout leur développement; à ce moment, une poule pèse de 3 kilogrammes 1/2 à 4 kilogrammes 1/2.

Cette race s'engraisse avec une prodigieuse facilité, elle a une chair délicate, blanche et fine; aussi les poulets de cette race sont-ils fort recherchés, surtout à Paris, où ils atteignent sur les marchés des prix très élevés.

Ces volailles sont sédentaires et très rustiques; toutefois, elles sont très sensibles aux brouillards froids. Elles sont alors fort sujettes au coryza. Il importe donc de surveiller leur coucher et de les tenir dans l'intérieur du poulailler [1].

Les poules de Crèvecœur sont assez bonnes pondeuses, elles donnent en moyenne cent vingt œufs par an; ceux-ci sont très volumineux et pèsent jusqu'à 80 grammes. Par contre, ce sont de très mauvaises couveuses, qui cassent souvent leurs œufs pour n'avoir pas besoin de les couver.

L'alimentation la plus convenable pour les volailles de cette race consiste en graines, auxquelles

---

1. Cette extrême sensibilité tient sans doute à la conformation des narines, qui sont très ouvertes.

POULE ET COQ DE CRÈVECŒUR.

il faut ajouter des pâtées de farine d'orge et d'avoine mouillées avec du lait écrémé. C'est avec cette méthode que les éleveurs de la vallée d'Auge engraissent les volailles, qui sont si recherchées.

Qualités et défauts. — Voici l'opinion de M. Ch. Jacque au sujet de cette race : « Cette admirable race produit certainement les plus excellentes volailles qui paraissent sur les marchés de France.

« Les poulets sont d'une précocité inouïe, puisqu'ils peuvent être mis à l'engraissement dès qu'ils ont atteint deux mois et demi ou trois mois, et être mangés quinze jours après. A cinq mois, une volaille de cette race est presque complète comme taille, poids et qualité. La poularde de cinq à six mois atteint le poids de 3 kilogrammes ; le poulet de six mois engraissé, va jusqu'à 3 kilgrammes 1/2 et même 4 kilogrammes 1/2.

« C'est la race de Crèvecœur qui donne les poulardes et les poulets fins vendus sur le marché de Paris. Ceux de la race de Houdan, quoique d'une qualité supérieure ne viennent qu'après. Le crèvecœur est la première race de France pour la délicatesse de la chair, la facilité à engraisser, la précocité, et je crois que c'est aussi la première du monde à ces divers points de vue »[1].

En Normandie, les éleveurs ne recherchent qu'une chose, c'est la finesse et la blancheur de la chair ; ils ne se préoccupent nullement de l'augmentation de volume de leurs sujets. Ceux-ci, fait remarquer

---

1. Ch. Jacque : Ouvr. cit.

M. E. Lemoine, sont en général bien marqués, mais ils n'atteignent point l'ampleur remarquable que certains amateurs, dans nos régions, arrivent à obtenir »[1]. D'un autre côté, disons encore, en passant, que ces éleveurs entendent parfaitement l'économie de leur entreprise; ils commencent par vendre les œufs au moment où les prix sont le plus élevés, sur les marchés de Lisieux, Saint-Pierre-sur-Dives, Pont-l'Evêque, Trouville et environs; puis, au moment où la baisse commence, ils font couver leurs œufs restant par des dindes; ils en vendent ensuite les poulets quand ils ont quatre mois, guère plus, et, pour bien les vendre, ils les gavent une quinzaine de jours avant le marché. De cette façon, toute la nourriture se transforme en viande ; il n'y a rien de perdu; le poulet est vendu au moment où l'alimentation va cesser de produire de la chair.

Enfin, continue M. Lemoine, ils ne se lassent pas de faire couver et, au mois de juin, au moment où ils sentent qu'ils ont d'autres occupations dans les prairies et dans les champs, ils vendent les petits poussins aux personnes qui ne font pas l'élevage proprement dit, mais qui entretiennent des poulets pour leur consommation; ils trouvent encore là un bon bénéfice.

Voilà la manière d'agir que nous recommandons à tous les petits cultivateurs; qu'ils fassent, avec une bonne race, dans leur pays, ce que font les habitants de la riante et riche vallée d'Auge.

1. E. Lemoine: *Le Poussin*, organe des éleveurs. Année 1884.

Variétés. — La race de Crèvecœur a fourni trois variétés : celles de Caux, du Merlerault et de Gournay, dont nous allons dire un mot.

Variété de Caux. — La variété de Caux résulte du mélange des races de La Flèche et de Crèvecœur ; ses caractères participent donc de ceux de ces deux races penchant plus ou moins d'un côté ou de l'autre. Elle a une demi-huppe plus ou moins garnie de plumes.

Le plumage est noir avec des reflets violets et verts. Le poids du coq dépasse rarement trois kilogrammes.

Cette variété s'engraisse facilement ; sa chair est fine et délicate.

La poule de Caux est médiocre pondeuse, mais ses œufs sont volumineux, elle ne couve pas.

Variété du Merlerault. — La variété de Merlerault ressemble à s'y méprendre à la race pure de Crèvecœur, sauf la taille, qui est moindre.

Variété de Gournay. — La variété de Gournay est une très belle volaille, son plumage est noir et blanc ; les pattes sont fines, roses et noires. La crête du coq est simple et droite, celle de la poule est repliée.

La poule de Gournay est bonne pondeuse, mais mauvaise couveuse.

Variété de Pavilly. — Dans la Seine-Inférieure, près de Pavilly, on trouve une autre population galline qui a de nombreux points de ressemblance avec la race de Crèvecœur.

Les poulets de Pavilly sont très estimés à cause de la blancheur de leur chair et de la facilité avec laquelle on les engraisse.

Cette variété, qui est très rustique et très précoce, a le squelette fort réduit, les pattes sont fines et bleuâtres.

La poule est très bonne pondeuse, mais médiocre couveuse.

Les volailles de Pavilly ont le plumage entièrement noir.

4.

CHAPITRE VII

RACES FRANÇAISES (*suite*)

RACE DE HOUDAN

Généralités. — Cette race tire son nom du village de Houdan, situé en Seine-et-Oise, à 25 kilomètres de Mantes. On ne sait rien au sujet de l'origine de la poule de Houdan, qu'on élève en Beauce depuis un temps immémorial. Aujourd'hui cette race s'est tellement propagée qu'on en rencontre des individus un peu partout.

Seulement, comme le fait remarquer M. Leroy, il y a poule de Houdan et poule de Houdan : le sujet de commerce destiné à la broche et le type destiné à perpétuer la race dans toute sa beauté. Autant le premier est commun, autant le second est rare. M. Voitellier prétend que, sur un troupeau de 200 poulets élevés dans une saison, il faut borner son choix, pour la remonte, à cinq ou six poules au plus et à un coq et qu'on n'en trouvera pas un plus grand nombre qui soit à peu près irréprochable [1].

Le houdan est une des plus belles races, et rien n'est plus riche que l'aspect d'une basse-cour composée de ces volailles ; mais ses qualités dépassent de beaucoup sa beauté. Outre la légèreté de ses os, le volume et la finesse de sa chair, elle est d'une

1. E. Leroy : *La Poule pratique*, par un praticien.

précocité et d'une fécondité admirables. Les poulets poussent en quatre mois, et n'ont pas besoin d'être chaponnés pour prendre parfaitement la graisse et acquérir un très beau volume.

La poule donne de magnifiques poulardes, et c'est, entre toutes les espèces, celle dont le poids est le plus rapproché de celui du coq. Elle est rustique et s'élève plus facilement que toutes les autres poules indigènes; elle est aussi moins coureuse, moins pillarde que la plupart d'entre elles. Les pontes sont précoces et abondantes; les œufs, d'un beau blanc et d'un volume considérable. Les poulettes pondent dès le mois de janvier [1].

Caractères. — Les volailles de Houdan sont de fortes et volumineuses bêtes, mesurant de 50 à 55 centimètres de la naissance du cou à l'extrémité du croupion; leur poids oscille entre 3 kilogrammes et 3 kilogrammes et demi lorsqu'elles sont adultes.

Le corps est volumineux et trapu, la poitrine large, le bréchet proéminent et le croupion élevé. Dans cette race le squelette est fort réduit.

La tête est grosse, ornée d'une huppe très fournie retombant en arrière; aussi les poules ne peuvent elles voir ni en face, ni de côté, mais seulement à terre, l'œil disparaissant sous la touffe de plumes. Cela contribue à donner à ces oiseaux une allure étrange. Aussi, victime de sa beauté, dit M. E. Gayot, la poule ne voyant rien de ce qui se passe autour d'elle, témoigne-t-elle de son inquiétude au moindre bruit qu'elle entend. Cela seul serait un motif pour

[1] Ch. Jacque : *Le Poulailler*.

qu'elle n'aimât point à vagabonder alors même qu'elle ne serait pas sédentaire par goût, mais c'est un motif sérieux pour ménager le silence et le calme dans tout le rayon qu'on lui abandonne. La crête du coq est triple et transversale dans la direction du bec, la caroncule médiane est moins haute que les deux autres ; cette crête est charnue et dentelée, rappelant quelque peu une feuille de chêne ; elle est d'un beau rouge. Chez la poule, elle est rudimentaire.

Les volailles de Houdan ont une cravate épaisse et saillante, les favoris bien fournis ; les oreillons sont blancs, mais cachés par les favoris.

Ces oiseaux ont les pattes fortes, plutôt courtes, de couleur rose avec des taches grises. Il y a *cinq doigts* à chaque patte, mais les deux postérieurs ne portent pas sur le sol.

Le plumage est caillouté, noir et blanc. Cette dernière nuance généralement à la pointe des plumes. Les plumes du vol sont entièrement blanches, ce sont les seules qui ne soient pas *cailloutées*.

La race de Houdan s'engraisse facilement, sa chair est fine et délicate.

La poule est bonne pondeuse : elle donne à peu près cent vingt-cinq œufs par an, du poids *moyen* de 65 grammes ; toutefois ce poids peut être de beaucoup dépassé. On cite des œufs de poules de Houdan pesant 100 et 105 grammes.

C'est vers l'âge de sept mois que ces volailles commencent à pondre.

La poule de Houdan ne couve jamais ; aussi la propagation de cette race se rattache-t-elle à celle

RACE DE HOUDAN.

de l'invention du premier incubateur pratique, par MM. Roullier et Arnoult. Cet heureux résultat, comme le fait si judicieusement observer M. L. Leroy, était tout indiqué le jour où les circonstances mirent en présence, d'une part, une excellente poule, donnant beaucoup d'œufs et ne couvant pas, d'autre part un instrument d'incubation susceptible de produire des éclosions en quantités illimitées.

Les poulets de Houdan sont très précoces, et comme ils appartiennent à une race rustique, ce sont ceux qui s'élèvent le plus facilement. Ils peuvent être engraissés à l'âge de quatre mois ; c'est la farine d'orge mouillée avec du lait qu'on emploie généralement à cet usage. L'engraissement n'est pas poussé très loin. On fait surtout ce que l'on appelle le « poulet moelleux », qui est d'une vente très facile. Ces poulets, dit M. le Dr Hector George, auquel nous empruntons ces détails, peuvent être vendus à cinq mois ; la meilleure époque pour cette vente est juin, juillet et août, avant l'ouverture de la chasse.

La race de Houdan ne se plaît que sur les sols calcaires ; sur les terrains argileux et sur un sol humide, elle contracte des abcès aux pattes et perd ses qualités. Si le sol est argileux, il faut le recouvrir d'une bonne épaisseur de sable dans lequel on ajoute de la chaux éteinte.

Les poules houdanaises ont besoin d'un grand parcours. L'espace gazonné laissé à leur disposition doit avoir une étendue plus considérable que pour les autres races. Ces poules aiment à errer pour chercher leur nourriture.

Lorsqu'on veut obtenir une grande production d'œufs, il ne faut pas mettre plus de douze poules par are. Lorsqu'on entretient dans le même enclos plusieurs coqs et poules, il faut mettre en moyenne un coq pour huit poules (six coqs au moins pour cinquante poules).

La poule de Houdan réclame des rations plus abondantes que celles que l'on distribue aux autres poules. Forte mangeuse, d'appétit vorace, elle s'assimile rapidement les aliments et transforme en viande tout ce qu'elle a consommé. Les aliments qu'on lui donne ne sont pas perdus : elle les utilise complètement pour fabriquer des produits comestibles.

Chez les jeunes poulets de Houdan, les sexes sont faciles à distinguer dès l'âge de deux mois. Chez la poulette, la huppe est plus ronde que celle du coquelet ; en outre, ce dernier, à cet âge, a déjà la crête accusée [1].

Historique. — L'histoire de la race de Houdan, continue le Dr George, pourrait, comme celle des Romains, racontée par Montesquieu, se résumer en deux mots : *grandeur* et *décadence*. L'époque de la grandeur embrasse une période de dix années, allant de 1868 à 1878. A cette époque, on vit exposer dans les concours des spécimens réellement splendides de la race de Houdan, qui provoquèrent l'admiration universelle et furent l'objet d'un engouement prodigieux.

La décadence vint précisément de cette vogue

1. Dr H. George : *Journal d'agriculture pratique.*

elle-même. Les cultivateurs des environs de Houdan, séduits par les prix de vente inespérés, se laissèrent enlever tous leurs plus beaux sujets. Les autres, étant plus ou moins défectueux, donnèrent naissance à des produits dégénérés dont les défauts se transmirent à leurs descendants en s'accentuant encore.

On chercha alors à rétablir la valeur de la race en décadence. Mais, au lieu de le faire par la sélection zoologique, dans la race même, on eut recours à des races étrangères, et l'on essaya divers croisements.

Comme les sujets plus foncés étaient plus recherchés, on fit des croisements avec le crèvecœur, pour foncer le plumage, et l'on obtint la *houdan noire* avec *ailes noires*, dominant les taches blanches. Cette population métisse fut très recherchée, surtout en Angleterre ; mais elle différait du type pur de Houdan par ses ailes *noires*, par ses pattes *grises*, par sa crête en forme de *cornes plates*, par sa huppe et sa cravate, qui étaient celles du crèvecœur, comme les caractères précédents.

Ailleurs, pour augmenter le volume, on fit des croisements avec des coqs de Brahmapoutra ; mais se croisement se trahissait par des *plumes aux pattes*.

Quelques éleveurs trouvant que la huppe se mouille trop facilement, préférèrent les poules moins huppées. Puis, la huppe disparaissant, on imagina, pour la ramener, des croisements avec la *padoue argentée,* mais le croisement se révéla par la *bordure noire* de l'extrémité blanche de la plume.

Le mercredi de chaque semaine, il arrive sur le marché de Houdan des quantités considérables de poulets des environs, élevés par des cultivateurs prenant peu de souci des caractères originaux de la race. Or, les demandes étaient si nombreuses, que les expéditeurs de soi-disant « volailles pures de Houdan » allaient sur les marchés, faisaient un triage et l'expédiaient à leurs clients. Ceux-ci ne s'inquiétaient que de l'étiquette du chemin de fer portant le nom de *Houdan*.

Bref, à partir de 1879, il n'y eut plus dans les concours que de mauvais coqs de Houdan présentant des irrégularités dans la forme et la proportion de la crête, des poitrines trop étroites, des plumes jaunes ou grises, etc. Ce fut le commencement de l'époque de la décadence, qui n'est pas encore terminée.

Il y eut un peu d'amélioration au concours de 1884, un peu plus encore au concours de 1885, quoique les pattes soient encore *grises* au lieu d'être roses. Mais la race est en voie d'être reconstituée dans la pureté de son type par la *sélection*, seul moyen efficace.

RACE DE LA BRESSE

Généralités. — On trouve cette race aux environs de Bourg et de Trévoux. C'est encore une race d'élite, dont les poulardes ont une renommée universelle. Le commerce de ces volailles rapporte près de 800,000 francs par an au département de l'Ain.

L'art d'engraisser les volailles est déjà ancien

dans ces contrées, dit M. Mariot-Didieux, mais il était restreint et comme stationnaire. Le commerce des poulardes bressanes était limité, ou à peu près, aux villes de Lyon et de Genève.

Les armées alliées occupèrent comme frontière la ville de Bourg depuis 1815 jusqu'en 1818, et, dit notre estimable confrère Chanel, de cette ville, les poulardes furent goûtées et appréciées par les officiers des armées allemandes. Ceux-ci firent des envois directs en Allemagne et jusqu'en Russie ; il s'est établi, dès cette époque, un courant commercial avec ces contrées étrangères qui a toujours augmenté depuis. On peut l'estimer aujourd'hui à une somme annuelle d'environ un demi-million.

M. Chanel ajoute que cette industrie progresse de jour en jour et que, depuis six à sept ans, les engraisseurs ont tellement amélioré l'art, qu'ils sont parvenus à produire des pièces vraiment extraordinaires par leur poids et par leur graisse. Des poulardes ont dépassé le prix de 25 francs la paire, et des chapons ont aussi atteint celui de 50 à 60 francs la paire. C'est avec le produit de la vente des poulardes qu'aujourd'hui le plus grand nombre des fermiers bressans payent le canon de leurs fermes, depuis les sommes les plus modiques jusqu'à celles de 3,000 et 4,000 francs.

On fabrique aujourd'hui, à Bourg, des consommés de volailles concentrés et qui se conservent assez longtemps pour être expédiés au loin et vendus en détail par des entreposeurs [1].

1. Mariot-Didieux : *Éducation des poules.*

Caractères. — Voici les caractères de cette race :

Taille plutôt petite, tête fine, de grosseur moyenne, bec recourbé, crête simple très dentelée, ailes longues très charnues, poitrine large, garnie de muscles épais. Ossature légère. Pattes fines plutôt longues, d'un gris de plomb, queue bien fournie formant une courbe élégante.

L'épiderme est d'un beau blanc : c'est là un caractère de race qui est très recherché.

La poule est bonne pondeuse, mais assez médiocre couveuse.

Variétés. — Le plumage est assez variable. Sous ce rapport, on distingue deux variétés :

1° La *variété noire*, qui se rencontre aux environs de Louhans, encore appelée pour cela *variété de Louhans*. « Le coq de cette variété, dit M. V. La Perre de Roo, est un superbe oiseau. Son plumage est entièrement noir. Les plumes du camail, les lancettes et les faucilles sont d'un noir de jais à reflets métalliques verts et violacés ; celles des épaules sont d'un beau noir velouté et celles du plastron d'un noir brillant, dont l'ensemble produit un admirable contraste avec le rouge vif de la crête et le blanc de neige des oreillons qui se détachent énergiquement sur le fond sombre du plumage.

« La poule a le plumage noir comme chez le coq, mais moins magnifiquement lustré » [1].

2° La *variété grise* ou *crayonnée* que l'on élève

[1]. V. La Perre de Roo : *Monographie des races de poules*.

dans les environs de Bourg. « Le coq a le camail, les lancettes et le plastron blancs ; le dos blanc marqueté de taches grises qui sont cachées sous l'abondance des plumes du camail; les ailes blanches, à l'exception de deux barres noires transversales, le vol blanc ; les couvertures de la queue et les faucilles noires bordées d'un très large liséré blanc ; les plumes rectrices ou grandes caudales entièrement noires.

« La poule a la tête, le camail et toute la partie inférieure du corps blancs ; le dos, la partie supérieure des ailes et des reins et la queue blanc barbouillé de gris comme chez la poule Brahmapoutra. Il y en a qui ont le plumage blanc barbouillé de gris d'un bout à l'autre, à l'exception du camail, qui doit toujours être blanc, mais les amateurs les préfèrent avec le plastron et la partie inférieure du corps entièrement blancs » [1].

Comme nous l'avons déjà dit, la race de la Bresse fournit des poulardes d'une finesse peu commune, dont tous les gastronomes ont fait l'éloge.

Qualités et défauts. — « La poularde de Bresse et le chapon du Mans ! » s'écrie le gourmet Berchoux dans sa *Gastronomie*, et certes il s'y connaissait, car ce n'est pas sans motif qu'il a placé la poularde au premier rang. Sa chair plus délicate, sa graisse mieux répandue dans les parties musculaires, et son fumet plus exquis, la rangent justement au-dessus du chapon ; il n'est pas jusqu'à son volume moindre qui ne soit un avantage, puisqu'il

1. V. La Perre de Roo : Ouvr. cit.

la met plus à la portée de tous, et qu'il permet de la servir sur des tables moins nombreuses, moins somptueuses peut-être, mais dont les convives n'en sont pas moins de dignes appréciateurs de ses qualités culinaires.

Il ne faut pas croire cependant que la Bresse n'engraisse que des poulardes ; on serait dans une grande erreur, car on trouve sur ses principaux marchés, à Pont-de-Vaux, Montrevel, Coligny, mais surtout à Bourg, des chapons remarquables par leur beauté et par leur grosseur, et qui ne le cèdent en rien, sous le rapport des qualités, à ceux des pays les plus renommés pour cette production [1].

Les poulets qui donnent les volailles fines sont de la race indigène, que les bonnes ménagères conservent précieusement dans sa pureté et sans aucun mélange. Elles ont soin cependant de renouveler le coq tous les deux ans, ayant bien remarqué que les poussins qui proviennent des jeunes reproducteurs ont plus de dispositions à prendre la graisse et sont plus délicats.

On a essayé quelques croisements de la race bressane avec d'autres races, pour la plupart étrangères. Ces mélanges, qui visaient l'augmentation de taille de la volaille de Bresse, ne s'étant produits qu'au détriment des qualités multiples de la race et surtout de la finesse de la chair, on les a bien vite abandonnés.

La poule de Bresse est une excellente volaille, qui ne doit être améliorée que par elle-même, si toutefois besoin en est.

1. Chanel : *Animaux domestiques de l'Ain.*

RACE DE BARBEZIEUX

Caractères généraux. — La race de Barbezieux a de nombreux points de ressemblance avec la précédente.

C'est une belle et forte volaille, haute sur jambes ; son plumage est noir uniforme avec des reflets verts et violacés.

Cette race est dépourvue de huppe ; le coq a la crête ample, simple, droite et dentelée. Elle est plus atténuée chez la poule.

Qualités et défauts. — Le barbezieux, dit M. Voitellier, est une magnifique race en théorie. Il a le défaut capital, au point de vue pratique, de ne pas exister à l'état parfait, ou d'être d'une reproduction si difficile que rarement les produits sont semblables à leurs auteurs ou que, le plus souvent, ils meurent avant d'arriver à l'âge adulte.

A Barbezieux même, il est presque impossible de rencontrer des sujets parfaits. La plupart des éleveurs du pays ont renoncé à cette race, et ceux qui s'obstinent à la conserver n'arrivent que rarement à produire des spécimens remarquables.

On a cependant vu de bien beaux sujets au concours de Paris. — Nous les connaissons parfaitement, et nous pouvons affirmer que ceux qui ont fait le plus sensation, au point de disputer un instant le grand prix d'honneur, n'étaient que le produit direct d'un coq espagnol avec des poules de Lang-Sham. Partout où l'on tente la reproduction des barbezieux purs, la taille diminue dès la première génération. — Ce n'est donc pas une race bien fixée.

De l'aveu même des éleveurs charentais, la poule de Barbezieux est mauvaise pondeuse, son développement est très lent, et l'élevage des poussins, vers l'âge de deux à trois mois, présente les plus grandes difficultés. Ce sont là défauts trop graves pour que l'on cherche à vulgariser la race [1].

RACE COURTES-PATTES

Caractères. — Cette race est assez communément répandue dans le Maine et dans quelques contrées de la Gascogne. Par son aspect étrange et original, on ne peut la confondre avec aucune autre.

Ce sont des volailles de moyenne grosseur, au corps long et large, généralement bien en chair. Les pattes sont très basses, et ne dépassent guère trois centimètres, ce qui leur donne un peu la démarche du canard; ces pattes sont grosses et d'un gris noirâtre.

Le plumage est noir uniforme à reflets verts et violacés, il est très fourni sur toutes les parties du corps.

La tête est plutôt fine, relevée, et munie chez le coq d'une crête forte, épaisse et charnue, surtout à la base ; elle est droite et irrégulièrement dentelée.

Chez la poule, la crête est légèrement retombante.

Qualités et défauts. — Les volailles courtes-pattes ont la chair fine et délicate. Les poules sont bonnes pondeuses et donnent en moyenne 110 œufs

---

1. Voitellier : *L'Incubation artificielle de la basse-cour.*

par an; ceux-ci ont un poids moyen de 60 grammes. La poule est bonne couveuse, mais sous ce rapport elle est très tardive.

Ces volailles sont très rustiques, et, en raison même de leur conformation, sédentaires et fort tranquilles. Par suite de l'exiguïté de leurs membres, elles ne grattent pas le sol ; aussi font-elles peu de dégâts.

RACE COUCOU

Caractères. — Ainsi nommée à cause de son plumage, qui ressemble quelque peu à celui de l'oiseau dénommé, c'est-à-dire gris ardoisé, irrégulièrement tacheté de gris foncé, cette race est très répandue dans l'Ille-et-Vilaine, surtout aux environs de Rennes.

Ces volailles sont de forte taille, posées sur des pattes d'un rose clair; en général, la poitrine est large et bien fournie de muscles. La crête du coq est triple, épaisse et frisée; celle de la poule est plus petite.

La race coucou donne une chair d'excellente qualité, elle est bonne pondeuse et suffisamment couveuse.

Suivant la juste remarque de M. Voitellier, la race coucou de Rennes, bien caractérisée, pourrait prétendre à une plus grande extension et à plus de réputation.

RACE NOIRE

Caractères. — Cette race, assez communément répandue dans le Nord de la France, est de moyenne grosseur. On la reconnaît au premier abord, dit M. Mariot-Didieux, à sa crête rudimentaire avec une petite coquille cornée à la base; outre un pennage noir, le bec, les narines, le pourtour des yeux, l'épiderme des pattes, sont noirâtres. On la dirait, au premier aspect, roulée dans la poussière de charbon. La petite crête, les très petites caroncules maxillaires, sont d'un rouge plus foncé et comme parsemées de petits fongus noirâtres; les ailes sont longues, ainsi que les plumes de la queue; les cuisses sont petites, les pattes fines et hautes. Presque toutes portent un petit collier de plumes qui encadrent leurs têtes.

Cette race est assez féconde, pondant de gros œufs d'une blancheur éclatante; elle est presque aussi bavarde et aussi vagabonde que notre poule commune. Très médiocre propension à couver.

Historique. — Nos anciens seigneurs croyaient la viande des poules noires beaucoup plus délicate que celle des autres couleurs, et sur cette croyance, assez problématique d'ailleurs, ils exigeaient pour dîmes en redevance des *gélines* au pennage noir. « Si cette croyance, fait remarquer M. Mariot-Didieux, auquel nous empruntons la plupart de ces détails, n'avait pas pour base la science de la physiologie du goût, elle était en quelque sorte sanctionnée par l'histoire.

« Celle-ci rapportait que c'était pour l'excellence de leur chair qu'Aristote préférait élever des poules nègres.

« Barthélemy Scapa, cuisinier du pape Pie V, publia en 1570 une description des poules. Comme viande, il préférait les noires. Était-ce prévention de sa part, ou l'expérience lui avait-elle démontré la réalité du fait? Que ceux qui s'honorent du titre de gourmets s'en assurent.

« C'est probablement sur ces données historiques que Boucher d'Argis, dans son *Code rural* publié en 1774, parle de la poule noire sous le double rapport de l'excellence de sa chair et du choix qu'on devait en faire pour satisfaire honorablement sa redevance seigneuriale. Nous avons dit aussi que ce code prétendu rural était plutôt celui d'une odieuse tyrannie.

« Un proverbe espagnol veut, pour la table, « poule noire et oie blanche ». Malgré la réputation qu'ont les Espagnols de s'y connaître, nous les croyons dans l'erreur, ou le proverbe a perdu de son importance, attendu que le commerce de cette nation tire de nos départements méridionaux une grande quantité de volailles sans distinction de couleur »[1].

RACE GASCOGNE

Caractères. — Encore appelée *race caussade*, cette race, originaire du département du Gard, est très répandue dans le Midi de la France.

Elle est de petite taille, mais très rustique. Son plumage est entièrement noir, les pattes sont courtes et d'un gris bleu.

La crête est simple, les oreillons blancs.

La chair de cette volaille est excellente et fort

---

[1]. Mariot-Didieux: *Education des poules.*

estimée ; malheureusement la bête elle-même est de taille trop petite.

La poule caussade est bonne pondeuse, mais couveuse médiocre.

Telles sont les principales races gallines françaises ; les autres ont trop peu d'importance pour être décrites.

Comme on a pu le voir, la plupart de nos races sont bonnes pondeuses, mais médiocres, ou mauvaises couveuses. C'est un peu dans ce but qu'on a introduit, il y a quelques années, des races étrangères bonnes couveuses. Aujourd'hui, ces races considérées à ce point de vue spécial ne méritent guère qu'on s'y arrête, car les couveuses artificielles y suppléent très avantageusement.

CHAPITRE VIII

RACES ÉTRANGÈRES

Généralités. — La volaille n'a pas fait exception à cette tendance manifeste, que nous avons en France, à aller chercher chez nos voisins ce que nous possédons chez nous. De même que pour la race bovine on a été chercher en Angleterre et ailleurs des types améliorateurs ou soi-disant tels, comme le durham et autres, de même que pour les chevaux et les moutons il nous a fallu le pur sang anglais et les dishley, comme si, en France, nous n'avions pas de belles et bonnes races bovines, chevalines et ovines, pour la basse-cour, négligeant les volailles aux qualités multiples dont la description a fait l'objet des chapitres précédents, on a importé des races étrangères *autrement précieuses*.

Ces races ont été mises, comme on dit vulgairement, à toutes les sauces; il en est résulté un désarroi général dans la plupart de nos basses-cours.

Cet état de choses a préoccupé dans ces derniers temps bon nombre d'auteurs, qui, tombant dans l'excès inverse, ont systématiquement rejeté toutes les races étrangères. Or, il faut être juste en toute chose; certes, il y en a, de ces races, qui méritent d'être examinées et qui, dans certaines conditions peuvent être recommandées, mais il faut agir dans ces tentatives avec beaucoup de prudence et de circonspection.

Les races de poules étrangères, dit M. le Dr George, ne nous offrent rien que nous n'ayons chez nous. La qualité qui manque le plus à nos poules bonnes pondeuses, c'est d'être bonnes couveuses. Mais il faut remarquer que ces deux qualités s'excluent presque toujours : pendant que la poule couve et qu'elle mène ses petits, elle ne pond pas. Pourtant on peut citer des poules qui font exception : la poule de Barbezieux, bonne couveuse et bonne mère, et la poule de Bresse, surtout la variété noire ou de Loubans, qui est (lorsqu'elle s'y décide) une couveuse parfaite, très attentive, et défendant très bien ses petits.

« Pour la qualité de la chair, nous défions toute concurrence. Pour le nombre et surtout la grosseur des œufs, nous n'avons rien à envier aux races étrangères. Cependant, comme il ne faut pas systématiquement refuser les dons de l'étranger, nous pouvons admettre à faire leurs preuves ou à les continuer les races de Dorking, de Lang-shan, de Campine et de Hambourg, et la race espagnole en vue des services suivants : pour la production de la viande, la dorking; pour l'incubation, la dorking et la lang-shan; pour la production des œufs, les races de Campine et de Hambourg, celle de Lang-Shan, et enfin la poule espagnole.

« Voilà pour les races d'utilité et de production. Quant aux races d'agrément et de luxe, nous n'avons pas à nous y arrêter. Ces races, généralement de petite taille, comme la négresse, le nangasaki, les bantam de toutes variétés, l'anglaise naine, etc., peuvent être élevées dans un jardin sans être enfermées dans une basse-cour. « A ces jolis oiseaux, dit M. Lemoine, on peut donner sans crainte la liberté la plus entière ; ils vont, viennent, courent à leur gré dans les plates-bandes et les massifs feuillus, sans jamais produire aucun dommage. » Ils perchent sur les arbres comme les oiseaux à l'état libre. Néanmoins ils s'apprivoisent très facilement ; ils quittent leur branche pour venir accepter une friandise ; ils viennent, devant la salle à manger, recueillir les miettes du repas, ils accourent aux sons de la cloche du déjeuner, etc. Bref, ce sont des oiseaux familiers qui animent et égayent l'habitation, mais qu'on n'élève pas en vue de leur couper la gorge pour se repaître de leurs cadavres, La zootechnie les admire, mais elle les respecte et les exclut de ses préoccupations tournées surtout vers la cuisine »[1].

Division. — Les races étrangères étant excessivement nombreuses, nous ferons choix parmi celles-ci des plus importantes.

Nous les rangerons en deux groupes :
1° Les races de produit ;
2° Les races d'agrément.

1° RACES DE PRODUIT

RACE ANGLAISE

Race de Dorking. — C'est la race la plus estimée en Angleterre, elle est à nos voisins d'outre-Manche ce que la race de Houdan est à la France.

[1]. Dr H. George : *Journal d'agriculture pratique.*

POULE ET COQ DORKING.

Voici ses caractères distinctifs.

Race de grosseur moyenne, plutôt forte. Le coq, quoique majestueux et à démarche fière et altière, est un peu lourd.

Ces volailles sont de forme carrée, la poitrine est développée et proéminente. Elles pèsent de 3 kilogrammes 1/2 à 4 kilogrammes 1/2 et même 5 kilogrammes. — Le dos et les reins sont larges. La tête est fine, le bec rose clair, la crête est simple chez le coq, haute et large chez la poule ; elle est quelquefois double, divisée en lobes irréguliers et imitant parfois le tricorne.

Les pattes sont plutôt courtes, d'un blanc rosé, à cinq doigts, le quatrième et le cinquième, c'est-à-dire ceux de derrière sont bien séparés ; ceux de devant sont longs. L'épiderme est rosé, les barbillons développés, les oreillons d'un beau rouge.

La poule est bonne pondeuse ; elle donne, d'après M. Lemoine, 120 œufs en moyenne par an ; chaque œuf pèse environ 55 grammes ; en outre, cette poule a d'autres avantages très appréciables : elle est une très bonne pondeuse, excellente couveuse et bonne éleveuse.

Les poulets de race Dorking sont délicats et difficiles à élever, un grand nombre restent chétifs. Ces poussins, dès leur naissance, sont très jolis : ils ont ceci de particulier, c'est que, malgré la différence qui existe entre le plumage du coq et celui de la poule, tous les poussins ont le même duvet avec une bande brun foncé tout le long du dos, accompagnée d'une rayure blanche de chaque côté ; la poitrine est blanche et le ventre est jaune.

Le poussin Dorking progresse rapidement ; ainsi :
A 1 jour il pèse 40 grammes.
A 15 jours 140 grammes.
A 30 jours 300 grammes.

Ceci doit être considéré comme très avantageux ; il est vrai que cette progression ne peut être obtenue qu'avec de grands soins et une alimentation très suivie, très réglée et fortifiante ; mais, aussitôt que les premières plumes ont poussé, la race Dorking, coq ou poule, est aussi rustique que les autres volailles. Tous les croisements faits avec cette race donnent d'excellents résultats ; partout où on l'introduit, elle fait ressentir les bons effets de ses nombreuses qualités [1].

En Angleterre, cette volaille est mise au-dessus de toutes les autres ; aussi acquiert-elle des prix exorbitants sur les marchés où viennent se fournir les tables les plus somptueuses.

Les éleveurs entretiennent la race avec un grand soin, et les grands seigneurs possèdent et cultivent les variétés les plus belles comme taille et plumage. Ils ne dédaignent pas de concourir aux expositions publiques, et font même partie de sociétés particulières qui ont des expositions destinées uniquement aux animaux de basse-cour.

Le dorking est d'une grande précocité et d'un goût exquis ; sa chair est blanche, juteuse, et retient bien la graisse en cuisant. Sa nourriture, en Angleterre, consiste en pâtée dure de farines d'orge et d'avoine mêlées, en maïs et en orge cuits ; mais il faut ménager le maïs, qui engraisse trop.

[1] E. Lemoine : *Le Poussin*. 1884. *Le Dorking*.

Il est bon de continuer ces pâtées ou de les remplacer par d'analogues quand des sujets de cette race arrivent en France, et de ne les habituer que petit à petit à leur nouveau régime, auquel ils se font du reste parfaitement.

La race est délicate et exige certaines précautions contre les grandes gelées et l'humidité. Il faut surtout que, lorsqu'ils sont parqués, ces animaux soient toujours sur un terrain bien sec [1].

En donnant les caractères de cette race, nous avons négligé, à dessein, de parler du plumage; celui-ci est variable, il a même servi à établir les quatre variétés de dorking connues en Angleterre; ce sont les suivantes:

1° Dorking foncée (dark ou coloured);
2° Dorking argentée (silver grey);
3° Dorking blanche (wite);
4° Dorking coucou (cuckoo).

Dans son livre sur l'*Elevage des animaux de basse-cour*, M. Lemoine résume ainsi les caractères de ces volailles :

Le coq Dorking *argenté* est grand, très large, très fort.

Crête simple, droite, avec de grandes pointes, elle se prolonge en arrière.

L'ensemble du plumage est séduisant. Les plumes du camail et des lancettes sont d'un beau blanc, le milieu est rayé noir. Le dos, les épaules, la selle, sont d'un blanc pur, tandis que la poitrine, la queue et les cuisses sont d'un beau noir avec des reflets métalliques.

1. Jacques : *Le Poulailler.*

Les faucilles sont noires.

L'arc formé à la naissance de l'aile est noir et nettement décrit, ce qui forme un contraste agréable avec le blanc du reste de l'aile.

Le plumage de la poule Dorking argentée est remarquable ; la poitrine est d'un rouge de rouge-gorge, qui se nuance en gris vert ; les cuisses, la tête et le cou sont d'un blanc argenté avec une légère raie noire au centre de chaque plume ; les autres plumes sont d'un gris brun de différents tons avec la nervure blanche.

Crête pliée et retombant sur le côté.

Le coq Dorking *foncé* a la tête forte, les yeux larges.

Crête simple, très droite et dentelée uniformément.

Les plumes du camail, du cou et des lancettes sont couleur paille rayées de noir ; celles des reins sont paille aussi. Les plumes des épaules ont une nuance très foncée, jaune roux. Les ailes sont noires, leur extrémité est blanche. La poitrine est d'un beau noir mat.

Pattes courtes et d'un blanc rosé.

La poule a la crête simple, un peu repliée, retombant sur le côté.

Plumage d'une riche couleur foncée, le dos et les ailes sont gris très sombre, et chaque plume pailletée au bout d'une teinte plus foncée ; le tuyau de la plume est blanc, ce qui donne beaucoup d'apparence, par suite du contraste avec les teintes sombres. La poitrine est brun très foncé.

La variété *blanche* de dorking est fort jolie.

Plumage du coq et de la poule, blanc de neige

Crête triple et frisée en forme de rose largement attachée sur la tête.

Oreillons rouges.

Barbillons longs.

La variété *coucou* a un très joli aspect :

Plumage gris bleu foncé ; chaque plume est uniformément marquée de barres bleu foncé ou gris foncé sur un fond gris blanc ou bleu clair.

Cette teinte « coucou » existe par tout le corps ; elle est bien nuancée, bien régulièrement ombrée chez le coq et chez la poule. — Crête triple et frisée

Oreillons rouges.

Barbillons longs et pendants.

RACES BELGES

Race de Campine. — M. Aerts, notaire, à Liège, qui s'occupe depuis plus de vingt-cinq ans de la gallinoculture belge, s'exprime de la manière suivante au sujet de cette race :

« Cette poule est aussi renommée parce qu'elle est presque exclusivement cultivée dans cette contrée de la Belgique qu'on appelle *Campine*, surtout vers Maseik, Venloo, Ruremonde.

« Elle se rapproche beaucoup pour la forme extérieure de la poule vulgaire ; cependant on peut noter quelques différences. Elle est d'assez petite taille, sa poitrine n'est pas étroite. Son plumage est invariablement d'un blanc jaunâtre avec une teinte de cette dernière couleur plus prononcée sur la poitrine et aux ailes, surtout chez le coq ; la crête est simple chez la poule, et chez le coq elle est grande et ferme ; elle prend naissance à peu de distance de l'extrémité du bec et décrit un léger cercle en avançant assez haut avant de décrire une courbe en arrière, de sorte que la crête se trouve en un certain point sur la même ligne perpendiculaire que la pointe du bec Je n'ai remarqué cela que dans cette espèce ; la queue est grande, perpendiculaire, très élevée ; chez le coq, les deux grandes plumes sont très faucillées.

« Moins bavarde et moins coureuse que la poule vulgaire, elle est très rustique et supporte très bien les temps rigoureux. Elle pond de très bonne heure et se met immédiatement à couver lorsqu'on ne l'empêche pas.

« Les œufs sont assez gros pour le volume de la poule. Bonne mère, excellente couveuse, elle mérite d'être propagée. On ne la rencontre pure que dans les plus pauvres villages de la Campine, ; ailleurs, elle est abâtardie. Ses œufs sont allongés. »

Race de Bruges ou d'Ypres. — Cette race est une des plus grandes et des plus fortes que l'on connaisse.

Elle a le corps gros et allongé, monté sur des jambes épaisses et longues ; la tête est grosse, la crête rudimentaire et noirâtre, simple ; les barbillons sont volumineux, les oreillons de même. Les ailes sont amples et fortes, les plumes de la queue allongées ; celles du cou sont très minces d'un jaune orange avec des raies brunes. Le reste du corps est noir ardoisé, les ailes sont marquées de taches rouges.

Ces volailles ont la chair ferme, blanche et très délicate.

A l'état adulte, le coq atteint souvent le poids de 5 kilogrammes.

La poule de cette race est très rustique, sa crête est petite et comme ramassée sur elle-même; son poid dépasse rarement 3 kilogr. 1/2. Elle est bonne pondeuse, et commence à pondre en janvier pour ne finir qu'en octobre; les œufs sont volumineux.

La poule de Bruges est bonne couveuse et excellente mère.

C'est une des meilleures races de la Belgique.

L'instinct batailleur du coq, sa forte taille et sa force sont mis à profit en Belgique et dans quelques parties du Nord de la France, pour les combats de coqs; aussi cette race est-elle parfois désignée sous le nom de « race de combat du Nord ».

Toutefois, avec les personnes, le coq et la poule sont d'une grande douceur, nullement craintifs, même assez familiers.

Le seul reproche qu'on puisse adresser aux volailles de cette race, c'est leur instinct carnassier: elles s'entre-dévorent fréquemment pendant la mue. On peut en partie obvier à cet inconvénient en leur donnant beaucoup d'espace.

Race des Ardennes. — Désignée dans le pays sous le nom de coq de haie; en wallon, le mot haie est synonyme de taillis. Cette race vit à l'état presque sauvage dans les bois et les bruyères des Ardennes. A l'approche des hommes, elle se blottit pour échapper à sa vue, puis vole assez bien lorsqu'elle est découverte. En hiver, elle vient parfois rôder autour des chaumières.

Comme aspect général, ces volailles ressemblent assez à la race commune; leur plumage ne peut-être mieux comparé qu'à celui de la perdrix. La race des Ardennes est très rustique, le coq a bien des points de ressemblance avec celui de Bankiva, non seulement au physique, mais au moral.

La poule ne demande presque aucun soin et pourvoit elle-même à sa nourriture, tout au moins pendant la belle saison. Elle est assez bonne pondeuse, mais ses œufs sont petits.

RACES HOLLANDAISES

Race Bréda. — Encore appelée race à bec de corneille; la race de Bréda est très ancienne, on la trouve surtout du côté d'Anvers et de Bréda. C'est une volaille de belle taille, de formes élégantes et bien accusées. Ce qui la caractérise essentiellement, c'est la forme singulière de sa crête. Celle-ci est excessivement petite chez le coq et chez la poule; elle forme près du nez une cavité ovale. Sur le sommet de la tête, au-dessus de la crête, se trouve une touffe de plumes formant un épi. Les pattes sont de longueur moyenne et garnies de plumes roides au tarse.

Les barbillons sont très longs, les oreillons petits et rouges.

Le plumage de cette race est d'un beau noir lustré à reflets bleus, ressemblant à celui du corbeau.

Elle a une ossature fine, prend facilement la graisse et a une chair très délicate.

RACE BRÉDA.

C'est une excellente pondeuse, elle couve modément. Les œufs sont assez volumineux.

Ces volailles sont sobres et très rustiques.

On en distingue deux variétés : la bleue et la blanche, qui ne diffère de la précédente que par la couleur du plumage.

Chez les unes et chez les autres, le chant du coq est peu étendu et le timbre en est dur.

La race de Gueldre ressemble tellement à la précédente que nous ne croyons pas devoir l'en séparer, comme bon nombre d'auteurs l'ont fait. Le seul caractère distinctif est dans le plumage, qui est coucou, c'est-à-dire que chaque plume est coupée par des bandes régulières grises ; sur fond blanc, de plus, le coq a sur le dos et le cou des taches roussâtres irrégulièrement disséminées.

Race Pelkip. — Cette race est de petite taille, fine, svelte et élégante.

La poule est bonne pondeuse, mais elle donne de petits œufs. Elle n'est pas très rustique.

Cette race présente deux variétés :
1° La variété argentée ;
2° La variété dorée.

La première a la crête double et très forte, le plumage de la poule est d'un gris noirâtre ; celui du coq est plus clair et présente des reflets argentés.

La variété dorée a les mêmes caractères, sauf le plumage, qui est jaune grisâtre ; le coq est jaune brun avec de très rares mouchetures noires ne se présentant guère qu'aux ailes et à la queue.

CHAPITRE IX
RACES ÉTRANGÈRES DE PRODUIT (*suite*)

RACE ALLEMANDE

Race de Hambourg. — Cette race est fine et élégante, son aspect est fort séduisant. Comme elle est plutôt basse sur pattes et que, de plus, la queue est ornée de faucilles très développées, cela donne au corps une forme arrondie.

La tête est petite et aplatie par-dessus, l'œil est très grand. La crête, qui est volumineuse, plate et comme hérissée de pointes nombreuses, s'avance jusqu'au milieu du bec ; sur le devant elle est ronde, en arrière elle se termine en pointe allongée.

Les oreillons sont blanc nacré, les barbillons ronds et rouges.

La poule de Hambourg est bonne pondeuse, mais elle ne couve jamais. Sa chair est fine et délicate ; comme on le voit, cette race a des qualités réelles, au premier rang desquelles nous devons placer la ponte. C'est pourquoi quelques amateurs la nomment quelquefois *poule pond tous les jours* ; mais on peut lui reprocher sa petite taille.

Les volailles de Hambourg ont le caractère querelleur. Elles demandent beaucoup d'espace et redoutent l'humidité ; aussi leur acclimatation n'est pas possible partout

La race de Hambourg offre un grand nombre de

RACE DE HAMBOURG (VARIÉTÉ ARGENTÉE).

variétés, caractérisées surtout par la couleur du plumage. Les principales de ces variétés sont :

1° La *variété pailletée argentée* a le plumage jaune paille marqueté de petites taches noires ressemblant à des pains à cacheter ; les plumes du camail, du dos, des épaules et du croupion, surtout, présentent cette particularité, tout le reste du plumage est blanc avec des taches noires à l'extrémité des plumes ; sur l'aile, ces taches forment une double rangée transversale.

Les volailles de cette variété, coq et poule, dépassent rarement le poids de 2 kilogrammes ;

2° La *variété pailletée dorée*, ressemble en tous points à la précédente, mais les crayonnages, au lieu de se détacher sur un fond blanc, ressortent sur un fond jaune rougeâtre ;

3° La *variété noire* est la plus populaire, sa robe est noire lustrée uniforme. Cette dernière variété a été très améliorée dans ces derniers temps ;

Toutes ces variétés pondent, année moyenne, 240 œufs, mais ces œufs sont proportionnés à la taille des poules, et ne pèsent guère plus de 50 grammes.

RACE ESPAGNOLE

Race espagnole. — La poule espagnole est une des meilleures pondeuses connues. M. E. Leroy, qui préconise beaucoup cette volaille, en a donné une excellente description; nous ne saurions mieux faire que de lui laisser la parole :

« La race espagnole est la race par excellence qui conviendrait à la fermière qui ne demanderait à la **volaille d'autre produit que ses œufs.**

« Elle comporte trois variétés :
« La variété noire ;
« La variété blanche ;
« La variété bleu cendré.

« De ces trois variétés, la première est la plus remarquable par la splendeur de son plumage noir, soyeux et velouté, à reflets métalliques vert bronzé, et par le contraste de ses oreillons blancs et d'une partie de ses barbillons de même couleur, tranchant sur la livrée noire.

« De taille supérieure à la moyenne, le coq espagnol est un animal fièrement campé, de magnifique prestance, la tête chargée d'ornements ; le camail et les lancettes lustrés et comme criblés de reflets éblouissants.

« A voir sa crête énorme, droite et dentelée, faisant l'effet d'un tricorne, ses caroncules opulentes flottant sur un plastron noir comme des fourragères et des aiguillettes sur un uniforme de cavalerie, ses oreillons et une partie de ses barbillons blancs, d'un blanc de buffleterie passée au blanc d'Espagne ; son plumage propre, luisant et comme astiqué ; les écailles lisses de ses tarses et de ses doigts ajustés symétriquement, comme s'il ne lui manquait pas un bouton de guêtre ; à voir, dis-je, l'ensemble de la livrée de ce coq, de si fière allure, vous ne pouvez vous empêcher d'admirer et de le trouver beau d'une beauté militaire, beau... comme un gendarme, dont il a la tenue martiale et aussi, paraît-il, le courage stoïque.

« On prétend qu'il cache beaucoup de cœur sous son plastron noir ; qu'il tient tête à l'oiseau de proie, ce braconnier des volailles, et qu'il ne craint pas de se mesurer, malgré l'infériorité de son armement, avec les malfaiteurs ailés de la pire espèce. La police des champs est son fait ; une souris est pour lui un régal et vous pouvez compter sur sa vigilance pour purger vos récoltes des vermines de toutes sortes qui sont la plaie du cultivateur.

« La poule, remarquable par les larges plaques blanches qui saupoudrent ses joues, ce qui est la marque des bonnes pondeuses, est tout à fait digne du coq sous le rapport de la crânerie. Sa crête, à elle, au lieu d'être droite, est fièrement posée de travers, et la coiffe comme d'un béret rouge, ce qui lui donne une physionomie mutine, à la fois coquette et tapageuse.

« Rien d'élégant, de riche, de splendide, comme un beau troupeau d'espagnoles noires. A distance, l'ensemble de toutes ces têtes surmontées de rouge écarlate fait l'effet d'un massif de coquelicots.

« Si cette splendide race, dont j'ai été à même d'éprouver la rusticité et la fécondité, n'est pas plus répandue chez nous, cela tient à une foule de préjugés propagés comme à plaisir sur son compte.

« Je suis heureux, continue M. Leroy, de saisir l'occasion présente de prendre sa défense ; et pour que vous soyez bien convaincu que mon appréciation, en ce qui la concerne, est toute désintéressée, je commence par ne vous rien cacher de ses défauts ; et ses défauts, je les connais à fond, car l'espagnole est une des volailles que j'ai le plus fréquentées. En premier lieu, j'avoue, en toute sincérité, que si **la taille de cette belle race est supérieure à celle de** la poule commune, en revanche, sa chair est médiocre et loin de valoir comme finesse celle de la houdan. Elle n'est pas à dédaigner cependant, mais elle est un peu gélatineuse, pas bien blanche ; en un mot, le rôti d'espagnole n'est qu'un manger de deuxième catégorie. Il y a pire comme volaille, au point de vue comestible, mais incontestablement il y a mieux. Aussi veuillez remarquer que je ne recommande l'espagnole qu'au point de vue de l'abondance de la ponte et de la grosseur extraordinaire des œufs. Sous ce rapport, je ne crois pas qu'aucune race puisse lui disputer la palme.

« En deuxième lieu, les jeunes poussins de l'espagnole passent pour être difficiles à élever, frileux, peu vêtus dans le premier âge et nécessitant des soins minutieux.

« Voici ce que l'expérience m'a démontré. J'ai été à même de constater en effet, chez cette race étrangère, de même que chez la brahma, lorsque le poussin a perdu le duvet de la première enfance, la jeune plume destinée à remplacer ce duvet est incomplète, présente durant quelque temps des lacunes et ne protège pas complètement le jeune sujet contre le froid ; de telle sorte que, sous le climat des environs de Paris, du moins, poussins d'espagnole comme poussins de brahma se trouvent, durant une période de quinze jours à trois semaines à peu près, insuffisamment vêtus. Cela ne m'a pas empêché de réussir mes poulets, qui m'ont toujours paru très rustiques, et qui savaient très bien, par les matinées froides, aller chercher la chaleur dont ils avaient besoin sous le ventre de leur poule éleveuse.

« Actuellement, d'ailleurs, cet inconvénient n'en est plus un, du moment où la poule éleveuse est remplacée par une machine de précision sous laquelle le poussin trouve à son gré, à son heure, à discrétion et suivant ses besoins, la chaleur qui lui est nécessaire.

« Un autre reproche plus grave consiste à prétendre que la race espagnole supporte difficilement nos hivers et qu'elle est susceptible d'avoir la crête gelée. Ici, qu'il me soit permis de me mettre carrément en travers. Il y a de la calomnie ou de l'ignorance malveillante au fond de ce reproche.

« J'ai eu à la maison des espagnoles durant des années. Je dois ajouter que, m'adonnant d'une manière toute particulière à l'éducation du gibier étranger : faisans, perdrix d'Amérique, perdrix de Chine, perdrix de l'Inde, sarcelles de Chine, etc., etc., et ne m'occupant des volailles que d'une façon accessoire, ce sont naturellement les faisans et les perdrix qui habitent, dans mon enclos d'élevage, les places privilégiées, les expositions les plus favorables, au levant et au midi ; de sorte que les poules, par une nécessité de mon installation restreinte, sont logées en plein nord.

« Eh bien ! j'ai pu remarquer que, durant l'hiver de 1879-80, de rigoureuse mémoire, de toutes mes volailles : espagnoles, brahma, négresse du Japon, campine, houdan, crèvecœur, bantam, etc., etc., ce furent les espagnoles qui supportèrent le plus gaillardement les intensités du froid. Seulement, mon coq espagnol, et c'est le seul hiver où j'ai été témoin de ce phénomène, eut l'extrémité

RACE ESPAGNOLE.

de la crête, environ un cinquième ou un quart de cet appendice, entièrement gelée. En ceci, je suis d'avis que tous les coqs à grande crête droite, dont l'extrémité se trouve à distance du foyer de chaleur qui est la tête, sont sujets au même inconvénient, et que nos coqs de ferme eux-mêmes n'en sont pas plus indemnes que le coq étranger.

« Toujours est-il que chez mon coq espagnol la partie gelée tourna au noir, puis se dessécha, puis finit par tomber, puis... ce fut tout. Le coq n'en fut pas autrement malade et n'en continua pas moins son service comme par le passé. Enfin, j'ai entendu raconter que la membrane blanche qui entoure l'œil du coq espagnol est susceptible de se plisser, dès la deuxième année, jusqu'à obstruer d'une façon gênante pour lui l'organe de la vision.

« S'il en était ainsi, la nature, faisant exception pour le coq espagnol qu'elle a embelli à plaisir comme un de ses privilégiés, se fût montrée bien maladroite. Mais un peu d'examen ne tarde pas à vous faire reconnaître que cette anomalie n'est qu'apparente et que, par suite de la faculté contractile et rétractile de cette membrane, le coq a, suivant l'occasion, l'œil demi clos lorsqu'il est exposé à l'ardeur du soleil ou qu'il se livre à la sieste, mais qu'il retrouve bon pied, bon œil, lorsqu'il s'agit de caresser ses poules ou de les défendre contre un danger quelconque.

« Voilà donc les fameuses préventions contre la race espagnole mise au pied du mur ; et je suppose qu'on ne m'accusera pas de partialité en sa faveur lorsque je déclarerai que, malgré ses qualités, je ne la considère pas comme l'idéal de la poule pratique, attendu qu'il lui manque, pour être pratique à tous égards, de l'être au point de vue comestible, où elle laissé à désirer. Comme mœurs, l'espagnole est une poule vagabonde par excellence, gratteuse et pillarde, et je ne vous donnerais pas le conseil de la laisser s'introduire au jardin. Vous pouvez être certain qu'elle y laisserait, dans vos plates-bandes, des traces durables de son passage. Mais, comme poule de ferme, comme poule des champs, elle est une des plus belles, des plus grosses, des plus aptes à se garder et à ne pas se laisser surprendre ; à trouver sa vie elle-même, à la pointe de ses griffes.

« Ceux d'entre les lecteurs qui l'ont en parquet, car jusqu'ici ce n'est guère qu'en parquet qu'on l'a cultivée, bien qu'elle commence à se répandre dans les campagnes, ont pu remarquer qu'elle est forte mangeuse. Cette particularité est dans la logique : produisant beaucoup, il est inévitable que cette poule mange beaucoup ; mais ils ont dû remarquer en même temps qu'elle n'est pas difficile sur la qualité des aliments et qu'elle fait son profit d'une foule de choses que les autres poules dédaignent.

« On la dit mauvaise couveuse, j'ajouterai qu'elle n'est pas couveuse du tout, ce qui actuellement est une qualité chez une poule.

« Tout ce que je sais sur le compte de la race espagnole, conclut M. E. Leroy, peut se résumer en ces quelques mots :

« 1° Grande taille, supérieure à la moyenne ;

« 2° Ponte hors ligne : œufs énormes ;

« 3° Aptitude à couver tout à fait nulle ;

« 4° Chair médiocre ;
« 5° Rusticité éprouvée ;
« 6° Aptitude à trouver sa vie à l'état libre.

« A la fermière donc qui voudrait ne pas faire d'élèves et borner l'exploitation de la volaille à la récolte des œufs, je dirai : « Prenez l'espagnole ; nulle race, à ma connaissance, ne peut rivaliser avec elle comme fécondité. »

« Et j'ajouterai :

« Mais ne vendez pas ses œufs au cours, au cent ou à la douzaine : vendez au poids ; sinon vous serez dupe d'un cinquième, peut-être d'un quart de la valeur de votre marchandise »[1].

Comme on le voit par les pages qui précèdent, le panégyrique de la poule espagnole, sous la plume de M. Leroy, est complet. Or, M. Lemoine n'est pas tout à fait du même avis, en ce qui concerne cette race. Tout d'abord il n'accorde pas à l'espagnole toute la rusticité dont parle M. Leroy ; il reconnaît que les poules sont bonnes pondeuses, mais pas autant que le prétend M. Leroy. Se basant sur ses propres observations, M. Lemoine attribue aux poules espagnoles une ponte annuelle de 160 œufs, chiffre que nous avons vu dépasser par quelques races françaises ; quant au poids des œufs, il serait de 68 grammes en moyenne, poids inférieur à celui des œufs de la race française de La Flèche, qui est, on s'en souvient, de 70 grammes, de Crèvecœur (78 gram.), de la Bresse, qui pèsent en moyenne 80 grammes.

Enfin, M. Lemoine prétend que, si les œufs de

---

[1]. E. Leroy : *La Poule pratique*, pages 36 et suivantes.

l'espagnole sont volumineux, ils le doivent surtout au blanc, et non pas au jaune, qui est petit et pâle. En outre, M. Lemoine, toujours d'après ses propres observations, trouve les poussins de cette race difficiles à élever.

Pour nous, voici notre avis. La race espagnole a certes des qualités multiples; toutefois, nos bonnes races françaises la valent, et la surpassent même sous bien des rapports. Pour s'en convaincre, il suffit de se rappeler ce que nous avons dit au sujet des races de Houdan, de Crèvecœur et de la Bresse.

RACES ASIATIQUES

Race de Lang-Shan. — Originaire du Nord de la Chine, cette race, grâce à ses qualités multiples, commence à se répandre en France. Elle a été importée d'Asie en Angleterre en 1872.

C'est une race de forte taille, très robuste, grande et forte. Son corps est volumineux et ses muscles pectoraux développés.

Le bec est fort, la crête droite, simple et régulièrement dentelée, les oreillons et les barbillons sont rouges.

Les pattes sont gris ardoisé, garnies de plumes implantées droites; les cuisses sont énormes et garnies d'un fin duvet; les plumes qui garnissent les pattes vont jusqu'aux doigts.

La queue est relevée et le dos, loin d'être plat, s'élève vers la queue.

Le cou est allongé.

Le plumage est d'un beau noir soyeux à reflets métalliques vert foncé.

7

COQ ET POULE DE LA RACE LANG-SUAN.

Ces volailles ont la tête fine, la démarche lente, elles atteignent toujours des poids élevés. Le coq pèse communément de 4 kilogrammes et demi à 5 kilogrammes et demi ; la poule, de 3 kilogrammes et demi à 4 kilogrammes.

La poule de Lang-Shan est excellente pondeuse, ses œufs sont de grosseur inférieure à la moyenne, même plutôt petits, ce qui, comparé au gros volume de la bête, semble assez curieux. Mais dans ces œufs la proportion de jaune est considérable. Les œufs de la lang-shan sont rougeâtres extérieurement. Cette poule est une excellente couveuse. Une de ses principales qualités, c'est de pondre en hiver, au moment où la plupart des poules ont cessé de donner des œufs.

Cette race a la chair fine, délicate et très blanche.

Les poulets sont énormes et faciles à élever, car ils ne craignent pas l'humidité.

Quoique les lang-shan aient le plumage noir, les poussins à la naissance sont recouverts de beaucoup de duvet blanc ; mais, dès que les plumes d'adultes commencent à pousser, ce blanc disparaît.

En somme, c'est une race rustique, tranquille, ne s'éloignant pas de la ferme et qui peut être élevée sur un parcours restreint.

Race Walikiki. — Cette race, originaire de l'île de Ceylan, est maintenant très répandue dans toute la France, où on la connaît sous le nom de poule « sans croupion ». On la trouve surtout répandue dans les Ardennes.

Dans la province de Liège, en Belgique, fait

remarquer M. La Perre de Roo, où la race est très répandue, on la désigne sous le nom vulgaire de poule des haies, à cause de son habitude de faire la chasse aux insectes le long des haies qui entourent les fermes.

Cette race offre la singulière particularité d'être dépourvue de vertèbres caudales et c'est cette absence d'os coxygiens qui détermine l'atrophie du croupion.

L'absence de queue lui donne beaucoup de ressemblance de conformation avec la caille.

Les volailles de cette race ont le bec court, la crête droite, les barbillons courts ; les pattes fines sont grisâtres.

M. La Perre de Roo [1] la caractérise ainsi : Vagabonde, vive et alerte. Avant le jour, la voilà déjà à la chasse aux insectes le long des haies et dans les broussailles, fouillant avec son bec sous les feuilles pour happer les pucerons, les escargots, les hannetons et détruisant tous les jours des milliers d'insectes qui dévoreraient les récoltes. Elle va chercher au loin sa nourriture, coûte peu à son propriétaire et lui fournit des œufs en abondance. Bref, c'est une race très intéressante et des plus utiles à l'agriculture. Les poulets s'élèvent avec facilité, sont très précoces et très aptes à prendre la graisse.

Il existe deux variétés de cette race en France : la variété blanche et la variété noire.

Le plumage de la variété blanche est d'un blanc de neige d'un bout à l'autre, avec des reflets satinés à la collerette, au dos, aux ailes et aux lancettes, et le reste du plumage est d'un blanc mat.

1. La Perre de Roo : Ouv. cit.

Le plumage de la variété noire est entièrement noir avec les plumes du camail, du dos, des ailes et les lancettes criblées de reflets verts et violacés, et le reste du plumage est d'un noir brillant.

La race Walikiki est facile à élever. Elle a une chair excellente, assez bonne pondeuse et couveuse médiocre.

Race cochinchinoise. — C'est au vice-amiral Cécile que l'on doit l'introduction de cette belle race en Europe. Les individus qu'il adressa de Macao au ministre de la marine (six poules et deux coqs) et qui avaient été achetés par lui, non pas en Cochinchine, mais dans une ferme des environs de Shang-Haï, arrivèrent en France dans les derniers jours de mai 1846. Aussi le vice-amiral Cécile, dit Brehm[1], a-t-il réclamé contre l'appellation de poule de Cochinchine, à laquelle il a proposé de substituer celle de *poule de Nankin*; mais l'habitude était déjà prise, et cette rectification n'a été acceptée que par un petit nombre de personnes. Quoi qu'il en soit, l'honneur d'avoir doté la France, et par suite l'Europe, d'une précieuse volaille n'en revient pas moins au vice-amiral Cécile.

La race cochinchinoise est caractérisée par un corps ramassé, court, trapu, anguleux, d'un volume et d'un poids considérables; des épaules saillantes; des ailes courtes et relevées; le dos plat, horizontal; le sternum saillant; des cuisses et des jambes très fortes; des pattes fortes, courtes et emplumées en dehors; un plumage abondant, surtout aux cuisses et à l'abdomen; une queue très courte.

[1] Brehm et Z. Gerbe : *Les merveilles de la nature* : *L'Homme et les Animaux*. Tome IV. *Les Oiseaux*.

Le coq a les joues dénudées jusqu'au conduit auditif; la crête haute de 6 centimètres, simple, courte, droite, avec six ou sept grosses dents, très épaisse surtout à la base, qui couvre presque le crâne d'un œil à l'autre, ne se prolongeant pas trop en arrière et prenant en avant des narines; des barbillons moyens et arrondis; des oreillons courts; le bouquet de plumes qui recouvre la région parotique très épais et piriforme; le bec fort, assez droit; des doigts très forts; celui du milieu plus long, et l'externe, ou petit doigt, plus court que dans aucune race indigène.

Son plumage est d'une belle couleur tenant du fauve clair et du café au lait, avec des reflets dorés au camail, aux épaules, aux plumes tombantes du croupion, et les sus-caudales en faucille d'un violet foncé à reflets bronzés.

La longueur de son corps, de la naissance du cou à l'extrémité du croupion, est de 28 centimètres et son poids est de 4 à 5 kilogrammes.

La poule est encore plus ramassée, plus trapue que le coq, sa queue étant rudimentaire et ses pattes très courtes. Elle a la crête fort peu élevée, des barbillons très courts et arrondis, des oreillons rudimentaires, des joues dénudées. Son plumage est entièrement d'un beau jaune clair, tenant du café au lait ou fauve. Son poids à l'âge adulte est de 3 kilogrammes. Dans la deuxième année, il y a des poules qui atteignent 3 kilogrammes et demi et même 4 kilogrammes.

La race Cochinchine compte les variétés suivantes :

RACE COCHINCHINOISE.

Variété Cochinchine rousse. — C'est dans cette variété que se trouvent généralement des sujets à taille plus élevée que dans les autres.

Le plumage du coq est d'un roux ardent et doré au camail, aux épaules, au bas du dos ; d'un rouge brique foncé sur le plastron, au dos et aux cuisses ; d'un roux tanné sur les flancs, l'abdomen et les plumes des pattes. Sa queue est noire à reflets verts.

La poule est entièrement d'un jaune rosé vineux.

Variété Cochinchine perdrix. — L'aspect général du plumage de cette variété présente un bariolage dont on ne se rend compte qu'en inspectant les plumes de chaque région.

Le coq, sur un fond tanné sombre, a les plumes des cuisses, de la poitrine, du devant du cou, de l'anus et des pattes marquées de bandes demi-elliptiques ; le dos, les épaules, les sus-alaires, d'un rouge acajou foncé ; le camail et le croupion d'un rouge ardent et doré foncé ; la queue d'un noir bronzé.

La poule a les plumes du camail noires, largement bordées de fauve ; celles du dos, du croupion, des cuisses, de la poitrine ont trois bandes demi-elliptiques, concentriques, d'un gris foncé sur fond fauve ; celles du devant du cou sont d'un fauve presque uniforme ; les sus-alaires fauves, marquées de deux bandes demi-elliptiques presque noires ; les rémiges d'un noir brun, variées de fauve sur les barbes externes ; les rectrices d'un brun sombre, également marquetées de fauve.

En Angleterre, où cette belle variété est fort recherchée; on préfère les sujets dont le poitrail est le plus foncé possible.

Variété Cochinchine blanche. — Cette variété, lorsqu'elle est pure, est d'un beau blanc, sans mélange de jaune. Elle semble avoir été obtenue par le croisement de la variété cochinchinoise jaune clair avec la poule blanche malaise.

Elle fait l'ornement d'un parc, lorsqu'elle est bien choisie.

Variété Cochinchine noire. — Cette variété, dit M. Jacque, est des plus recherchées et des plus estimables, tant par sa beauté que par sa production. Mais elle a deux défauts qui font le désespoir des amateurs. La majeure partie des coqs est ordinairement marquée de rouge au camail et quelquefois aux épaules et au croupion.

Les coqs sont, en outre, et cela sans exception, plus ou moins marqués de blanc à la naissance des plumes de la queue, dites faucilles ; ces taches se dissimulent difficilement parce que les marques se prolongent ordinairement jusqu'au milieu des plumes. Des marques de blanc apparaissent également aux plumes des pattes chez les coqs et chez les poules, et cela surtout après la mue de la deuxième ou troisième année. Mais les inconvénients attachés à cette variété n'en rendent les sujets purs de toutes taches que plus précieux, et on les recherche avec d'autant plus de passion qu'ils sont plus difficiles à obtenir. Certains amateurs commencent au reste, à admettre, pourvu qu'il soit beau de forme, le coq Cochinchine noir à camail rouge.

Les poulets en naissant sont tachés de blanc et de noir, mais le blanc disparaît peu à peu.

Variété Cochinchine coucou. — Les coqs sont généralement de deux robes distinctes : les uns à robe coucou grise, et à camail, épaules et lancettes d'un beau jaune paille criblé de petites taches tout du long des plumes ; les autres à robe entièrement gris coucou. Si ces derniers ne sont pas plus riches, ils sont certainement les plus purs.

La poule est entièrement gris coucou, et cela d'une façon bien nette et en simulant des sortes d'écailles. Les taches sont naturellement proportionnées à la dimension des plumes.

Cette variété, la plus nouvelle de toutes, est naturellement la moins fixée et reproduit assez inégalement ; ainsi M. Jacque dit avoir obtenu en 1857, sur 20 sujets de cette variété, 10 cochinchines coucou, 6 noires, 4 mélangées roux et gris.

Après avoir été exaltée outre mesure, la race cochinchinoise ou de Nankin a eu ses dépréciateurs. On a prétendu qu'elle était d'un tempérament délicat, ce à quoi M. Jacque répond : « qu'elle est, avec et après le brahma, qui n'est, au reste, qu'une variété du shang-haï, la race la plus rustique et la seule vraiment rustique, et qu'elle communique à nos races si délicates une partie de sa rusticité. » On s'en est pris à son physique, à ses allures lourdes et gauches ; on a contesté les qualités de sa chair et même sa fécondité, comme si une poule qui ne donne pas trois cents œufs dans l'année, comme on l'avait dit d'abord, n'était pas une excellente pondeuse pour ne fournir que la moitié de ce nombre ; ce qu'on ne lui a jamais contesté, ce sont ses qualités de couveuse. Ici, en effet, elle excelle.

« La rage de couver, qui est toute particulière à la cochinchine, dit encore M. Jacque, détermine, par d'habiles croisements chez les autres races, cette qualité de couveuse qui manque souvent aux espèces les plus précieuses, et un certain nombre de cochinchines pures sont maintenant indispensables dans une grande organisation, afin d'avoir toujours sous la main des couveuses prêtes à prendre le nid. »

Voici, d'un autre côté, ce qu'écrit Mme Passy, touchant les aptitudes à couver de la poule de Cochinchine et sur les habitudes générales de la race :

« De ce besoin répété de couver, devons-nous conclure que, douces et parfaites pendant tout ce temps-là, elles sont également bonnes et constantes mères ? Je dirai oui et non : oui, quant aux soins premiers à donner à la famille, et non peut-être quant à la durée de cette tendre vigilance ; mais elle ne se ralentit jamais pourtant avant que les enfants sachent se suffire à eux-mêmes, et, si elles les abandonnent plus tôt que ne le fait par exemple la poule de combat, qui possède au plus haut degré le sentiment de la maternité, c'est que le besoin de reproduire se réveille bien plus promptement chez la cochinchinoise que chez les autres, puisqu'elle ne quitte sa famille que pour se livrer de nouveau à une ponte incessante. Du reste, ce désir de couver se manifeste chez elle avec bien moins d'agitation que chez nos autres poules, bien qu'il soit d'une excessive ténacité ; j'ai vainement tenté d'obvier à cet inconvénient par une nutrition de laitage et de laitue et par des bains répétés ; ce fut sans efficacité, et voici ce qui me réussit le mieux : c'est de fixer l'obstinée couveuse, dès le grand matin, dans une prairie avec une ficelle attachée à la patte et à un pieu, de l'y faire passer plusieurs jours de suite, en la faisant coucher le soir dans un lieu frais sans perchoir. Certes, cela m'a quelquefois réussi ; mais, comme en définitive il peut résulter de ce régime que des fraîcheurs lui arrivent dans les pattes, je ne voudrais pas conseiller un remède qui peut être pire que le mal lui-même [1] ».

« La mère, continue Mme Passy, s'abstient de toute nourriture tant que dure le travail de l'éclosion ; en gloussant, elle répond ainsi aux mouvements de ses enfants éclos et aux piaulements de ceux qui, dans l'œuf, manifestent le besoin qu'ils ont qu'elle leur vienne en aide ; car, malgré toute l'onctueuse humidité qu'elle dégage et dont la nature, si admirablement prévoyante, l'a douée sans doute à l'effet de faciliter l'éclosion, la coquille de ses œufs est formée d'un calcaire rosé si épais et si dur, qu'elle est obligée d'aider les petits à en sortir, infiniment plus qu'il n'est nécessaire de le faire aux mères des autres races.

« A peine les petits cochinchinois sont-ils sortis qu'ils expriment déjà toutes les qualités paisibles de leur race ; ils veulent être tranquilles, jusqu'à

---

[1] Lettre sur l'éducation et les avantages de la poule cochinchinoise (*Bull. de la Société d'acclimatation.* Paris, 1854, t. I).

RACES DE CRÈVECŒUR ET DE BRAHMA.

ce que très probablement ils aient rendu leur méconium. Dès que ce méconium est rendu, les poussins mangent presque toujours avec plaisir dans les premières vingt-quatre heures. Je ne saurais trop recommander de s'abstenir de donner de la grenaille pendant le premier mois ; de la mie de pain et un peu d'œuf dur mélangé à du lait coupé d'eau est une nourriture si parfaite, que je ne perds guère par cette méthode qu'un individu sur vingt.

« Mais je répéterai encore et toujours qu'il faut y adjoindre et laisser à la portée de la couvée quelques petites matières calcaires et siliceuses, indispensables à leur santé générale. On m'a souvent objecté qu'il est difficile qu'une seule cochinchinoise puisse conduire et surtout couvrir chaudement au delà de quatre-vingts poussins ; mais, pour obvier à cet inconvénient, augmenté par le peu d'étendue des ailes de ces poules, on les couche chaque soir dans un panier dont la forme ronde est aussi simple qu'avantageuse, surtout dans la froide saison, puisqu'il permet d'y clore exactement la poussinée, tout en lui laissant une somme d'air convenable, ménagée dans le pourtour et le haut du panier.

« Moralement parlant, les cochinchinoises sont bonnes, douces et reconnaissantes envers ceux qui s'en occupent ; le monde leur est agréable ; elles ont de l'instinct et de la mémoire ; elles ne sont ni pillardes, ni querelleuses, et elles sont fort peu dévastatrices...

« Mais, si je proclame hautement ma sympathie pour les femelles de cette espèce, je suis bien loin d'éprouver le même sentiment pour les mâles, poltrons pour la plupart, n'ayant ni la fierté ni la vaillance de nos indigènes, gourmands sans délicatesse, disputant à la poule le grain de blé, dont nos coqs se privent toujours avec empressement pour l'offrir à leurs femelles avec tant de grâce et de galanterie.

« Les cochinchinois ne possèdent ni la hardiesse, ni l'ardeur, ni l'audace des autres coqs ; leur enfance est semblable à celle des autres gallinacés, mais leur adolescence est longue, et tandis que nos jeunes coqs manifestent avant trois mois des tendances non équivoques, celles de l'étranger ne commencent que vers le dixième mois au plus tôt! »

Race de Brahmapoutra. — Ces volailles sont de très grande taille, larges et majestueuses.

Cette race, originaire de l'Indoustan, de la vallée du fleuve Brahmapoutra, a été apportée en Irlande vers l'année 1854. De ce pays elle a passé en Grande-Bretagne, en Belgique et en France.

Les brahmapoutras ont beaucoup d'analogie avec les cochinchinoises ; aussi quelques auteurs les considèrent-ils comme une variété de celle-ci. Quoi qu'il en soit, la brahmapoutra est de taille beaucoup plus forte, les coqs atteignent communément la grosseur du dindon, soit quatre-vingt-dix centimètres de hauteur.

Cette volaille a la poitrine très développée, les reins larges, les ailes relativement courtes, les pattes sont très fortes, courtes, écartées, et d'une couleur jaune citron très pure. Chez le coq, la crête est simple, droite, épaisse à la base et dentelée ; la poule a la crête très petite. Les oreillons sont rouges, les barbillons arrondis et de même couleur.

Cette race est d'un naturel fort tranquille, elle est rustique, et facile à élever. La poule de Brahma est bonne pondeuse ; d'ailleurs, la ponte est assez précoce et les œufs plus gros que dans la race cochinchinoise. Cette poule est excellente couveuse et bonne mère, moins toutefois que la précédente.

On distingue deux variétés de brahmas assez bien caractérisées :

1° Les herminés ou blancs (Light-brahma);
2° Les gris ou foncés, ou inverses (Dark br.)

Les seconds, dit M. J. Delseaux, qui a publié dans *l'Aviculteur* une excellente étude sur cette race, ont été dénommés *inverses*, parce que la majeure partie de leur plumage est opposée à celui des *herminés*. Ils ont en blanc ce que les autres ont en noir et réciproquement. Les brahmas-herminés sont les plus répandus en France.

Leur plumage est blanc, sauf au camail, à la queue, à l'extrémité des ailes et aux pattes. Le camail est formé de lancettes noires très accentuées, c'est-à-dire de plumes à milieu noir et à liséré blanc; la queue est noire ; — chez le coq, les lancettes, à la naissance de la queue, ressemblent aux plumes du camail. Tout le dos et le poitrail doivent être entièrement blancs. Les pattes sont largement garnies, du haut en bas, de plumes moitié blanches, moitié noires ; les manchettes sont très prononcées.

Les Anglais avaient voulu, pour les cochinchinois comme pour les brahmas, supprimer la manchette en conservant la patte emplumée du haut en bas; mais, depuis quelques années, ils semblent abandonner cette mode et l'on voit leurs plus beaux sujets pourvus d'amples manchettes.

A notre sens, la manchette est naturelle chez tous les animaux à patte emplumée, et il n'est pas possible d'obtenir l'une en supprimant l'autre.

Sous les plumes, la patte apparaît forte et d'un jaune clair. La tête est fine; le bec, jaune à sa base, est d'une teinte noire à l'extrémité.

Les barbillons sont courts, presque rudimnetaires.

Les caractères généraux du brahma foncé ou inverse, dit toujours M. J. Delseaux, sont ceux que nous venons d'indiquer pour son congénère. Quant au plumage, celui de la poule est tout différent de celui du coq. La poule, entièrement grise avec des plumes régulièrement marquées comme des sortes d'écailles, rappelle la poule Dorking, moins les tons bruns-roux de la poitrine. — Le coq est absolument le coq Dorking : manteau blanc argenté, queue noire, poitrail noir, plumes des pattes noires. C'est un oiseau magnifique avec son ampleur et sa prestance.

A l'étranger, les brahmas foncés sont considérés comme supérieurs aux herminés pour la ponte, la précocité et la finesse de leur chair. Nous ne serions pas éloigné de partager cet avis, sans cependant nous prononcer d'une façon trop affirmative.

Ce qui ne fait aucun doute, c'est que les deux variétés sont de belles et excellentes poules, pondant en hiver, couvant à merveille et produisant des poulets rustiques très faciles à élever quand ils naissent en belle saison et fournissant des rôtis que bien des gourmets trouveraient délicieux, s'ils n'en connaissaient l'origine.

CHAPITRE X

RACES ÉTRANGÈRES D'AGRÉMENT

Considérations générales. — Les races dont la description a fait l'objet des chapitres qui précèdent se recommandent toutes à l'attention par une qualité quelconque, ponte, aptitude à l'engraissement ou incubation. Ce sont des races qui, rationnellement exploitées, donnent des produits susceptibles d'être convertis en argent; ce sont, par ce fait même, de beaucoup les plus importantes. Comme on a pu le remarquer, pour chacune d'elles nous avons mentionné, non seulement les qualités, mais encore les défauts, mettant ainsi le lecteur en garde contre ces engouements plus ou moins passagers qui sont le propre des éleveurs. En effet, il est peu d'ouvrages de basse-cour qui ne recommandent telle race plutôt que telle autre, possédant toutes les qualités désirables. Pour nous, nous disons qu'une race donnée, qui a produit d'excellents résultats dans des circonstances définies, peut être parfaitement improductive dans d'autres circonstances; ce sujet ne comporte donc aucune généralisation, car il faut voir aussi à quel point de vue on se place.

Il nous reste maintenant à examiner d'autres races, dont l'importance est moindre : les races d'agrément, auxquelles on ne demande pas de produits, qui n'ont pas de fonctions zootechniques bien déterminées. Est-ce-à-dire qu'il faille pour cela dédaigner les œufs ou la chair que peuvent donner quelques-unes de ces races? Non certes, mais, ce qu'il ne faut pas oublier, c'est que dans ces races ces produits sont secondaires, on en profite, mais on ne les recherche pas.

La plupart de ces volailles sont exigeantes sur le choix de la nourriture, délicates à bien des points de vue, et leur entretien, en vue des faibles produits qu'elles peuvent fournir, serait toujours dispendieux. Sous ce rapport, les nombreuses races françaises et étrangères décrites précédemment donnent entière satisfaction à l'éleveur, qui n'a, en ce qui les concerne, que l'embarras du choix, même en spécialisant les fonctions zootechniques ou aptitudes dominantes.

Les races d'agrément étant fort nombreuses, nous avons dû faire une sélection minutieuse, d'ailleurs motivée par le caractère essentiellement pratique de ce livre.

Race de Padoue. — C'est une des plus belles races de fantaisie connue. Elle est de taille moyenne, plutôt grande, le corps est rond et bien proportionné, l'ensemble est très gracieux. La tête, fine et haute, est surmontée d'une huppe volumineuse qui occupe les parties supérieures de la tête. Chez le coq, cette huppe est énorme et dépasse parfois quinze centimètres de largeur. La crête est rudimentaire. Le bec est fin et de couleur plombée.

Le plumage de ces volailles est régulièrement caillouté, formé de plumes blanches lisérées de noir. Toutefois, cette race donne lieu à de nombreuses variétés de presque toutes les couleurs.

COQ ET POULE PADOUE ARGENTÉE.

La variété chamois est une des plus belles, mais la plus jolie est sans contredit la variété hollandaise, qui est une véritable merveille. Elle est noire avec la huppe blanche.

La poule de Padoue est douce et pacifique, d'une rusticité peu commune; son caractère est doux et familier; elle est essentiellement sédentaire, peut-être même à cause de son énorme huppe qui la gêne quelque peu pour se diriger. Elle est mauvaise pondeuse et très médiocre couveuse. Ce n'est guère que dans la variété chamois qu'on rencontre quelques couveuses passables.

Race de Jérusalem. — Cette race est peu répandue sur le continent; toutefois, c'est une des plus belles. M. Harlé a donné une excellente description de cette volaille :

« Elle se distingue autant par sa forme légère, svelte, élégante, gracieuse, que par la beauté de ses mouvements, le brillant éclat de sa robe, sa familiarité et la douceur de son caractère; aussi, de toute ma collection galline, qui est aussi complète que possible, c'est la poule de Jérusalem qui satisfait le plus mon admiration.

« Voici ses caractères extérieurs : taille, $0^m,60$ centimètres; poids, 2 kilogr. à 2 kilogr. et demi; bec de couleur blanchâtre; pattes bleues, crête petite, simple, dentée, un peu tombante; iris orange, barbillons et oreillons bleuâtres, peu développés. Tout le plumage est d'un superbe blanc brillant; la partie postérieure du col (manteau) est magnifiquement herminée de taches noires luisantes s'avan-

RACE DE BANTAM.

çant sur le dos, ce qui lui constitue une collerette bien arrondie ; l'extrémité de chaque plume des ailes et de la queue est munie d'une gouttelette noire d'un reflet très vif ; une autre ligne de petites mouchetures noires coupe chaque aile en travers dans son milieu.

« Chez le coq, le derrière du col et celui de la queue sont beaucoup plus chargés en noir, couleur qui constitue presque entièrement la nuance de la queue, dont les plumes sont extrêmement développées; d'où il résulte un panache magnifique.

« Si cette race offre un coup d'œil de toute beauté, elle est aussi très féconde, mais la ponte ne commence que tardivement, vers la fin d'avril, pour se soutenir tout l'été : la mue ne commence que vers le milieu d'octobre ; les œufs sont un peu plus gros que ceux de la poule commune, plus allongés et d'un beau blanc ; ils contiennent, relativement aux œufs ordinaires, un plus gros jaune. Elle a peu d'aptitude à l'incubation ; aussi, tardive sous ce rapport, eu égard à la saison, ne l'ai-je jamais chargée de remplir cette fonction, d'autant plus que les poussins obtenus d'une autre couveuse à une époque plus hâtive sont encore difficiles à élever et réclament beaucoup de soins. La chair en est très bonne pour la table, très fine, très délicate et entremêlée de graisse que la poule acquiert aisément. »

Race nègre. — Cette race est une des plus curieuses et une des mieux caractérisées.

C'est une race naine, originaire de Mozambique suivant les uns, de la Chine suivant les autres. Nous sommes plutôt de l'avis de ces derniers.

La forme et l'aspect des poules négresses rappellent absolument la race cochinchinoise dans son type le plus parfait de pureté.

Son plumage est soyeux, crépu et d'un *blanc de neige*. Par contre, l'épiderme est d'un noir bleuâtre très foncé ; il en est de même du bec et du système osseux.

Cette race est pourvue d'une demi-huppe, la crête est noire violacée, plate et frisée, les oreillons sont verdâtres ; toutes ces particularités donnent à la négresse un aspect des plus étranges.

Les pattes sont pourvues de cinq doigts bien distincts, elles sont d'un bleu très foncé, presque noir.

Les volailles de cette race sont douces et familières, rustiques et se contentent d'un espace restreint.

La poule est féconde, bonne couveuse et excellente mère ; chose curieuse, quoique parfaitement domestiquée et acclimatée, elle construit elle-même son nid avec des branchages, de la paille et des matériaux divers qu'elle transporte sur son dos, où ils tiennent parfaitement à cause même de la nature soyeuse du plumage. Rien de plus curieux que de voir ces poules portant une charge sur le dos et se rendant d'un pas allègre sur l'emplacement choisi pour l'édification du nid.

Le coq, contrairement à ce qu'on observe chez les autres races, s'occupe des jeunes poulets et les protège.

La race nègre est adulte vers trois ou quatre mois. Sa chair est médiocre.

Race de Nagasaki. — Encore une race singulière qui, mêlée aux autres poules de la basse-cour, produit l'effet le plus étrange.

M. E. Lemoine l'a fort bien caractérisée :

« Jolie petite volaille.

« Bonne pondeuse.

« Très bonne couveuse.

« Excellente mère.

« Bec jaune.

« Crête simple, droite et haute chez le coq, retombante chez la poule.

« Joues rouges.

« Oreillons rouges.

« Barbillons rouges, longs et ronds.

« Poitrine saillante.

« Dos très court.

« Queue longue et très relevée.

« Ailes traînantes.

« Pattes jaunes et très courtes.

« Quatre variétés :

« *Herminée* : le coq et la poule ont le camail noir, bordé de blanc, les ailes blanches et noires, la queue noire et le reste du corps blanc.

« *Foncée* : chez le coq, les faucilles sont noires avec un liséré blanc foncé ; le coq a la poitrine noire bordée de blanc, et les ailes noires, avec des petites couvertures blanches.

« Les lancettes et les plumes du camail sont noires largement entourées de blanc.

« Chez la poule, les plumes du camail et de la poitrine sont noires avec une bordure blanche. Elle a le reste du corps brun très foncé, presque noir.

« *Blanche,* entièrement blanche.

« *Noire,* tout à fait noire (que je viens d'emporter) »[1].

Race de Bantam. — Cette race, au dire de quelques auteurs, serait originaire d'Angleterre.

C'est une jolie petite volaille naine, coquette et élégante.

La poitrine est saillante ; les barbillons rouges et moyens, l'œil très grand.

Le coq a une petite crête frisée se terminant en pointe en arrière.

Les pattes sont très fines et d'un gris bleuâtre.

Le plumage est de couleur variable. Il y a des variétés noires, dorées, argentées. Cette dernière est la plus estimée : chez elle, toutes les plumes sont régulièrement bordées de noir. La même chose s'observe dans la variété dorée ; seulement le fond du plumage, au lieu d'être blanc, est chamois très vif.

La poule de Bantam est bonne pondeuse, excellente couveuse et bonne mère.

C'est une race très familière qui aime à être flattée et caressée. Plus les individus sont petits plus ils ont de valeur.

Race naine de combat. — Cette race, très répandue en Angleterre, est une des plus petites ; par contre, elle est des plus élégantes, des plus belles et des plus distinguées.

La tête est petite, allongée, aplatie, la crête est simple et très petite, mais elle existe. On croit géné-

---

1. E. Lemoine : *Élevage des animaux de basse-cour.*

ralement que la crête n'existe pas dans cette race ; c'est une erreur qui provient de ce qu'on a l'habitude de la couper ras pour faciliter les combats de coqs.

Dans cette race, les oreillons sont cachés sous les plumes ; le cou est haut et droit.

Les pattes sont élevées et solides; elles sont d'une couleur vert olivâtre fort caractéristique.

Les poules de cette race sont bonnes couveuses, aussi sont-elles recherchées à ce titre par les éleveurs de perdreaux ; elles pondent assez bien.

Les variétés sont assez nombreuses ; les trois principales sont :

La *dorée*, qui ressemble assez au cochinchinois perdrix comme aspect général. Le coq a le camail long, d'un beau rouge, la poitrine entièrement noire, les épaules, les plumes tombantes du croupion et la queue rouge plus ou moins brunâtre.

La poule a les plumes du camail jaune doré ; le reste du corps est gris brun.

Le poids de cette variété n'excède guère 2 kilogrammes.

La variété *argentée* a le plumage beaucoup plus brillant. Le coq a le camail jaune paille très vif, le dos et les plumes du croupion jaune doré, les ailes noires violacées, la poitrine d'un beau noir.

La poule a les plumes du camail blanches avec une raie noire au milieu ; le reste du corps est brun roux. La queue est entièrement brune.

La variété *blanche* est entièrement blanche.

En raison de ses caractères si bien tranchés, la race naine de combat se rencontre assez souvent dans les basses-cours d'amateurs, à titre de curiosité. Toutefois, c'est un hôte dangereux à cause de sa sauvagerie et de sa méchanceté.

Pour le combat, l'impétuosité des coqs et leur acharnement est sans égal. Lorsque deux individus sont en présence, ils se ruent l'un sur l'autre avec une fureur dont on se fait difficilement une idée.

Cet instinct batailleur et sanguinaire n'est pas particulier au coq, il est aussi l'apanage de la poule, qui ne le cède en rien à son époux sous ce rapport.

Race sultane. — Cette race est originaire de la Papouasie, d'où elle a été importée en Europe depuis peu.

Elle est de taille moyenne, d'allures vives, d'un fort bel aspect

Ce qui caractérise surtout cette race, c'est sa crête rouge, formée de deux mamelons, et sa huppe, qui est très fournie.

La cravate est saillante et les favoris abondants.

La cuisse est relativement courte, les pattes sont couvertes de plumes tellement découpées qu'elles simulent des poils à s'y méprendre. Il y a cinq doigts à chaque patte.

Le plumage est noir à reflets métalliques verdâtres ; il existe une variété entièrement blanche.

Ces volailles sont médiocres pondeuses, elles couvent rarement.

Race de Yokohama. — C'est une très belle race d'agrément, pleine d'élégance et de coquetterie.

Elle a la crête rouge, formant un seul lobe. Les

jambes sont allongées ; il en est de même des pattes, qui sont jaunes.

Cette race est essentiellement caractérisée par sa queue, qui est très longue et gracieusement retombante, comme chez les faisans.

Elle est très difficile à élever, car, si elle est rustique à l'âge adulte, les poussins, par contre, sont très délicats.

La poule pond et couve modérément. Il y a deux variétés : l'une entièrement blanche est la plus commune, mais la moins estimée; l'autre rouge et blanche ; tout le corps est blanc, sauf le manteau, la poitrine et les ailes.

Race Phœnix. — Cette race a quelques points de ressemblance avec la précédente. Sa queue est démesurément longue, au point de dépasser communément un mètre cinquante.

Le Jardin d'acclimatation de Paris a reçu, il y a quelques années, des volailles de cette race, qui ont excité la curiosité du public, mais non l'enthousiasme des éleveurs. « J'eus le bonheur, dit M. La Perre de Roo, d'assister à l'arrivée et au déballage des premiers phœnix apportés du Japon par les soins de M. Geoffroy Saint-Hilaire ; et, lorsque les coqs étalèrent pour la première fois sous nos yeux leurs immenses traînes, dont les grandes faucilles mesuraient un mètre cinquante-cinq centimètres de longueur, un cri général d'admiration se fit entendre parmi nous. En effet, personne de nous n'avait jamais rien vu de pareil : c'étaient des oiseaux aussi curieux que merveilleux.

RACE DE YOKOHAMA.

« Ce premier arrivage offrait deux types de coqs : un doré et un argenté à ailes de canard, dont le plumage avait beaucoup d'analogie avec celui des coqs de combat anglais.

« Parmi les poules importées, j'en ai remarqué deux qui étaient blanches d'un bout à l'autre et qui avaient beaucoup de ressemblance avec la poule de Yokohama blanche, tandis que les autres affectaient les teintes sombres propres aux poules de Dorking.

« Le coq doré, qui était le plus beau et dont la queue mesurait le plus de longueur, avait les tarses d'un jaune clair, tandis que les tarses du coq argenté étaient de couleur gris de plomb. La couleur des pattes était tout aussi variable chez les poules : les une avaient les pattes jaunes ; les autres les avaient blanc rose ou olive et d'autres encore les avaient de couleur gris de plomb, comme chez le coq argenté à ailes de canard...

« Reste à savoir quelle est la couleur correcte ou préférée au Japon ; M. Tony Conte, que j'ai eu l'honneur de voir à Paris, depuis qu'il a expédié ces volailles de Tokio, n'a pu me fournir aucun renseignement là-dessus.

« M. Tony Conte m'a dit que ces volailles étaient, du reste, très rares au Japon et que les riches amateurs tenaient les coqs Phœnix constamment enfermés dans des cages hautes de trois mètres, mais étroites comme des épinettes, en vue d'empêcher l'oiseau de se retourner et d'abîmer sa queue.

« Les phœnix, continue M. de Roo, ont parfaitement reproduit sous nos climats, depuis leur introduction en France et en Belgique.

« L'acclimatation des phœnix en France et en Belgique, si elle n'est pas encore complète, est donc en bonne voie dans les deux pays. »

L'élevage de ces volailles, qui n'ont d'ailleurs qu'un intérêt de pure curiosité zoologique, ne devient difficile qu'au moment de la mue. Alors les coqs demandent une nourriture tonique pour combattre l'état valétudinaire, la diphtérie et les autres accidents qui forment le cortège habituel du renouvellement des plumes.

« A mon sentiment, dit M. V. de La Perre de Roo, un poulailler sec, bien aéré et chaud; un vaste parcours, de l'eau ferrugineuse; du sarrasin, du blé de bonne qualité, de la *viande crue finement hachée*, du sang desséché, des insectes et de la verdure à discrétion, assureraient le succès de l'élevage de ces volailles sous nos climats et seraient les meilleurs remèdes préventifs à opposer aux influences pernicieuses de la mue. »

CHAPITRE XI

CROISEMENT DES RACES

Considérations générales. — Le croisement a pour but l'amélioration ou le perfectionnement d'une race à l'aide d'une autre race. Il est à remarquer que c'est là le but poursuivi, ce qui ne veut pas dire qu'il est toujours atteint, loin de là.

Un exemple suffira pour le démontrer. On a essayé souvent de croiser les houdans, excellentes pondeuses, mais mauvaises couveuses, avec les brahmas dont la renommée comme couveuses est justement acquise. Qu'a-t-on obtenu la plupart du temps? Au physique, une population qui n'est ni houdan ni brahma, et qui au point de vue des qualités est médiocre pondeuse et médiocre couveuse. Croisant *entre eux* les produits ainsi obtenus, au bout de la troisième ou quatrième génération, on revient au houdan pur ou au brahma pur. — Si encore les choses en restaient là, le mal ne serait pas bien grand, croisant deux bonnes races, mais d'aptitudes différentes pour en obtenir une troisième médiocre, qui à vrai dire, n'est pas fixée puisqu'elle revient au type primitif; mais, toute trace de croisement ayant disparu à la troisième génération, est-ce à dire qu'elle a disparu à jamais? Non; il peut se produire, et il se produit souvent des retours, des cas d'atavisme, comme disent les physiologistes, qui surviennent inopinément à la sixième, septième, et même vingtième génération, quand on s'y attend le moins, et qui viennent jeter le trouble et la perturbation dans la basse-cour.

Oui, c'est là un fait indéniable, qu'un seul croisement peut influer sur les générations qui suivent, et cette influence est toujours pernicieuse par ce fait même qu'elle survient à un moment où on ne s'y attend pas. Or, il va sans dire qu'il faut avant tout que l'éleveur sache ce qu'il veut obtenir ; il ne doit agir qu'à bon escient, et de telle sorte que le but poursuivi soit atteint à coup sûr. Avec le croisement, tel que nous venons de l'indiquer, il est loin d'en être ainsi.

Mais, direz-vous, au lieu de croiser les produits obtenus entre eux, on pourrait recourir à chaque génération, au type dit améliorateur pur. Un exemple. Dans le croisement cité plus haut, des houdans avec les brahmas, si, au lieu de laisser les individus de la première génération se multiplier entre eux, on leur donne un coq houdan pur, et qu'on fasse de même pour la deuxième génération, la troisième, etc., alors évidemment le but sera prévu, on reviendra au type houdan pur. Mais alors, mieux valait ne rien faire du tout. Toutefois, ce dernier moyen, sur lequel nous ne saurions trop appeler l'attention, peut avoir son bon côté. Il constitue un excellent moyen de transformation ou pour mieux dire de substitution d'une race à une autre. Supposons que la race qu'on exploite dans un pays ne convienne pas, qu'elle n'atteigne pas le but qu'on poursuit, par exemple, celui d'une ponte abondante et précoce. Se rappelant ce qui a été dit au sujet des races, on voudrait n'élever que des houdans. Sera-t-il nécessaire d'importer à grand frais des poules et des coqs de cette dernière race, et de se débarrasser au plus vite de la race qu'on veut abandonner? Nullement. On voit, d'après l'observation qui précède, qu'il suffira d'importer un coq houdan pur et de faire le croisement continu dont il vient d'être question. Lorsqu'il aura fécondé quatre générations de ses enfants, la race locale aura disparu pour faire place à des houdans purs, et cette manière de procéder aura eu deux avantages : d'abord la dépense, celle d'un seul coq, aura été minime, ensuite on n'aura pas eu à supporter les risques d'un acclimatement qui, pour les houdans par exemple et bon nombre d'autres races, aurait été plus ou moins laborieux et dispendieux; la nouvelle race par cette méthode s'acclimate lentement, mais sûrement et par transitions insensibles. Certes, la substitution aura demandé du temps, quatre générations, mais il vaut mieux opérer lentement et à coup sûr que brusquement et d'une manière incertaine.

Donc, le croisement continu, ayant pour but la substitution d'une race à une autre, peut être conseillé; c'est même le meilleur moyen pour importer une race nouvelle dans un pays. Quant au croisement cité en premier lieu, ayant pour but l'amélioration d'une race par une autre, nous ne saurions le conseiller, tout au moins d'une manière générale.

Cependant ce n'est pas ce qui a été fait dans ces dernières années, où on a croisé, croisé à outrance et sans dicernement. Si on s'était contenté de croiser des races médiocres avec de bonnes races pour améliorer les premières, il n'y aurait pas eu de mal. Mais nos bonnes races elles-mêmes n'ont pas échappé à cette monomanie du croisement à outrance. N'a-t-on pas voulu, dans ces dernières années agrandir notre excellente poule de Bresse, à laquelle on n'aurait jamais dû toucher? Au service de cette pauvre idée, on n'a rien trouvé de mieux à mettre que le croisement, que l'intervention de coqs de races étrangères de taille élevée. On voit tout de suite poindre à l'horizon le fameux cochinchinois. En effet, on introduisit dans les basses-cours de la contrée, fait remarquer M. Chanel, des reproducteurs divers, et entre autres des anglais, très haut montés sur des pattes jaunes; mais ces croisements n'ont pas été heureux. Les métis qu'ils ont donnés prenaient mal la graisse. Ils coûtaient davantage à nourrir, et leur chair n'offrait pas cet aspect blanc et brillant qui est un des caractères distinctifs de la poularde de Bresse.

Comme toujours, pour faire tous ces croisements, c'est à l'étranger qu'on a été chercher les types améliorateurs.

Les croisements dorking et cochinchinoise, dorking et campine, crèvecœur et lang-shan, barbezieux et espagnol, etc., etc., n'ont pas été beaucoup plus heureux.

Non, lorsqu'une race est éminemment propre à l'engraissement, ou à la ponte, il est absurde de lui demander toutes les autres aptitudes avec, au moyen du croisement. En voulant tout avoir, on n'obtient le plus souvent rien du tout.

9

Tous ces croisements doivent être relégués dans le domaine de la fantaisie; il est beaucoup plus sage d'améliorer les races par elles-mêmes au moyen d'une sélection attentive, en ne faisant couver que les œufs provenant de poules réunissant toutes les perfections qu'on demande à la race, et qui ont été fécondés par des coqs parfaits sous tous les rapports. Les bonnes races pures ne manquent pas.

« La nature, dit à ce sujet M. Voitellier, a su faire assez de croisements présentant des caractères stables et permanents pour que nous n'ayons pas besoin d'en inventer de nouveaux. Les souches primitives et leurs dérivés offrent assez de variétés pour satisfaire nos goûts et nos intérêts divers. Nous ne trouvons aucun avantage aux croisements.

« Nos expositions annuelles ne prouvent-elles pas jusqu'à l'évidence que les races pures et leurs variétés sont en quantité bien assez considérable pour satisfaire tous les besoins? L'amateur y trouve pour sa volière les formes élégantes et fines, les plumages vifs et brillants. Le gourmet n'a que l'embarras du choix dans les races donnant une chair délicate et succulente; le marchand, qui veut des bêtes grasses et lourdes, est aussi bien partagé. Que trouvera-t-on de plus en croisant ces diverses races? Des sujets ne possédant au complet ni l'une ni l'autre des qualités demandées, mais ayant un peu de tous les défauts. Quel exemple pourrait-on citer d'un croisement heureux, supérieur sous tous les rapports à ses auteurs? Est-ce le produit du cochinchinois et du crèvecœur? Est-ce celui du brahma et du houdan, n'ayant pas moins de qualités, puisque les auteurs ont de grands points de ressemblance, mais n'en gagnant aucune? Le seul résultat obtenu est un vilain houdan ou un mauvais crèvecœur.

« Aucun de ces croisements ne pourra conserver son même type pendant trois générations.

« Il rentre forcément dans le type de l'un ou de l'autre de ses auteurs, mais en perdant tous ses principaux caractères de race. Le seul résultat est l'abâtardissement de l'espèce.

« Perfectionnons donc chaque race en lui donnant, par la sélection, ce qui peut lui manquer.

« Usons de chacune suivant son aptitude : du cochinchinois pour la couvée, du houdan pour la ponte et la précocité de l'engraissement, du fléchois pour l'engraissement excessif. Nos poulardes du Mans ou de la Bresse ne sont-elles pas assez grosses, sans rendre leur chair coriace par un mélange de grandes races étrangères? Il est temps d'ailleurs de perdre cette habitude, prise depuis quelques années, de considérer les cochinchinois comme la « panacée universelle » de la basse-cour.

« Une race semblait-elle trop petite, vite un gros coq fauve ; semblait-elle mal couver, courons chercher un coq brahma ; et l'on s'extasiait sur la beauté du nouveau produit. Mais en somme ce produit était inférieur à chacune des races croisées. Le cochinchinois et le brahma sont de magnifiques volailles réunissant peut-être une somme de qualités bien supérieure à leurs défauts, mais à la condition d'être conservés dans toute leur pureté. Croisés aux races françaises, ils transmettent bien tous leurs défauts, mais leurs qualités sont amoindries. C'est avec cette mode des croisements qu'on est parvenu à désorganiser toutes nos basses-cours, et qu'il n'est plus possible de trouver les races dans leur pays d'origine. Il n'y a plus en France qu'un nombre très limité d'éleveurs et d'amateurs qui possèdent des volailles entretenues dans leur état de pureté » [1].

Le premier principe de l'élevage est donc celui-ci :
« N'élever que des races pures. »

Car il ne peut y avoir de race réunissant toutes les aptitudes au plus haut degré de perfection. Les unes sont pour les œufs, les autres pour la viande, les autres pour l'incubation. On n'a que l'embarras du choix. Si on poursuit deux ou trois buts, on choisira autant de *races pures* différentes, qui, cela va sans dire, seront soigneusement séparées.

Nous avons suffisamment insisté sur les caractères des différentes races pour n'y pas revenir ; toutefois, nous croyons utile de résumer dans le tableau ci-dessous les aptitudes des principales :

N°s d'ordre	POUR LA PONTE			INCUBATION	DÉLICATESSE DE LA CHAIR
	GROS ŒUFS	ŒUFS MOYENS	PETITS ŒUFS		
1	R. Barbezieux.	Campine.	Bantam.	Dorking.	Crèvecœur.
2	R. La Flèche	Hambourg.	Nègre.	Lang-Shan.	Dorking.
3	R. Crèvecœur.	Dorking.		Cochinchine.	Bresse.
4	R. Houdan.	Lang-Shan.		Brahma.	La Flèche.
5	R. Espagnole.	Brahma.		Barbezieux.	Le Mans.
6	R. Le Mans.	Cochinchine.		Bresse.	Houdan.
7	R. Bréda.				Barbezieux.
8					Lang-Shan.

1. Voitellier : *L'Incubation artificielle et la basse-cour.*

Sélection. — Sélection veut dire *choix*, voilà ce qu'il importe de ne pas oublier. De ce fait même, pratiquer la sélection signifie choisir les reproducteurs ; c'est du même coup éliminer ceux qui sont défectueux.

Or, comment s'effectue ce choix? Il y a tout d'abord deux sortes de sélections à considérer : la sélection zoologique, qui porte sur les caractères zoologiques purs, et la sélection zootechnique, qui opère sur les individus réunissant au plus haut degré les aptitudes zootechniques qu'on recherche.

Étant donné que les ascendants transmettent toujours à leurs descendants leurs caractères physiques et moraux, on voit tout de suite l'importance de la sélection.

Ainsi un coq et une poule de Crèvecœur, purs, dont les ancêtres n'ont jamais vu de traces de croisements, donneront des poussins crèvecœur purs, réunissant les caractères *physiques* (plumage noir, huppe développée, crête formant deux cornes chez le coq, pattes fortes, courtes, noires) et les caractères *moraux* (chair très délicate, ponte abondante, pas d'aptitude à l'incubation) de cette race.

Comme on le voit, les qualités, comme les défauts, se transmettent par hérédité. On comprendra donc sans peine qu'il faille éloigner de la reproduction les sujets qui ne présenteraient pas toutes les particularités qui caractérisent une race pure.

Mais, dans une race pure, il y a des individus plus ou moins bien doués. Ainsi il peut se présenter dans une réunion de *crèvecœur* des poules qui pondent des œufs plus gros que ceux de leurs camarades.

Ce sont évidemment les œufs de ces poules si bien douées qu'il faudra choisir pour la reproduction. De même, si dans un troupeau de cette même race on remarque une poule et un coq ayant les muscles pectoraux très développés, il faudra prendre ces caractères *individuels* en considération, et choisir ces deux individus comme reproducteurs. Donc dans la sélection il faut d'abord exiger les caractères de *race* (physiques et moraux), ensuite les caractères *individuels*, puisque les uns et les autres sont transmissibles par hérédité. Dans un élevage, on devra par conséquent choisir et mettre à part tous les individus réunissant au plus haut degré les caractères de la race considérée. Ceux qui ne seraient pas dans ce cas doivent être sacrifiés, ou bien, si leur ponte est bonne, les œufs devront être livrés à la consommation et non à la couveuse. Ce premier choix fait, on fixera son attention sur ceux des reproducteurs qui ont des caractères individuels remarquables, tels que ceux que nous avons cités plus haut ; ceux-là seront livrés à la reproduction et leurs descendants auront non seulement les caractères de race, mais les caractères individuels des parents. Dans la couvée ainsi obtenue, lorsqu'elle aura atteint l'âge de la reproduction, on fera un choix absolument semblable, et ainsi de suite. On parviendra de la sorte, au bout de quelques générations, à fixer les caractères individuels qui deviendront alors des caractères de race ou tout au moins de *variétés*, car ces caractères ne seront fixés qu'autant que les individus resteront dans les mêmes conditions d'existence (alimentation, climat, soins, etc.).

Comme le fait remarquer M. E. Lemoine, rien n'est plus intéressant que ce travail de la sélection. En guidant la nature dans son œuvre de création, on obtient des résultats magnifiques, et non seulement on éprouve une vive satisfaction à constater les succès qui viennent couronner de longues études, mais encore on y trouve aussi réel profit, car l'alimentation, distribuée à des animaux qui ne rendent ni viande ni œufs, est une perte réelle, tandis qu'elle devient un bénéfice quand l'un et l'autre produisent abondamment.

Aux éleveurs qui veulent produire de la viande, nous recommandons de faire reproduire entre eux des animaux à poitrine large, à tête petite, à ossature fine et légère ; pour ces bêtes, il faudra une alimentation abondante et mouillée avec du lait.

Aux éleveurs qui veulent produire des œufs, nous conseillerons de choisir pour reproducteurs des poules reconnues très bonnes pondeuses, mauvaises couveuses; on leur distribuera une nourriture échauffante[1].

Mais il est bien rare qu'on agisse ainsi; la plupart du temps on donne à la couveuse des œufs qu'on a eu soin de choisir parmi les plus gros, sans se préoccuper de la poule qui les a pondus et du coq qui les a fécondés. Cela ne demanderait pourtant qu'un peu d'ordre et d'attention, et on serait largement dédommagé de ses peines par les produits obtenus; mais on préfère le plus souvent introduire des reproducteurs de races étrangères qui ne réus-

1. E. Lemoine : *Le Poussin*, 1884, page 282.

sissent qu'à mettre le désordre et le trouble dans les élevages.

Consanguinité. — Nous avons vu qu'il y a deux sortes d'hérédités : l'hérédité de race et l'hérédité individuelle. Or, la consanguinité, au sujet de laquelle on a tant dit et tant écrit, la consanguinité chez les volailles comme chez les autres animaux, *élève l'hérédité individuelle à sa plus haute puissance*. Ce qui revient à dire qu'un caractère individuel quelconque, zoologique ou zootechnique, bon ou mauvais, qui aura six chances sur dix de se transmettre aux descendants, si les ascendants ne sont pas parents, aura neuf chances sur dix de se transmettre si les ascendants sont frères et sœurs, ou père et enfant, mère et enfant, etc. Il importe donc, lorsqu'on unit entre eux des individus de même sang, d'écarter ceux qui présenteraient le moindre défaut, car sûrement il se transmettrait, en s'aggravant même la plupart du temps. Mais il en sera de même pour les qualités, ce qui indique tout naturellement la marche à suivre.

CHAPITRE XII

HABITATION DES POULES

Le poulailler. — Le logement des poules ou poulailler ne doit pas, comme cela se fait si souvent, être construit et installé au hasard. Une race étant choisie, pour que celle-ci donne tous les produits qu'elle est susceptible de fournir, il faut qu'elle soit bien logée. Il y a à ce sujet des règles qui varient quelque peu suivant les circonstances dans lesquelles on se trouve, mais dont il est essentiel de ne pas s'écarter.

Exposition. — L'exposition du poulailler a une grande importance, car, quoique rustiques pour la plupart, les races gallines sont assez sensibles aux influences atmosphériques. Il faut, comme dit Prudent de Choyselat, « que le soleil du matin puisse donner le bonjour aux poules, qui se délectent fort du soleil matinal ».

Le poulailler ne doit être ni trop chaud en été, ni trop froid en hiver; il doit être complètement à l'abri de l'humidité.

L'exposition au levant ou au sud est la plus recommandable; encore faut-il avoir soin de le mettre à l'abri des vents et le disposer de telle sorte qu'il reçoive le soleil aussi longtemps que possible.

Emplacement. — L'emplacement est loin d'être à négliger. On choisira un terrain sec, un sol sablonneux autant que possible, non seulement à cause de la facilité avec laquelle il écoule les eaux, mais encore pour pouvoir facilement enlever les fientes avec un râteau à dents fines et rapprochées. Si on n'a pas un terrain de cette nature à sa dispositions, on prendra un terrain calcaire ou rocailleux, sur lequel on disposera une couche sablonneuse ou terreuse de 8 à 10 centimètres d'épaisseur.

Construction. — Les poulaillers sont construits en maçonnerie, en terre ou en planches ; ces dernières sont préférables en ce sens que le bois est mauvais conducteur de la chaleur et du froid, et que, de plus, son emploi est économique.

Le poulailler se compose, ou du moins devrait, pour être dans de bonnes conditions, se composer de plusieurs pièces.

1° Le dortoir ou poulailler proprement dit.

Il est parfois à ras du sol, mais le plus souvent son plancher est situé à une certaine hauteur; toutefois, celle-ci ne doit pas être exagérée : quatre-vingt centimètres suffisent; dans ces conditions, les volailles se trouvent bien.

Cette chambre doit être bien aérée. Pour cela, on la munit de petites ouvertures ou fenêtres grillagées à l'intérieur et vitrées au dehors. Par les temps froids, le vitrage est fermé. En été on peut l'ouvrir. Alors le grillage empêche les habitants de fuir.

La porte doit être munie à sa partie inférieure d'une petite ouverture permettant l'entrée aux volailles lorsque la porte est close. Cette petite ouverture devra être fermée le soir au moyen d'une petite trappe.

Autant que possible, on adosse cette construction contre un mur.

A l'intérieur on aura soin de boucher hermétiquement les fentes et crevasses, qui donnent asile à la vermine. Les parois seront blanchies au lait de chaux.

L'étendue de ce bâtiment varie avec le nombre de volailles qu'on veut y loger.

Le toit sera en chaume ou en planches de sapin; ces dernières sont d'une durée plus longue.

2° Le hangar couvert fait suite au poulailler proprement dit; il est indispensable lorsqu'on élève un nombre quelque peu considérable de volailles; ce hangar doit être ouvert à l'orient; le sol de cette partie sera recouvert, sur un tiers environ de sa surface, d'une couche de poussière bien sèche d'environ 20 à 25 centimètres de profondeur où les poules pourront prendre les bains de poussière qui font leurs délices[1]. C'est dans ce hangar couvert que se réfugient les poules pendant l'hiver lorsqu'on procède à la ventilation de leur logement.

La troisième partie de l'habitation des poules est la cour aux ébats ou pelouse. M. E. Leroy recommande fort l'établissement d'une *fosse à gratter* qui doit servir immédiatement à la suite du hangar.

1. Cette couche de poussière doit être retenue de chaque côté par une clôture en planches de 15 à 20 centimètres de hauteur pour l'empêcher de s'éparpiller.

Nous ne pouvons mieux faire que de lui laisser la parole :

« Cette fosse, établie à ciel ouvert, creusée à 50 centimètres environ, sert à assainir d'autant le sol de votre hangar. Elle constitue l'une des plus essentielles des choses nécessaires à l'hygiène et au bonheur des volailles tenues captives.

« C'est dans cette fosse que vos poules iront se démener et jouer des pattes et du bec pour gratter et piocher, ce qui remplace dans la mesure du possible le passe-temps le plus favori des volailles en liberté. Gratter et piocher est, chez la gent des basses-cours, un besoin impérieux, dont vous avez pu vous rendre compte, — si jamais vos poules se sont échappées au jardin, — à la manière dont elles traitent vos plates-bandes.

« La fosse a donc, dans toute installation bien entendue, une utilité réelle ; cependant on ne la voit nulle part et je ne sache pas qu'aucun auteur en ait parlé avant moi.

« Donc, une fosse à gratter, laquelle sera remplie, jusqu'au niveau du sol, d'une couche de balayures de grenier à foin, menues pailles provenant de battage, et entourée de planches de 25 centimètres de hauteur, que les poules devront escalader pour pénétrer dans la fosse, de manière qu'elles ne puissent en éparpiller au dehors le contenu.

« Cette fosse à gratter est, pour le coup d'œil et pour ne pas déparer l'ensemble de l'installation, dissimulée par une bordure d'arbustes. C'est dans la menue paille que vous semez à la volée le grain destiné à la nourriture, que les poules trouvent en grattant et en piochant, ce qui leur donne, dans la mesure du possible, l'illusion de la vie libre, où c'est de cette façon qu'elles procèdent à la recherche de leur nourriture.

« Vous avez donc dans la fosse à gratter un garde-manger tout à fait approprié à leurs instincts, et qui sera d'autant plus prisé que toute graine ayant échappé à leurs recherches ne tarde pas à y germer, ce qui lui donne un attrait particulier ; que, d'un autre côté, ce milieu friable devient le rendez-vous des vers de terre, cloportes, et autres insectes qui font parfaitement le compte de la gent gallinacée »[1].

Ensuite vient la pelouse.

La partie consacrée à la pelouse, et qui devra être dans la proportion de moitié, sinon des deux tiers, de l'emplacement dévolu à la volaille, sera l'objet des travaux de culture qui suivent, exécutés de façon à faciliter l'écoulement des eaux et à garantir de l'humidité.

Le sol sera bêché, dans le sens de la longueur, en talus et en dos d'âne, de manière à ménager tout autour de ce talus un sentier circulaire large de 35 à 40 centimètres environ. Ce sentier est tracé au moyen d'un fossé creusé à profondeur d'un fer de bêche ; la terre provenant du labour est rejetée au milieu, pour accentuer d'autant la forme arrondie ou le dos d'âne.

Nous obtenons ainsi une sorte de tumulus, de forme allongée, que nous faisons planter de trois rangs de petits arbustes disposés en quinconce : sapins,

1. E. Leroy : *La Poule pratique*, pages 85 et suivantes.

thuyas, groseillers, seringas, boules de neige, etc., après avoir procédé au gazonnement.

Tout ensemencement dans un parquet destiné à être habité à bref délai serait illusoire et tout à fait contraire à la pratique. Outre que vos poules, en grattant le sol, ne laisseraient pas aux grains ensemencés le temps de germer et de s'enraciner, ce remuement de la terre ameublie aurait l'inconvénient de souiller le sable des allées.

Ce qu'il nous faut absolument, pour la pelouse du parquet, c'est du gazon tout venu, bien enraciné et prêt à être mangé. C'est donc par plaques de verdure rapportées du dehors, bien soudées ensemble, qu'il convient de revêtir toute la partie du sol déjà plantée et préparée par le labour. Le gazon étant ajusté comme une pièce d'étoffe, de manière à ne laisser aucun vide, est arrosé copieusement d'abord, de manière à le pénétrer jusqu'à la racine, puis tassé avec la batte de telle sorte qu'il fasse corps avec la terre fraîchement labourée. Les mois les plus favorables pour cette opération sont les mois d'octobre, novembre, février, mars, par un temps exempt de gelée.

Quant aux tranchées ouvertes autour du massif à profondeur d'un fer de bêche, elles sont comblées : aux trois quarts de scories de charbon de terre, ou même de cailloux, qui donnent un drainage du pourtour tout à fait complet; le dernier quart est rempli de petit gravier ou sable de rivière.

Ces dispositions terminées, plus rien ne s'oppose à l'installation de nos volailles. La verdure dont nous avons revêtu le sol de la volière est suffisamment apte à se défendre, le tissu de ses racines étant serré comme celui d'une étoffe feutrée, et, durant la belle saison, apte à réparer ses pertes, attendu que, pour un brin d'herbe brouté, il en pousse à côté un ou plusieurs autres.

Chaque année, à la fin de l'hiver, l'assainissement du parquet est assuré en rejetant au centre la terre que les poules ont fait, à la longue, rouler sur l'allée circulaire : en bêchant les massifs de manière à ramener à la surface la terre du dessous et réciproquement ; en gazonnant comme je viens de l'expliquer et en remplaçant le gravier contaminé par du gravier frais.

« Les avantages de ce système de pelouse, continue M. Leroy, je n'ai pas besoin de les faire ressortir, ils vous ont sauté aux yeux :

« Agrandissement de la surface disponible, la forme bombée ayant pour effet de vous faire gagner, en surface, une fraction pouvant varier de 25 à 40 pour 100 ;

« Garantie contre l'humidité, obtenue par des procédés de gazonnement qui ne permettent pas la stagnation des eaux de pluie ;

« Salubrité assurée, les déjections des volailles n'ayant pas l'inconvénient de contaminer indéfiniment le sol, absorbées qu'elles sont, à titre d'engrais, par les racines d'un gazon vivace, ou lavées par l'eau de pluie en filtrant, à travers le gravier des allées, dans les sous-sols remplis par le drainage »[1].

Mobilier du poulailler. — Commençons par

1. E. Leroy : *loc. cit.*

le poulailler proprement dit ou dortoir. Les deux meubles principaux sont les juchoirs et les pondoirs.

Les juchoirs sont de plusieurs sortes. Les plus communément employés sont formés de larges échelles qui se posent contre les murs de manière à former avec eux un angle d'environ 45°; les barres de ces juchoirs sont soigneusement arrondies et espacées de cinquante centimètres en moyenne les unes des autres.

La longueur totale des juchoirs sera calculée d'après le nombre de poules que le dortoir peut contenir; on donne à chaque volaille environ 25 à 30 centimètres de juchoirs.

Ces échelles ont un grave inconvénient : au moment du coucher, chaque poule voulant percher le plus haut possible, ce sont des querelles et des batailles souvent sanglantes, car les sujets les plus vigoureux bousculent les faibles, qui sont parfois jetés d'une hauteur assez considérable pour produire des accidents, accidents dont on ne saurait trop se garer dans une cour.

Les perchoirs de niveau sont donc préférables. Mais il y a encore différentes manières d'installer ces derniers. M. E. Gayot recommande la disposition adoptée par Mme de Linas dans son élevage de Belair :

« Quatre juchoirs composés sont placés par deux, à droite et à gauche de la porte d'entrée, dans le sens de la largeur du bâtiment. Long de 3^{m}15 et comptant quatre barres, chacun d'eux donne place à quatre-vingt-quatre poules à raison de 15 centimètres par tête. Le poulailler peut donc loger trois cent trente-six animaux, effectif maximum qui laisse à chaque habitante toutes ses aises. Celles-ci, en effet, ne résultent pas seulement de l'espace accordé, elles viennent encore et surtout de la quantité d'air pur incessamment renouvelé, d'une température presque toujours la même, et enfin de la minutieuse propreté du local.

« Dans la disposition adoptée à Belair, les juchoirs sont mobiles, complètement plats dans le dessus, en forme de bancs. Chacun se compose de quatre barres en bois épaisses, larges de 10 à 12 centimètres, convenablement espacées entre elles, fixées à encoches à quart bois, sur trois pieds de banc solides. Toutes les arêtes sont abattues et les cornes des pieds ont été enlevées en pente afin qu'aucune poule ne soit tentée de s'y arrêter et d'y percher. Le dessus du banc est à 40 centimètres du sol, hauteur convenable pour toutes les races de volaille, voire les plus lourdes, qui peuvent toujours y arriver sans fatigue, s'y poser sans contestation, et sans avoir à redouter les chutes encore assez fréquentes qui se produisent dans l'autre système. Tous les habitants du lieu, on le voit, perchent commodément ici au même niveau. Ils occupent comme un premier étage sur lequel chacun vient prendre paisiblement son rang et sa place. A cette élévation, l'atmosphère est plus pure que dans les régions les plus basses et les plus hautes. Un espace de deux mètres reste libre dans le milieu et sépare les juchoirs. C'est précisément au point moyen que se trouve en haut l'ouverture du ventilateur, pourvu à sa base, nous l'avons dit, d'un petit appareil de nature à en modérer les effets si le tirage en devenait trop actif. La bouche du calorifère sort du milieu des planches, de façon à pouvoir répandre dans toutes les parties du poulailler sa chaleur bienfaisante, mais atténuée déjà par le mélange des diverses couches d'air, avant d'atteindre les points occupés par les juchoirs et par les poules : c'est principalement à l'approche des longues nuits de l'hiver qu'il y a lieu de recourir au chauffage articiel. Les juchoirs sont donc parfaitement placés, et c'est pour le démontrer que nous avons parlé à cet endroit du ventilateur et du calorifère »[1].

Les juchoirs sont placés et retenus entre deux forts tasseaux, à égale distance des deux murs de face ; il reste de part et d'autre un couloir libre de 0^{m}67. Ces couloirs ont une double destination ; ils servent d'accès aux juchoirs et aux pondoirs.

La ponte étant la fonction essentielle des poules, il importe d'aménager les paniers à pondre de telle sorte que les volailles ne soient en rien gênées dans cette importante fonction.

Chaque fois que faire se pourra, les nids à pondre seront placés dans des niches qu'on aura eu soin de ménager à la base et dans l'épaisseur des murs ; ces niches auront environ vingt-cinq centimètres de profondeur sur autant de hauteur ; chacune devra être munie d'un rebord mobile en bois de 6 ou 8 centimètres de haut, ayant pour but d'empêcher le panier à pondre de choir lorsque la poule s'y installe.

Le nombre de ces niches varie avec la population du poulailler ; toutefois, on peut les placer sur deux

[1]. E. Gayot : *Poules et Œufs*, pages 20 et suivantes.

ou trois rangées superposées jusqu'à 1ᵐ50 de hauteur.

Ces niches formant des lignes continues, on placera en avant une grande planche posée sur des tenons en fer, et formant une sorte de balcon grâce auquel chaque poule aura la facilité de choisir son nid. Aux deux extrémités de ce corridor on place une planche garnie de tasseaux de bois cloués. Cette planche inclinée 50° environ touche le sol et constitue une sorte d'échelle permettant un facile accès aux pondoirs.

Il est bon de surmonter la rangée de niches d'une planche pouvant s'abaisser et s'élever à volonté, ouvrant ou fermant les pondoirs. Le soir, cette planche sera abaissée ; on évitera ainsi que les poules et surtout les poussins en fassent leur couche habituelle. Tous les matins la planche sera relevée. Dans chaque niche on met une certaine quantité de paille froissée qui sera renouvelée aussi souvent que possible, car les poules pondent de préférence dans des nids propres.

Mais tous les poulaillers ne présentent pas de ces niches. Alors on peut installer des planches en bois uni. Ces grandes planches horizontales sont pourvues d'un rebord extérieur. Sur leur face supérieure ces planches sont munies de cloisons formant boîte ouverte seulement en haut. On peut sans inconvénient superposer deux ou trois rangées de ces pondoirs ; la dernière planche, c'est-à-dire la plus haute, doit être inclinée du haut en bas pour éviter que les poules aillent s'y percher.

Ces deux sortes de pondoirs sont préférables aux

paniers en osier qu'on trouve chez les vanniers ; en effet, ceux-ci s'usent trop vite et favorisent la multiplication de la vermine. Cependant, lorsque les circonstances exigent l'emploi de ces corbeilles, on les choisira demi-circulaires avec les dimensions se rapprochant de celles-ci : 35 cent. de longueur sur autant de largeur et 22 cent. de profondeur. Ces nids seront pourvus de paille fraîche.

Chaque pondoir sera garni d'un œuf : on se sert pour cela d'œufs en plâtre spécialement vendus pour cet usage.

Le reste du mobilier est peu de chose : il consiste en abreuvoirs et en plats à pâtée dont nous devons dire quelques mots. Les abreuvoirs sont de divers systèmes.

PONDOIR.

Voici à ce sujet ce que disent MM. Roullier et Arnoult : « Les abreuvoirs doivent attirer l'atten-

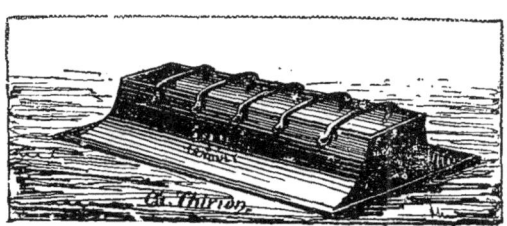

MANGEOIRE A ARCEAUX DE FER.

tion de l'éleveur ; car trop souvent on se sert de n'importe quel vase pour mettre l'eau des volailles, ce qui fait qu'une heure après qu'elle a été apportée elle est sale et répugnante.

« Les abreuvoirs que nous recommandons sont siphoïdes en fer galvanisé et contiennent 15 litres d'eau.

« Il n'y en a toujours qu'une petite quantité à la portée des poules ; l'eau, se renouvelant au fur et à mesure de la dépense, est toujours fraîche et propre. »

Les abreuvoirs de MM. Rouillier et Arnoult ont en outre un autre avantage, c'est d'être d'une extrême simplicité, d'un prix modique et d'une réelle solidité.

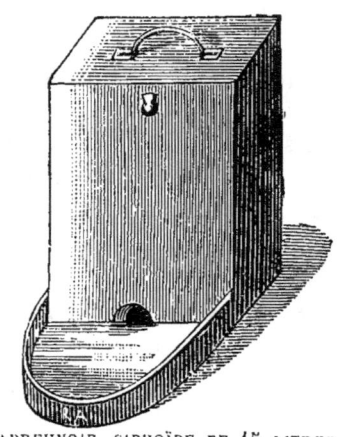

ABREUVOIR SIPHOÏDE DE 15 LITRES DE MM. BOULLIER ET ARNOULT.

Dans le parc, il sera bon de placer de loin en loin, des augettes qui recevront la pâtée. Celles de MM. Roullier et Arnoult dont nous donnons quelques modèles sont disposées de telle sorte que la poule ne puisse mettre ses pattes dedans.

Dispositions concernant l'hygiène. — La propreté la plus méticuleuse : tel est le principe général.

Toutefois, le renouvellement de l'air ne doit pas être négligé dans un poulailler. Nous avons déjà parlé des dispositions à ménager pour satisfaire à cette condition.

Lorsque les poules ont quitté leur habitation, il faut avoir soin d'ouvrir toutes grandes les portes et fenêtres.

On renouvellera la litière aussi souvent que possible. Les juchoirs, nids, auges, etc., seront fréquemment lavés à l'eau chaude additionnée de quelques gouttes d'acide phénique.

« Pour garantir les poules des insectes, dit M. Routillet, il faut tenir les poulaillers avec une propreté excessive. Si l'on vient à constater la présence de poux ou autres vermines, on fait laver les cloisons et surtout les encoignures avec de l'eau contenant 10 grammes d'acide phénique ou d'essence de térébenthine.

« Il y a une sorte de poux qui vivent constamment sur les poules ; pour que celles-ci puissent s'en débarrasser, on creuse sous un abri un trou de 25 centimètres carrés que l'on remplit d'un mélange de terre, de fleur de soufre ou de poudre insecticide et de cendres où les poules iront se poudrer et se débarrasser de leurs gênants parasites. La propreté influe beaucoup sur la santé des poules, et, par suite, sur la qualité de leur chair, qui deviendra plus savoureuse[1] ».

[1]. Fr. Routillet : *Nouvel art d'élever les poules.*

CHAPITRE XIII

NOURRITURE DES VOLAILLES

Considérations économiques. — Il y a tout avantage à bien nourrir les volailles; mieux vaut en avoir peu, mais les alimenter en conséquence.

C'est non seulement la quantité, mais encore la qualité des aliments qu'il importe de considérer. C'est un principe d'économie rurale, duquel on ne doit pas s'écarter, que dans une ferme il ne faut élever qu'un nombre de volailles suffisant pour utiliser la quantité juste de résidus et de déchets divers qu'on produit. Il en est tout autrement, on le comprend sans peine, dans un élevage industriel.

Toutefois, dans ce dernier cas, surtout si les poules ne sortent pas de l'enclos qui les renferme, alors qu'on est obligé de les nourrir toute l'année, il est bien rare que l'on puisse tirer un profit de l'élevage des volailles, à moins qu'on n'élève une race de choix et qu'on ne vende les œufs très cher.

Un moyen d'élever avec un certain avantage des volailles enfermées est indiqué par Mme Millet-Robinet : c'est de les acheter au printemps, au moment de la première ponte. On en fait couver quelques-unes, et on s'oppose à ce que les autres couvent. Lorsque les poussins sont élevés et que la ponte est faite, après quelques jours de repos et de bonne nourriture, qui permettent aux poules de se remettre et même d'engraisser, on les vend, et il est possible que le produit de leur ponte, de leur couvée et de leur vente paye les frais de nourriture.

Lorsque les poules peuvent, à certains moments de l'année, trouver leur nourriture dans la ferme ou sur les tas de fumier, on peut à ces moments distribuer la nourriture avec un peu plus de parcimonie. Dans une ferme, il y a toujours une grande quantité de déchets de grains, de criblures, on transporte des gerbes, on manie des grains, on a beaucoup de fumier et enfin des terrains sans culture, comme des bois, des chemins, de grandes cours où les poules vont chercher et trouvent une grande partie de leur nourriture.

Choix des aliments. — Voyons maintenant la nature des aliments à distribuer.

Sauf le seigle et les fèves, que les volailles ne consomment pas, tous les autres grains qui ne sauraient trouver un meilleur emploi peuvent être donnés aux poules.

Le blé, l'avoine, l'orge, le maïs, conviennent parfaitement; on donnera un jour l'une, un jour l'autre de ces graines, en ayant soin d'éviter l'uniformité, qui est une cause bien reconnue d'inappétence.

Le chènevis et le sarrasin sont particulièrement à recommander, car ils disposent à pondre et à couver. Toutefois, il ne faudra pas en abuser, surtout du chènevis.

A ces grains l'on joindra des betteraves crues coupées en petits morceaux de la grosseur d'un centimètre; les poules s'y habituent bien vite. Cette nourriture porte à l'engraissement plutôt qu'à la ponte; il en est de même des pommes de terre cuites, des topinambours, rutabagas, etc.

Les pommes de terre cuites à la vapeur, écrasées avec du son et un peu de lait caillé ou de petit lait, le tout bien mélangé, constituent un aliment fort recommandable et qui les engraisse en peu de temps.

La nourriture verte est de première nécessité pour les volailles; elle consiste en herbes, sarclages de jardins, salades, choux, oseille, épinards, hachés menu.

La nourriture verte tient le ventre libre, rafraîchit le sang et favorise principalement les fonctions du foie. On doit mettre un certain discernement dans le choix de cette nourriture. La meilleure est l'herbe ordinaire douce et fraîche. Autant que possible, on devra joindre à la basse-cour, comme nous l'avons déjà dit, un carré de gazon ou pelouse qui permettra aux poules de trouver elles-mêmes la verdure qu'elles préfèrent. De plus, elles y trouvent bon nombre d'insectes et d'animalcules de toute sorte.

La nourriture animale doit entrer dans le régime des poules. Elle consiste en débris de viande crue ou cuite, en larves diverses, insectes, etc.; mais il faut éviter d'en donner trop; les hannetons notamment, dont les poules sont généralement friandes, communiquent aux œufs et à la chair un goût désagréable.

C'est surtout lorsque cette nourriture animale est distribuée un tant soit peu en abondance, qu'il importe de ne pas ménager la verdure aux volailles.

Un excellent moyen de se procurer des larves consiste à établir une verminière. Voici d'après Mme Millet-Robinet comment il faut s'y prendre : On fait une fosse tapissée au fond avec environ 0^{m}12 à 0^{m}15 de paille de seigle, hachée très menue ; on recouvre cette paille d'une couche épaisse de crottin de cheval, puis d'une autre couche de terre sur laquelle on répand du sang qu'il est facile de se procurer à la boucherie ; du marc de raisin ou de cidre mêlé d'un peu d'avoine et de son ; on y ajoute des tripailles et même des charognes. On recommence une seconde couche, composée comme la première, et l'on continue à procéder de la sorte jusqu'à ce que la fosse soit pleine. On la recouvre d'une couche de terre, puis de broussailles, afin que les poules ne puissent pas gratter.

Ce composé attire les mouches, qui y déposent leurs œufs, et peu de jours après naissent des myriades de larves et d'insectes. Chaque matin, un homme, en trois ou quatre coups de bêche, détache la provision de la journée, qui est distribuée à la basse-cour, et il recouvre soigneusement avec les broussailles l'endroit entamé. Cette distribution convient beaucoup aux poules, elle excite leur appétit, et les dispose à la ponte et à la couvée.

« Il faut placer la verminière dans un endroit écarté, parce qu'il s'en exhale une très mauvaise odeur chaque fois qu'on l'entame.

Valeur nutritive et commerciale des aliments. — « Bon nombre d'éleveurs préfèrent la nourriture qui, à poids égal, est de prix moindre sans tenir compte de la partie vraiment nutritive (la protéine)[1] qu'elle peut renfermer, tandis que c'est la proportion de la protéine qui caractérise seule la valeur de l'aliment. » Ainsi s'exprime un journal technique allemand, auquel nous empruntons la plupart des renseignements qui suivent, renseignements fort utiles lorsqu'on est dans la nécessité d'acheter à titre de complément quelque nourriture spécialement destinée aux volailles.

Ainsi les résidus de fabrication d'amidon de riz ne valent rien, car ils contiennent fort peu de protéine, tandis qu'il en est tout autrement des résidus de fabrique d'amidon de froment, qui sont très riches.

Le docteur Hugo Weisle, à Proskau, a publié une table de la valeur nutritive de divers végétaux, résultant de nombreuses analyses. Nous lui empruntons ici le rapprochement de la valeur nutritive de divers aliments employés pour les volailles, avec leur prix sur le marché ; nous bornons le résultat des analyses à la protéine et aux matières grasses qui sont seules nourrissantes. Nous négligeons aussi le seigle et les fèves, que les volailles, ainsi qu'il a été dit, ne consomment pas :

---

1. On sait que toute graine renferme quatre principes immédiats : 1° la *protéine* ou albuminoïde (fibrine, albumine, gluten, etc.) ; 2° le *principe amylacé* (fécule, amidon, etc.), d'où dérivent les sucres et les produits de leurs fermentations (alcools, éthers, aldéhydes, acides ; 3° le principe *gras* (huiles, graisses, beurres, cires) ; 4° et le tissu *cellulaire* (cellulose, vasculose, fibrose, etc.).

	QUANTITÉS CONTENUES DANS 100 LIVRES DES SUBSTANCES SUIVANTES :	De PROTÉINE	De MATIÈRES GRASSES	Si les 100 livres de blé coûtent de 7.50 à 8.50, les quantités nutritives valent :	Si les 100 livres de blé coûtent de 9 à 10 fr., les quantités nutritives valent :
GRAINS	Sarrasin	9.0	1.5	Fr. 4.38	Fr. 5.37
	Pois	22.4	2.0	6.76	8.48
	Vesces	27.5	3.5	7.60	9.54
	Froment	13.0	1.5	5.39	9.76
	Orge	10.0	2.6	4.78	6.10
	Avoine	12.0	6.0	5.17	6.45
	Millet	12.7	1.0	5.14	6.46
	Graine de lin	20.5	37.0	8.21	10.37
	Maïs	10.0	6.5	5.70	6.42
	Riz en grains	7.8	0.2	4.56	5.70
Drèches (Bierträbern)		4.9	1.5	1.11	1.40
Tourteaux de noix de coco		23.4	9.8	6.93	8.81
— de lin		29.5	9.9	8.00	10.12
— de colza		31.6	9.6	8.38	10.60
Radicelles d'orge ou touraillons (Malzkeime)		23.0	2.5	6.51	8.17
Son d'orge		14.8	4.1	5.14	6.48
Nous ajouterons encore d'après d'autres chimistes :					
Son de froment		15.0	4.0	4.10	5.18
Farine de viande américaine		72.8	12.6	16.50	17.78
Pommes de terre		2.1	0.3	1.29	1.61
Foin de prairie		9.7	2.2	2.92	3.65

Ce tableau montre que la plupart des grains sont beaucoup trop chers eu égard à leurs qualités nutritives, qu'il faut, par conséquent, en restreindre l'emploi le plus possible, et les remplacer en partie par d'autres aliments qui, plus nourrissants, reviennent à un prix plus avantageux.

La meilleure nourriture à ajouter, en pâtée, à la farine de riz ou aux petites pommes de terre, c'est la farine de viande. Son prix est de 15 marcs[1] les 100 livres, et la valeur de sa partie nutritive (comparée au prix du blé) est de 16 à 17 marcs. C'est donc une nourriture fort peu coûteuse. Elle est en même temps de digestion très facile. On sait aussi que les volailles pondent d'autant mieux qu'elles reçoivent plus de nourriture animale, et, comme elles n'ont point l'occasion d'en trouver pendant une grande partie de l'année, la farine à la viande le leur fournit. Pour l'engraissement, le tourteau de lin offre le plus d'avantages à cause de sa richesse en matières grasses. En été, les poules aiment à compléter par l'herbe leur nourriture plus substantielle : le foin haché peut leur être donné sec ou échaudé au moyen d'un litre d'eau par livre de foin. La table précédente montre que ce foin est aussi riche que le riz en protéine [2].

Distribution des aliments. — La distribution des aliments doit être régulière, car alors les poules s'y habituent et aucune ne manque à l'appel.

Deux ou trois repas par jour sont suffisants pour

1. Soit 18 francs 75, le marc ayant une valeur de 1 fr. 25 centimes.
2. *Blatter fur Geflügelzuch.*

les volailles vivant en liberté. Généralement on fait deux repas, un le matin en ouvrant le poulailler et un le soir avant le coucher des volailles. Le repas du matin consiste en grains, celui du soir en viandes, pâtées, larves, verdure, etc. Comme déjeuner, on peut donner, mélangé, par tiers, du blé, de l'avoine et du sarrasin. La pâtée de pommes de terre, qu'on peut donner tous les jours pendant presque toute

l'année, ne sera distribuée que deux ou trois fois par semaine en décembre et janvier ; en février, on la supprime complètement et on augmente la ration de maïs, de sarrasin et de nourriture animale.

Dans son élevage, M. Leroy, dont nous avons maintes fois parlé déjà, fait trois distributions : deux de grain, matin et soir ; à midi, il donne la pâtée ; ceci a un avantage, c'est d'éviter le gavage des volailles par la pâtée, qui, étant d'une digestion difficile, pourrait nuire aux poules si elle était distribuée le soir au coucher, surtout en automne et au printemps, où les nuits sont froides.

Le matin le grain sera mis dans des augettes, ou bien simplement éparpillé sur le sol, ce qui force les volailles à se donner du mouvement, surtout en hiver.

On donnera environ une poignée par tête, un peu plus pour les individus des races précoces, notamment pour les poules de Houdan.

Jamais il ne faut distribuer assez de nourriture à la fois pour que, le repas fini, il en reste à terre.

La distribution des aliments varie quelque peu suivant qu'on exploite plus particulièrement les volailles en vue de l'engraissement ou en vue de la ponte.

Dans le premier cas, le maïs en grain ou en farine donné à midi et le soir est excellent ; le matin, on donnera une pâtée de pommes de terre et de la nourriture animale.

Pour les pondeuses, on donne le matin une pâtée à base de farine de froment, car cette céréale convient éminemment pour la ponte ; on y joindra de la verdure et du sarrasin. En Angleterre, on ajoute parfois dans la pâtée du matin des pondeuses une pincée de poivre de Cayenne. — A midi, encore du grain et de temps à autre de la viande ou des larves ; le soir, du grain avec de la poudre d'os, des écailles d'huître ou des écailles d'œufs. On donnera de l'avoine en quantité suffisante.

Les graines doivent être distribuées sur une grande étendue, pour éviter les batailles et les bousculades. Cette distribution sera très prompte, car les poules sont voraces. En cinq minutes, une poule remplit son jabot.

Les viandes et pâtées seront mises dans les augettes dont il a déjà été question au sujet du mobilier du poulailler.

CABANE RUSTIQUE.

Les herbes hachées, farine, etc., seront de même placées dans ces augettes. On évitera ainsi le gaspillage.

Les larves d'insectes seront distribuées avec une certaine lenteur pour éviter qu'elles s'enfoncent dans le sol.

Nous ne dirons rien de la manière dont on réunit les volailles. Un appel quelconque, pourvu qu'il soit toujours le même, réunit tous les hôtes du poulailler, qui accourent de très loin à la voix de la fille de basse-cour.

On veillera à ce que les réservoirs à eau renferment toujours une eau pure, fraîche et propre, qui sera fréquemment renouvelée, surtout en été. Pendant cette saison, on pourra mettre dans les abreuvoirs une légère pincée de sel de cuisine, environ deux grammes par litre.

L'eau tiède, que conseillent quelques auteurs, doit être proscrite ; elle prédispose à bon nombre de maladies.

Hygiène de l'alimentation. — Ce qu'il faut surtout éviter dans l'alimentation, c'est la distribution d'aliments avariés ou de mauvaise qualité, ensuite la surabondance de nourriture. Ce dernier cas se présente parfois, surtout dans l'engraissement. M. le Dr P. Jouin a publié sur ce sujet, dans *le Poussin*, une étude fort intéressante à laquelle nous faisons bon nombre d'emprunts dans ce qui suit :

Pour beaucoup de personnes, le dernier mot de l'élevage consiste à obtenir des volailles bouffies de graisse que le jury récompense d'une médaille d'or et qui font la joie des Parisiens, derrière la vitrine de Chevet ; le public ne s'inquiète pas des moyens employés et des inconvénients qui en dérivent, il ne s'occupe que du résultat qui charme son œil et délecte son palais.

Certes, le fait pour une volaille d'être grasse et

dodue ne constitue pas, tant s'en faut, une infériorité, à la condition que cet état graisseux ne dépasse pas une limite à partir de laquelle il devient un véritable état pathologique, une infirmité qui expose l'animal à la mort et entrave d'une façon sérieuse sa fonction de reproduction. Dans le premier cas, par suite d'une riche alimentation et l'absence de fatigue, la graisse s'accumule dans les tissus, non pas dans l'élément constitutif de l'organe, mais dans les interstices. Ainsi, par exemple, elle envahit les espaces qui séparent dans les muscles les fibres musculaires entre elles, dans le foie des cellules hépatiques, sans nuire au fonctionnement de ces organes tant qu'elle reste bornée à une modeste invasion. Si cette barrière est franchie, la graisse devient elle-même partie constituante de la cellule, de la fibre musculaire, dont elle prend peu à peu la place et dont elle anéantit progressivement la fonction. Par une sélection fâcheuse, elle s'attaque spécialement au cœur, dont elle diminue l'énergie en apportant un obstacle à sa contraction et à la circulation de ses vaisseaux nourriciers. L'invasion graisseuse de l'ovaire nuit à la production et à l'évolution de l'ovule, qui chemine difficilement dans un oviducte se contractant mal, d'où une diminution ou même une suppression de la ponte. Enfin, la

TRÉMIE POUR TOUS GRAINS.

fibre musculaire des muscles de la respiration étant saturée de graisse, ceux-ci perdent une partie de leurs forces et, diminuant l'amplitude et la fréquence des mouvements respiratoires, entraînent un défaut d'oxygénation du sang, dès lors incapable de brûler la graisse des tissus qui s'accumule de plus en plus.

A la gêne de toutes les fonctions s'ajoute le danger de mort subite qui survient surtout par rupture spontanée du cœur et aussi par rupture de l'oviducte.

Il ne faut jamais forcer la nature, mais tout au plus l'aider. Il faut donc, pour instituer une alimentation raisonnable, proportionner l'apport à la dépense et ne rompre la balance au profit d'aucun côté. Il faut varier la nourriture, y introduire des matières grasses, mais seulement en quantité égale à la moitié des aliments azotés. Il convient en outre de donner de la verdure aux volailles, qui en mangeront d'elles-mêmes lorsqu'elles en sentiront le besoin. Il faut donner avec régularité ce qu'il faut et jamais plus, surtout ne pas gaver pour obtenir des résultats fort beaux en apparence, mais défavorables à la santé de l'individu et à la transmission de l'espèce.

CHAPITRE XIV

LA PONTE

Formation de l'œuf. — L'œuf, disent MM. Littré et Robin, est une masse qui se forme dans les ovaires et oviductes d'un grand nombre d'animaux, et qui, sous une enveloppe commune, renferme le germe d'un animal futur, avec des liquides destinés à le nourrir pendant un certain laps de temps lorsque l'impulsion vitale lui a été communiquée par la fécondation et l'incubation.

Voyons à étudier la constitution de l'œuf de poule.

Son poids est en moyenne de 50 grammes; toutefois, il varie, ainsi que nous l'avons vu, avec les races de poules et la taille des pondeuses. L'œuf a deux diamètres, l'un longitudinal, l'autre transversal. Celui-ci présente une grosse et une petite extrémité.

Étudié de l'extérieur à l'intérieur, on distingue dans un œuf la coquille, le blanc ou *albumine* et le jaune ou *vitellus*.

Lorsqu'il se détache de la grappe ovarienne, l'œuf ne se compose que du jaune, ce n'est que plus tard que se formera le blanc et la coquille, ce travail est fait par l'oviducte [1].

Sur la grappe ovarienne, dit M. E. Gayot, s'organise le jaune, mais rien que le jaune; examinons maintenant où et comment se forme le reste.

---

1. Voir à ce sujet ce qui a été dit au chapitre II. Anatomie et physiologie : Fonctions de reproduction.

Au fur et à mesure que l'œuf descend dans l'oviducte, il se trouve recouvert de substances sécrétées par les parois de ce conduit, en sorte que, arrivé à la moitié du trajet environ, le jaune se trouve enveloppé par le liquide albumineux (blanc d'œuf), et, arrivé au dernier quart, ce liquide lui-même est englobé par une coquille calcaire. C'est alors qu'a lieu la ponte[1].

En effet, bien qu'il n'ait que 0^m 08 à 0^m 10 de longueur, l'oviducte ne présente pas la même organisation dans toute son étendue. Son extrémité antérieure ovarienne a les parois très minces et très transparentes. Elle reçoit la partie de l'œuf formée sur la grappe au moment où elle s'en sépare et le garde tout le temps nécessaire à la sécrétion des matières albumineuses qui composent le blanc; puis elle le laisse aller, et, tandis qu'il chemine dans le reste de l'étendue du canal, se forment : 1° la pellicule assez solide qui revêt la surface *interne* de la coquille ; 2° la coquille elle-même.

La structure de l'oviducte se modifie pour répondre aux diverses exigences de cette élaboration complexe. Les parois minces et transparentes dont nous venons de parler ne se remarquent qu'à l'entrée ovarienne ; bientôt elles vont s'épaississant de plus en plus, si bien qu'à l'autre extrémité on les voit fortes, et assez résistantes pour contenir sans effort l'œuf complet revêtu de son test et ayant tout son poids.

La tâche de l'organe est donc triple.

D'abord il sécrète et arrange les matières albumineuses dont est formé le blanc liquide de l'œuf; plus

[1]. A. Gobin : *Traité de l'Économie du bétail.*

loin il sécrète et organise la membrane fibreuse qui tapisse l'intérieur de la coque, et dans sa dernière partie, qui contient une sorte de tissu d'apparence calcaire, il fournit à la sécrétion de l'enveloppe extérieure, de la coquille. C'est ainsi que, recevant seulement le jaune de l'œuf, l'oviducte achève et complète son organisation avant de le laisser sortir.

L'œuf traverse l'oviducte en douze ou quinze heures. La grappe emploie beaucoup plus de temps à la formation et au développement du jaune, mais elle opère sur un certain nombre à la fois, et l'organisation qui lui est confiée est bien autrement compliquée.

Quelquefois (c'est l'exception) l'œuf s'échappe sans coquille ; il prend alors le nom d'œuf *hardé* ; nous en reparlerons.

Les organes producteurs de l'œuf ont peu de développement chez la poulette. C'est la loi commune. L'appareil des organes de la génération ne prend d'importance, dans toutes les espèces, qu'à l'âge de la puberté. Il se flétrit ensuite à mesure que la fécondité diminue ou s'éteint.

L'oviducte en particulier présente ce double phénomène au commencement et à la fin de chaque ponte.

La nature ne donne d'activité aux organes qu'en raison des besoins de l'économie.

L'oviducte est au repos pendant les intervalles de la ponte ; alors il n'a plus aucune sécrétion et se rétrécit notablement comme canal : son activité est subordonnée, elle s'éveille ou sommeille suivant les sollicitations qui lui viennent ou qui ne lui viennent pas du côté de la grappe ovarienne. Il n'a que faire lorsque celle-ci ne lui donne aucun travail.

L'activité physiologique de la grappe n'est pas, croyons-nous, resserrée en des limites aussi étroites. La fécondité peut s'étendre au delà du degré de développement qui suffit aux oiseaux dont l'existence est tout à fait libre, à ceux qui ne subissent pas les effets de la domesticité. Et encore, chez l'oiseau libre, la ponte n'est-elle pas si rigoureusement mesurée, puisqu'on voit les femelles auxquelles on a enlevé les œufs se remettre à pondre et couver des œufs qu'elles n'auraient certainement pas produits sans la perte des premiers. Ceci est une autre indication qu'il faut savoir interpréter à notre profit. En effet, c'est en enlevant à la poule domestique ses œufs, à mesure qu'elle les donne, qu'on excite sa faculté d'en produire, qu'on accroît son utilité [1].

Fréquence de la ponte. — Il y a de bonnes et de mauvaises pondeuses. Ceci dépend de la race, de l'individu, de l'alimentation, et des conditions hygiéniques qui entourent les poules.

En ce qui concerne les races, nous avons mentionné l'aptitude à la ponte, en décrivant les races de poules; nous n'y reviendrons pas. On ne peut rien dire d'absolu en ce qui concerne l'aptitude individuelle.

Pour la nourriture, nous avons vu qu'elle doit être stimulante pour les pondeuses. En tout cas, l'avoine, le blé et le sarrasin doivent entrer dans leur régime.

[1]. E. Gayot : *Poules et Œufs*, page 95 et suivantes.

Comme conditions hygiéniques, il importe que l'installation soit chaude, car il est avéré que le froid nuit à la ponte. Les poules de ferme trouveront assez de chaleur dans les écuries, sur les tas de fumier, etc., mais les poules de parquet doivent être tenues chaudement; soit qu'on installe un calorifère dans leur demeure, comme nous l'avons déjà dit, soit que les joints soient bien fermés, il faut une température de 18° à 20° environ; toutefois, il faut laisser pénétrer l'air, car une atmosphère confinée nuit, non seulement à la ponte, mais encore à la santé générale des poules.

La fréquence de la ponte varie avec l'âge de la poule.

La ponte commence vers la fin de la première année. C'est généralement à la fin janvier que la jeune poule pond son premier œuf. Pendant la seconde année, la ponte est très active, elle commence à diminuer la troisième année; aussi, sauf quelques rares exceptions, ne doit-on pas conserver comme pondeuses des poules ayant dépassé la troisième année.

« La fécondité, dit M. V. Rendu, est très variable chez les poules. Les meilleures, au plus fort de la ponte, pondent quatre ou cinq œufs par semaine; quelques-unes, à cette époque, pondent tous les jours, mais en général elles se reposent de deux jours l'un. Cent cinquante à deux cents œufs constituent une excellente production individuelle.

« Les pontes se partagent en deux époques : celle du printemps ou ponte précoce, et les pontes tardives, correspondant aux mois d'août et de septembre. Les poules qui ont élevé leurs poussins se remettent ordinairement à pondre dans cette saison ; mais, pour peu que les froids arrivent de bonne heure, les dernières couvées restent chétives et sont exposées à mal passer l'hiver.

« Lorsque la température n'est pas trop froide, les poules bien constituées et bien nourries commencent à pondre dans le courant de janvier; mais avril et mai sont les mois où la ponte est le plus active; elle continue pendant tout l'été, et s'arrête au moment de la mue, alors qu'une partie de la nourriture, détournée de son cours ordinaire, est employée au renouvellement des plumes qui tombent.

« L'état d'entretien où se trouvent les poules exerce sur leur ponte une influence qu'on ne saurait nier. Celles qui tournent à la graisse pondent peu, et leurs œufs sont souvent hardés.

« La maigreur n'est pas moins préjudiciable : les œufs, dans ce cas, sont petits et rares. Les bonnes pondeuses se rencontrent, d'ordinaire, entre les deux extrêmes, chez les poules en chair.

« La surveillance, bonne en tout temps, devient indispensable à l'époque des pontes. La plupart ont lieu le matin, depuis l'ouverture du poulailler, jusqu'à midi, mais plus d'une poule pond à d'autres heures. Quelques-unes alternent: aujourd'hui, elles pondent le matin, et demain ce sera le soir; cette irrégularité cependant n'est pas absolue. Le régime alimentaire, la constitution propre de chaque individu, et d'autres causes encore ignorées, amènent bien des exceptions à ce qui semblait tout d'abord une loi fixe »[1].

Signes extérieurs de la ponte. — De même qu'il y a certains signes extérieurs, ou plutôt quelques caractères infaillibles pour reconnaître une aptitude donnée chez un animal domestique quelconque, comme l'étendue de l'écusson et la grosseur des veines mammaires chez les vaches laitières par exemple, de même il y a chez les poules des particularités assez nettes qui caractérisent les bonnes pondeuses. Toutefois, ces caractères ne sont pas encore bien étudiés ; d'ailleurs, ils ne sont pas à longue échéance et ne peuvent être constatés que chez les poules *en âge de pondre*, ou même, qui doivent bientôt pondre.

Il n'en est pas moins vrai que ces signes sont très importants à connaître. Ainsi la poule qui offre le maximum des signes de la ponte, peut donner, avec la nourriture et les soins appropriés, un produit annuel de 120 à 150 et même 200 œufs, et celle qui n'offre ces signes qu'au minimum, de 60 à 80 seulement.

Ces caractères ont été déterminés par M. Mariot-Didieux, ex-vétérinaire départemental de la Haute-Marne, auquel nous laisserons la parole :

« La poule qui doit bientôt pondre se reconnaît facilement aux signes extérieurs suivants :

« 1° Par la crête, Il est généralement bien connu qu'aux approches de la ponte la crête et les caroncules du menton deviennent d'un rouge vif et bril-

---

[1]. V. Rendu : *La Basse-Cour*. Paris, 1880.

lant, le sang afflue avec abondance dans ces parties charnues. Hors le temps de la ponte, ces organes sont plus flasques, légèrement farineux à leur surface, et ils reflètent une teinte livide et bleuâtre. Les mêmes phénomènes se remarquent en cas de maladies.

« 2° Par les oreilles. La préparation à la ponte des poules se manifeste au pourtour des oreilles par une tache blanche.

« Il est digne de remarque que cette tache blanchâtre des oreilles, qui disparaît pendant le temps de la mue et dans tous les cas de maladies, se manifeste d'abord par un petit point irrégulier, et qui va en s'agrandissant aux approches de la ponte.

« Sans être régulière dans sa surface, cette tache acquiert des dimensions plus ou moins grandes. Celle d'un centimètre d'étendue caractérise au plus haut point une poule *bonne pondeuse*.

« Ce signe extérieur de la grande étendue des taches blanches des oreilles est le caractère le plus certain de leur grande fécondité.

« 3° Par la fiente. Les déjections des poules sont plus ou moins chargées d'une matière blanche, concrète, semblable à de l'albumine ou blanc de l'œuf. Cette matière n'est autre chose que de l'urine.

« Les fientes et les urines ont expulsées en même temps et par le même acte.

« La sécrétion urinaire, chez les oiseaux, paraît presque nulle pendant leur ponte ; elle est réduite à des proportions plus ou moins grandes, suivant que cette ponte est plus ou moins active.

« Cette circonstance particulière nous a donné lieu

de remarquer que plus les taches blanches des oreilles sont grandes, moins grande est la quantité d'urine expulsée avec les matières fécales.

« 4° Par l'abdomen. L'abdomen, ventre, ou cul de la poule, gros, pendant, bien emplumé, qu'un auteur moderne a désigné sous le nom d'*artichaut*, caractérise plutôt une poule qui a déjà pondu. Cependant, on remarque chez la poulette vierge que cette conformation caractérise, sinon une grande fécondité, du moins une disposition à pondre de gros œufs.

« Nous laissons à l'auteur moderne toute la valeur de son signe caractérisque, parce que nous ne voulons pas nous parer de la dépouille des autres. Ce signe extérieur n'est pas de nous, mais nous l'avons adopté parce que nous l'avons reconnu bon.

« 5° Par l'expérience. La prudence exige toujours que l'expérience vienne corroborer les théories les plus solidement établies. Chez tous les êtres vivants, on a vu des sujets réunissant tous les caractères extérieurs de la fécondité restés impuissants ou ne donner que de chétifs produits.

« Devant ce fait incontestable, toutes les théories doivent s'incliner pour faire place à l'expérience.

« Ce n'est qu'à sa deuxième année de ponte que la poule donne la mesure de sa plus grande fécondité. De tous les signes extérieurs que nous avons indiqués, il faut encore choisir celle qui, dans le nombre, donne les plus gros et la plus grande quantité d'œufs, pour les faire entrer dans la composition des troupeaux »[1].

1. Mariot-Didieux : *Education lucrative des poules.*

Indépendamment de ces signes, il en est d'autres, plus immédiats, sur lesquels il importe d'attirer l'attention.

La poule qui éprouve le besoin de pondre trahit son secret par une allure inquiète, désordonnée; elle va et vient, tout affairée, caquette sans cesse, examine et visite chaque endroit pour y cacher ses œufs; souvent elle les enfouit sous des fagots sous des amas de paille, ou bien elle va les mettre en sûreté dans les greniers à foin. Tant qu'elle ne sort pas de la basse-cour, ce n'est que demi-mal; on en est quitte pour en faire la recherche, ils ne sont pas perdus. Le plus grand nombre de poules s'accoutument facilement à pondre dans le poulailler, surtout quand elles sont certaines d'y trouver la tranquilité; mais il en est d'autres, plus craintives ou plus sauvages, qui se croient obligées d'aller chercher au loin un endroit isolé où personne ne les découvre; si l'on n'épie pas leurs démarches, un beau matin elles décampent, et on ne les revoit plus que lorsque toute leur nichée est éclose; elles reviennent alors triomphantes à la ferme, à la tête d'une troupe nombreuse, pleine d'entrain et de santé... Le bon ordre veut que la ponte soit surveillée; on surveillera donc avec soin toute pondeuse qui ferait mine de vouloir s'écarter; on la laissera jouer son jeu; mais, une fois la cachette éventée, et la ponte faite, on enlèvera, au fur et à mesure, les œufs, jusqu'à ce que, de guerre lasse, la récalcitrante imite ses compagnes et se contente du poulailler [1].

Lorsque la poule pond son œuf, elle est immo-

1. V. Rendu. *Opusc. cit.*

bile et silencieuse. Cependant l'acte en lui-même est toujours plus ou moins pénible ou douloureux. En tout cas, après la délivrance, la pondeuse manifeste son contentement par de joyeux cris.

Prolongation de la ponte. — Se basant sur ce fait d'observation que, d'une manière générale, la ponte est fortement ralentie et même parfois suspendue à l'époque de la mue, c'est-à-dire lorsque les plumes tombent pour être remplacées par d'autres, on l'a appliqué pour reculer la ponte des poules et la reporter du printemps à l'été, de l'été à l'automne et de l'automne en hiver. Il suffisait pour y arriver d'avancer la mue. On y a réussi en arrachant à deux ou trois reprises différentes les plumes des pondeuses. Etant repoussées pour la saison d'automne, la ponte se produit, comme au printemps et en été, par cette raison que la mue ne se produit pas.

Il y a un autre moyen d'obtenir des pontes continues pendant toute l'année, moyen qui, à vrai dire, est autrement recommandable que le précédent. C'est de chauffer le poulailler dès que les premiers froids se font sentir; de cette manière, les poules pondront, même au plus fort de l'hiver. On a calculé que l'emploi de la chaleur artificielle donne un surcroît de ponte de 30 œufs environ par poule. Il va sans dire qu'une nourriture excitante se joindra à ce mode d'existence. Toutefois, il convient de remarquer que les poules ainsi *forcées* s'usent vite, cette ponte continue les épuise rapidement et au bout de deux ans la pondeuse ainsi traitée devra être réformée.

CHAPITRE XV

LES OEUFS

Constitution physiologique de l'œuf de poule. — Nous avons vu que l'œuf, étudié de l'extérieur à l'intérieur, se compose de la coquille, du blanc et du jaune.

Reprenons avec quelques détails l'étude de ces différentes parties. MM. E. Lemoine et le Dr A. Corlieu ont publié sur ce sujet une excellente étude que nous ne saurions mieux faire que de répéter ici *in extenso*, car essayer de faire mieux, ou aussi bien, serait impossible.

La coquille A est l'enveloppe la plus superficielle de l'œuf. Elle est blanche ou colorée, selon les espèces d'oiseaux, et cette coloration est constante et propre à chaque espèce. Elle est composée, d'après Vauquelin, de :

Carbonate de chaux	0,896
Phosphate de chaux	0,057
Gluten animal	0,047
	1.000

Les sels de chaux donnent à la coquille sa dureté ; le gluten sert à réunir les sels calcaires. Sous le rapport de la physiologie, on comprendra que les œufs qui n'ont pas de coquille ou qui ont une coquille trop mince sont des œufs qui manquent de sels calcaires : d'où la nécessité d'en introduire dans l'alimentation de l'animal.

La coquille est poreuse, c'est-à-dire qu'elle est

perméable à l'air, sans quoi le petit ne pourrait vivre.

La coquille est tapissée à l'intérieur de deux membranes ou feuillets, l'un externe, B, adhérant à la coquille ; l'autre interne, C, légèrement accolé au premier, excepté vers la grosse extrémité de l'œuf, où il s'en éloigne un peu pour former ce qu'on appelle la chambre à air, D. Lorsqu'on fait

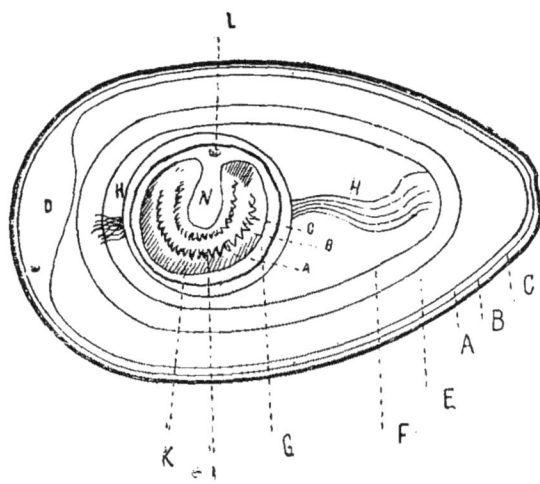

cuire un œuf « à la coque », c'est cette pellicule que l'on rompt, avant de pénétrer dans le blanc de l'œuf.

Le blanc de l'œuf est constitué en partie par de l'albumine. C'est un liquide transparent, inodore quand l'œuf est frais, et sans saveur. L'albumine se coagule par la chaleur, à 60° C., et est insoluble dans l'eau. L'analyse chimique a démontré qu'elle est composée de carbone, d'oxygène, d'hydrogène, d'azote, de phosphore et de soufre, en proportions variables. Une partie de l'oxygène et de l'hydrogène (qui constituent l'eau) s'évapore pendant l'incubation ou quand l'œuf vieillit.

On distingue trois couches dans l'albumine : une liquide, E, une moyenne, F, dans laquelle se terminent les chalazes H H et une interne, G.

Les chalazes H H sont deux cordons de nature albumineuse plus dense, qui naissent de la première membrane albumineuse et se contournent dans le sens du grand axe de l'œuf. Ils forment les ligaments au moyen desquels le jaune demeure suspendu au milieu de l'albumine, par la *membrane chalazifère* I.

Le jaune ou vitellus M est la partie principale de l'œuf. Il est séparé du blanc par une membrane d'enveloppe très mince, J, appelée membrane vitelline.

Le jaune est un peu moins pesant que le blanc ; il occupe la partie supérieure de l'œuf couché sur son plus grand diamètre. C'est lui qui fournira ultérieurement à l'alimentation de l'embryon ; aussi sa composition est-elle plus riche que celle de l'albumine. Il comprend une couche de vitellus blanc, K, qui ne durcit point par la cuisson, et il est formé de couches concentriques jaunes et blanches, *a*, *b*, *c*, qui se courbent autour d'une *utricule*, N (*latebra*), nom que lui a donné Purkinje, qui l'a décrite le premier en 1825. Cette partie interne est aussi désignée sous les noms de *vésicule germinative*, ou vésicule de Purkinje. Quand l'œuf est mûr, cette vésicule s'applique contre la membrane vitelline J.

A la partie supérieure, se trouve la *cicatricule* ou *germe*, L, qui est le germe de l'embryon. Cette cicatricule ou tache lenticulaire est de couleur blanc grisâtre, a 2 ou 3 millimètres, et porte encore les noms de *disque proligère, vitellus plastique, vitellus de segmentation*, tandis que le reste du jaune est encore appelé *vitellus nutritif*, à cause de sa fonction, qui consiste à nourrir l'embryon [1].

La proportionnalité entre ces diverses substances, coquille, blanc et jaune, présente de légères variations ; c'est surtout la proportion du jaune qui varie, celle du blanc variant fort peu ; quant au poids de la coquille, il varie nécessairement avec le volume du contenu ; c'est ce qui ressort des recherches de M. Gayot, qui pour un œuf du poids moyen de 53 grammes a trouvé : coquille (avec la membrane qui en tapisse l'intérieur), 12,90 0/0 ; blanc, 59,12 ; jaune, 27,98 0/0.

Pour un œuf de 71 grammes :

Coquille 11,71 0/0 ; blanc, 59,19 ; jaune, 29,10. L'alimentation a certainement une influence sur la qualité des œufs, ceci est de notion courante ; elle a aussi, à n'en pas douter une action sur la proportion des matières qui les constituent ; toutefois, cette question n'a pas encore été suffisamment étudiée. On prétend bien que l'orge augmente la proportion du jaune, mais ceci n'est pas aussi rigoureusement établi qu'on pourrait le désirer.

1. E. Lemoine. *Elevage des animaux de basse-cour.*

Anomalies des œufs. — Les œufs présentent parfois des difformités assez curieuses, qui méritent d'être signalées. Nous avons déjà vu qu'il arrive parfois que l'œuf s'échappe sans coquille : c'est l'œuf hardé, auquel, en réalité, il ne manque absolument rien que la coquille même ; toutefois, il a le grand inconvénient d'être mou, ce qui le rend difficilement transportable. Ces œufs sont généralement pondus par les poules qui ne consomment pas de matières calcaires, petits cailloux, sable, etc. ; aussi conseille-t-on de donner aux poules, pour éviter ces accidents, des eaux calcaires, des écailles d'huîtres ou, ce qui vaut mieux encore, les écailles de leurs propres œufs, qui se trouvent toujours en plus ou moins abondance dans les résidus de cuisine. Cependant, il arrive que des poules, même ayant à leur disposition des matières calcaires, pondent de ces œufs incomplets; aussi est-il présumable qu'elles sont atteintes d'une maladie toute locale, siégeant dans l'oviducte, mais qui n'altère en rien la santé générale de l'individu.

On rencontre assez souvent des *œufs doubles*, ou à deux jaunes. Ceux-ci sont parfois accolés l'un à l'autre, ou bien présentent chacun un albumen propre. Cette anomalie peut facilement s'expliquer pas ce fait que deux vitellus ayant parcouru l'oviducte en même temps se sont trouvés enveloppés d'une même coquille. Il existe même des exemples d'œufs triples, ou à trois jaunes; toutefois, ceux-ci sont des raretés.

On rencontre parfois dans les nids, mais assez rarement, un œuf à coquille renfermé dans une deuxième coquille ; ceci est dû, à n'en pas douter, à un séjour trop prolongé de l'œuf dans l'oviducte. Après avoir été pourvu de sa coquille, l'œuf, par une cause ou une autre, est remonté de nouveau et s'est recouvert d'une nouvelle coquille. Il est à remarquer que ce phénomène peut être fatal à la pondeuse, car ces œufs, généralement fort gros, sont difficilement expulsés.

Qu'est-ce au juste que ces œufs singuliers vulgairement appelés *œufs de coq* qu'on trouve assez communément dans les poulaillers? Tout d'abord, il est à remarquer que le coq n'est pour rien dans la production de ces œufs, qui sont produits par des poules très jeunes ou très vieilles. Ce qui caractérise essentiellement les œufs de coq, c'est qu'ils sont privés de jaune.

Cette erreur que les œufs sans jaune sont pondus par les coqs a été accréditée par Vauquelin.

Ils sont dus, fait remarquer M. Capus[1], à ce que, l'ovaire des jeunes poules ne fonctionnant pas encore comme tel ou, chez les poules vieilles, commençant à s'atrophier, les glandes de l'albumen et de la coquille fonctionnent seules et évacuent leur produit tout comme si le vitellus leur avait servi de noyau. La poule malade signale aussi son état par la ponte d'œufs blancs. Le même fait a été constaté chez d'autres oiseaux. Un préjugé très ancien et très répandu veut que les œufs de coq, couvés dans le fumier, fassent éclore un basilic ou un petit serpent; ou bien que cet œuf soit le produit d'un serpent et d'une poule, d'un vieux coq et d'une cou-

1. *L'œuf chez les plantes et chez les animaux.* 1 vol. 1885.

leuvre. Le paysan du Bocage, à la découverte d'un œuf de coq, se signe et écrase afin de le soustraire à la vue d'un chat, ce qui en ferait éclore un basilic.

Œufs clairs, œufs fécondés. — Nous avons déjà vu que le concours du coq n'était pas nécessaire à la ponte, mais nous avons insisté sur ce point que le coq est indispensable à la fécondation des œufs, qui, autrement, ne pourraient donner naissance à des poussins. Les œufs non fécondés ou œufs *clairs*, considérés comme comestibles, sont tout aussi bons que les autres. D'ailleurs, les œufs clairs sont d'une conservation beaucoup plus facile que les œufs fécondés.

Il arrive souvent que de ces œufs clairs sont placés sous les couveuses, Dans ce cas, ils pourrissent et constituent une perte sèche pour le producteur. Par cela même, on ne saurait être trop méticuleux sur le choix des œufs à couver.

Existe-t-il un moyen qui permet de distinguer un œuf frais d'un œuf qui ne l'est pas? Ici plusieurs solutions se présentent. Mais, tout d'abord qu'est-ce qu'un œuf frais? C'est un œuf pondu depuis deux jours en été et depuis six en hiver.

Tous les moyens pour reconnaître la fraîcheur d'un œuf reposent sur ce principe, qu'un œuf, au fur et à mesure qu'il vieillit, évapore ses parties aqueuses, subissant ainsi une perte de poids d'environ 3 centigrammes par jour; d'où il résulte que l'air augmente dans la chambre à air, en raison même de l'évaporation qu'il éprouve.

Les vieux œufs laissent voir vers le gros bout

et latéralement, un vide dont l'étendue donne la mesure de leur vieillesse ; aussi les œufs qui ne sont pas frais subissent un ballottement sensible lorsqu'on les secoue légèrement entre deux doigts.

On comprendra qu'un œuf vieux, ayant évaporé du liquide, aura une densité quelque peu différente de celle d'un œuf récemment pondu. Se basant sur cette donnée, en plongeant un œuf dans un liquide formé de 10 gr. de sel de cuisine pour 100 gr. d'eau, s'il tombe au fond, c'est qu'il est frais ; au contraire, s'il surnage ou qu'il reste en suspension dans le liquide, c'est qu'il est déjà âgé.

Mais, pour voir le vide qui existe dans les œufs pondus depuis longtemps, le moyen le plus expéditif est le *mirage*. Divers instruments ont été fabriqués dans ce but ; un des meilleurs est celui de MM. Roulher et Arnoult, dit l'Indiscrète, qui reflète l'intérieur de l'œuf comme s'il était sans coquille. Il est formé d'une lampe à essence, sur le verre de laquelle s'applique une cuvette qui doit recevoir l'œuf, et qui est mobile, afin de pouvoir la changer selon les différentes grosseurs d'œufs qu'on aura à mirer.

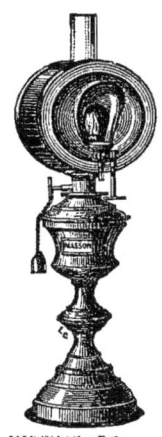

MIREUSE DE MM. ROULLIER ET ARNOULT.

« Pour mirer un œuf, lisons-nous à ce sujet dans le *Bulletin de la Société d'acclimatation* du mois de novembre 1876, il suffira de le poser, le gros bout en l'air, dans la cuvette, et de le faire un peu tourner sur son axe avec le pouce et l'index, jusqu'à ce qu'on ait rencontré le jaune ou l'embryon. »

La figure ci-jointe (à gauche) représente un œuf clair ayant subi cinq jours d'incubation. On y remarque une opacité ronde qui remue à chaque mouvement de rotation imprimé à l'œuf.

La figure de droite représente l'œuf fécondé, après cent vingt heures d'incubation : le jaune s'est dilaté et forme un demi-cercle ombré par le bas. L'embryon s'est parfaitement formé dans son milieu et ressemble assez à une araignée dont les pattes sont représentées par les veines sanguines.

La distinction entre les œufs clairs et les œufs fécondés n'est donc possible qu'après quelques jours d'incubation.

Conservation des œufs. — Les procédés pour conserver les œufs sont en nombre immense, mais tous ne sont pas également recommandables, à

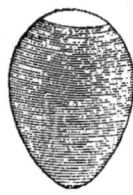 

cause même de la facilité avec laquelle les œufs gardent l'odeur des substances dans lesquelles on les plonge.

L'eau de chaux conserve assez bien les œufs pendant plusieurs mois ; mais elle leur donne un goût qui déplaît. Ils se décomposent presque aussitôt qu'on les a retirés de cette eau, et l'on est obligé de les employer immédiatement (Mariot-Didieux).

Un autre moyen consiste à mettre les œufs dans de grandes caisses ou tonneaux garnis de papier à l'intérieur. Ainsi préparées, ces caisses sont placées dans un lieu frais sans être humide. Une couche de sel blanc fin recouvre le fond de la caisse d'un demi-centimètre d'épaisseur; sur cette couche on dépose les œufs frais récoltés, les uns à côté des autres, et on remplit les interstices des œufs de sel fin. La caisse est remplie par des couches successives d'œufs et de sel et hermétiquement fermée; par ce moyen de conservation préconisé par M. Mariot-Didieux, le blanc albumineux de l'œuf est légèrement salé.

Un autre moyen consiste à remplir de cendres de bois sur environ cinq centimètres d'épaisseur un baquet dans lequel on pose les œufs, placés les uns près des autres le *gros bout en bas;* on met de nouvelles couches de cendre et d'œufs jusqu'à ce que le baquet soit rempli.

Voici d'autres procédés de conservation :

Le système anglais, préconisé par M. de la Tréhonnais, consiste à mettre les œufs dans de grandes jarres de terre ou de grès remplis de sel pilé très fin. Mais les œufs sont salés; aussi M. Boucherie propose-t-il de remplacer le sel par du sable très fin préalablement desséché sous l'action du soleil.

M. Delarue propose l'eau de chaux employée avec du sucre. Il mélange intimement 100 grammes de chaux éteinte et 10 grammes de sucre en poudre qu'il délaye dans une quantité d'eau suffisante pour contenir 200 œufs, qu'on laissera plongés ainsi pendant quinze jours.

M. Percy-Marigold conserve les œufs en les recouvrant d'un mélange de graisse de bœuf et de graisse de mouton fondues ensemble, on les essuie ensuite avec un morceau de drap.

Un autre procédé récemment préconisé et dû à M. W. Cooper, consiste à faire dissoudre de la gomme laque dans une quantité suffisante d'alcool afin de faire un léger vernis. On en enduit chaque œuf, et lorsque tous sont complètement secs, on les enfouit dans du son ou de la sciure de bois en ayant soin de les mettre le gros bout en l'air, afin qu'ils ne puissent pas s'avarier ou rouler.

« Lorsque vous voudrez vous servir de vos œufs, enlevez soigneusement le vernis avec de l'alcool, et vous les trouverez dans le même état qu'au moment où vous les avez empaquetés, c'est-à-dire bons à manger ou à faire couver. Cette méthode est la plus sûre qu'on ait encore expérimentée et a été souvent employée avec succès. » (Poultry).

Le *Scientific American* donne le moyen suivant :

On met les œufs dans un baril et on les recouvre d'une dissolution froide d'acide salycilique. On maintient le tout au moyen de quelques petites planches flottant sur le liquide, et que l'on recouvre d'un linge pour empêcher la poussière d'y pénétrer. Ainsi préparés, les œufs se conservent fort longtemps, mais il faut s'en servir dès qu'on les retire du baril.

Pour faire la solution salycilique, on dissout l'acide dans l'eau bouillante, à raison d'une cuillerée à bouche d'acide pour cinq litres d'eau. Il n'est pas nécessaire de faire bouillir toute l'eau, l'acide se dissolvant parfaitement dans une quantité moindre : on ajoute le reste à froid. Il faut éviter de mettre la dissolution en contact avec un métal.

Transport des œufs. — Les œufs étant l'objet d'un commerce très considérable, différents systèmes ont été proposés pour les transporter au loin. En voici quelques-uns ayant surtout pour but d'éviter le tressautement des œufs dans les wagons :

1° Une double boîte, la petite amortie dans la grande par une matière molle, ouate, plume, balles, etc. ;

2° Une double boîte, la petite attachée aux huit angles de la grande par des ressorts en spirale ou par des caoutchoucs ;

3° Une boîte suspendue pendant tout le voyage au plafond du wagon par des liens élastiques.

Tous ces moyens sont très efficaces, mais ils ont le tort d'être très coûteux. La plupart des éleveurs qui expédient les œufs au loin les emballent de la manière suivante :

Dans de grands paniers en forme de cône renversé et à gros bords, ayant de 1 mètre à 1 m. 50 de hauteur et de diamètre, on met une couche de paille brisée qui est bien tassée dans le fond, puis une couche d'œufs qui se touchent. On met ainsi des couches successives de paille et d'œufs, de manière à dépasser la hauteur du panier, en ayant soin de faire la dernière couche de paille beaucoup plus épaisse que les autres.

CHAPITRE XVI

INCUBATION

Choix des œufs. — On prendra, pour les faire couver, des œufs fécondés, gros et bien réguliers; de préférence on choisira des œufs pondus en été, car ceux de l'hiver laissent souvent à désirer sous le rapport de la fécondation.

Avant de les soumettre à l'incubation, les œufs seront mirés.

Autant que possible, on ne prendra que des œufs pondus par une poule d'un an, ayant été couverte par un jeune coq choisi avec soin.

Les procédés que nous avons mentionnés au sujet de la conservation des œufs ne sont pas appliqués à ceux qu'on destine à être couvés. Ces derniers sont simplement déposés dans un panier qu'on suspend dans un endroit sec et frais, et dont la température est peu variable. Ils peuvent rester ainsi près de vingt jours sans perdre de leurs qualités, mais, au delà de ce terme, l'éclosion est très problématique. Toutefois, les œufs les plus frais, c'est-à-dire ceux qui n'ont pas plus de huit jours, sont encore les meilleurs.

Les œufs étant choisis, il faut les soumettre à une température appropriée pour y faire développer le germe ; c'est là le but de l'incubation. On y arrive par les poules couveuses (incubation naturelle) et au moyen d'appareils spéciaux (incubation artificielle) surtout employés lorsqu'on élève des races de poules mauvaises couveuses.

INCUBATION NATURELLE

Les nids. — Les œufs à couver doivent être placés dans un nid bien chaud et solidement établi dans un endroit séparé du poulailler, sec, exposé au midi et à l'abri des animaux et de tout ce qui pourrait gêner la couveuse. Nous avons déjà parlé de la construction de ces nids.

Signes annonçant le besoin de couver. — Lorsqu'une poule veut couver, elle le manifeste par plusieurs signes : elle reste plus longtemps que de coutume sur son nid, elle glousse d'une manière particulière, hérisse ses plumes, tient les ailes écartées et donne des signes d'inquiétude ; enfin, elle finit par rester sur le nid, et le besoin de couver devient alors chez elle une passion tellement impérieuse, qu'elle en oublie le boire et le manger.

Choix des couveuses. — Lorsqu'une poule se comporte ainsi, si la ponte est entièrement terminée, on lui abandonne quelques œufs, ou plutôt des œufs de plâtre, et si elle se comporte bien, après quelques jours d'essai, on la prend comme pondeuse ; mais si, au moment où elle manifeste son désir, elle n'avait encore pondu qu'un petit nombre d'œufs, il faudrait l'empêcher de couver. Pour cela, un des meilleurs moyens est celui indiqué par M. V. Rendu : il consiste à la mettre en charte privée, sous une mue, dans un endroit obscur, sans lui donner à manger, mais simplement à boire : vingt-quatre heures de captivité diabétique calmeront ses ardeurs ;

après ce temps, on lui rendra la liberté, et dix jours ne se passeront pas qu'elle ne se remette à pondre. Toutes les poules ne sont pas également aptes à faire de bonnes couveuses.

Une couveuse doit être calme, douce, bien emplumée, très peu craintive, se laissant facilement prendre par l'homme. Généralement les vieilles poules couvent avec plus de constance que les jeunes.

Plusieurs moyens sont indiqués pour forcer les poules à couver :

1° Les plumer sous le ventre et le leur flageller ensuite avec des orties : ceci a pour résultat de leur faire désirer la fraîcheur des œufs sur lesquels on les place ;

2° Les enivrer avec du pain trempé dans du vin ou du cidre, avant de les établir sur le nid ;

3° Leur donner du chènevis en abondance.

Il est avantageux de mettre plusieurs poules à couver le même jour ou à très peu d'intervalle, parce que, fait observer Mme Millet-Robinet, l'une manquant sa couvée et n'ayant pas un nombre suffisant de poussins, on les lui enlève pour les donner à une autre mère plus heureuse, et on lui rend d'autres œufs. On a même pu, sans qu'il soit arrivé d'accident aux couvées, donner les poussins des deux couvées à une seule poule, les poussins étant du même âge, bien entendu ; mais il faut les mettre sous elle le soir avec les siens ; sans cela, elle les bat et les rejette. Alors, si on ne peut pas donner de nouveaux œufs à la poule qu'on a privée de ses poussins, on l'envoie dehors, en s'assurant qu'elle ne continue pas de couver. Elle reviendra pondre beaucoup plus tôt que si elle avait élevé sa petite famille. Il y a donc, comme on le voit, avantage à réunir deux couvées.

Nombre des œufs à donner à une couveuse.
— On doit proportionner à la grosseur de la poule le nombre d'œufs soumis à l'incubation ; il y a avantage à n'en faire couver qu'un petit nombre parce que, lorsqu'une poule ne couve pas bien tous ses œufs, comme elle les change très souvent de place, il est à craindre que l'incubation ne soit suspendue dans le plus grand nombre des œufs; alors ils sont perdus ; de plus, l'inquiétude qu'éprouve une bonne couveuse de ne pouvoir couver tous ses œufs la dérange de son devoir.

La plus grosse poule ne peut pas couver au delà de quinze œufs; il suffit ordinairement de lui en donner douze. Les poules anglaises de la plus grosse variété ne peuvent pas couver plus de dix à douze de leurs œufs ou plus de six œufs de grosse poule.

Inconvénients de donner à une couveuse des œufs d'espèces différentes. — On ne doit point ajouter d'œufs à une couveuse un, deux ou trois jours après qu'elle a commencé à couver, lors même qu'elle aurait cassé une partie de ceux qu'on lui a confiés : cette adjonction produirait dans l'éclosion une irrégularité très fâcheuse.

Il faut bien se garder de mêler aux œufs d'une couveuse des œufs d'espèces différentes, qui n'écloraient pas en même temps que les siens, et, lors même qu'ils devraient éclore à la même époque, s'ils étaient de grosseur différente, ils se nuiraient les uns aux autres, et la couvée serait probablement imparfaite. Si on était obligé de faire ce mélange, on enlèverait les petits éclos aussitôt après l'éclosion ; mais alors ils nécessiteraient des soins minutieux et tout particuliers.

Certaines couveuses mangent leurs œufs ; en général, elles se bornent à en détruire ainsi un ou deux. Sacrifiez immédiatement ces poules, elles feraient bientôt la chasse aux œufs dans le poulailler[1].

Soins à donner aux couveuses. — L'acte de couver est pour la poule de première importance; elle y met une passion, une constance telles, qu'elle oublie ses propres besoins. Aussi faut-il la surveiller et la faire sortir deux fois par jour pour lui donner à manger et lui faire prendre l'air. On profitera de son absence pour enlever les œufs cassés, mais *en prenant bien garde de ne pas les remuer :* c'est là une précaution essentielle.

La meilleure nourriture pour les couveuses consiste en pain bien cuit détrempé dans l'eau rougie.

Durée de l'incubation. — Suivant l'ardeur qu'y met la couveuse, la durée de l'incubation est de dix-neuf à vingt et un jours.

Quelquefois, lorsque l'incubation est terminée et que la couveuse ne paraît pas trop fatiguée, on lui en fait faire une seconde. Dans ce cas, il faut lui donner à couver des œufs frais, c'est-à-dire n'ayant pas plus de huit jours, car la durée de l'in-

---

1. Mme Millet-Robinet. : *Basse-cour, pigeons et lapins.*

cubation est d'autant plus courte que les œufs sont moins vieux.

Physiologie de l'incubation. — Avant l'incubation, toutes les parties qui composent le fœtus sont invisibles par suite de leur exiguïté, de leur fluidité et de leur transparence ; mais à mesure que la poule, placée sur ses œufs, leur communique la

chaleur qui lui est propre, le germe prend de plus en plus de la consistance, et se développe dans l'ordre suivant : après cinq ou six heures d'incubation, on distingue déjà la tête et l'épine dorsale nageant dans la liqueur dont est remplie la bulle placée au centre de la cicatricule; sur la fin du premier jour, la tête s'est déjà recourbée en grossissant; dès le second jour, on voit les premières

PONDEUSES NATURELLES.

ébauches des vertèbres, le cœur est pendant, il bat, et le sang circule. Le troisième jour, le cou et la poitrine se sont débrouillés. Le quatrième jour, les yeux et le foie sont visibles ; le cinquième, l'estomac et les reins apparaissent ; le sixième jour, les poumons se dessinent, ainsi que la peau, sur laquelle les plumes commencent à poindre. Le septième jour, le bec et les intestins se montrent ; le huitième, les ventricules du cœur et la vésicule du fiel sont à découvert ; le neuvième jour, les ailes et les cuisses sont bien accusées, et les plumes continuent de sortir ; le dixième, toutes les parties qui constituent le poulet sont à leur place et présentent la forme qui les caractérise. Les jours suivants sont consacrés au développement, à l'activement et au perfectionnement de tout l'organisme ; il achève de prendre l'accroissement dont il est susceptible dans l'œuf. Vers le dix-septième ou dix-huitième jour, selon que la température est plus ou moins favorable, on entend les petits chanter faiblement dans la coquille. Le dix-neuvième ou vingtième jour, ils se mettent à bêcher ; pour les uns, la délivrance n'est qu'une affaire de quelques heures ; pour les autres, au contraire elle n'arrive qu'après vingt-quatre heures de rude labeur, parfois même le poulet s'y épuise sans succès. A toute rigueur, *quand il n'y a plus d'autre ressource*, on peut essayer de lui venir en aide ; mais quand la nature ne vient pas toute seule à bout de l'entreprise, rarement on a chance de réussir, car la moindre blessure tue rapidement le poussin, enfin le vingt-unième jour, au plus tard, toute la couvée doit être sortie ; la mère poule, toute joyeuse, oublie alors son nid : sa tâche de couveuse est accomplie, son rôle de nourrice va commencer [1].

Lorsque l'éclosion se fait bien, on ne doit pas approcher de la mère, car, pour défendre sa progéniture, elle se livre à des mouvements brusques qui peuvent lui être très préjudiciables.

L'éclosion étant terminée, la poule enlève parfois les coquilles d'œufs du panier; si elle ne le fait pas elle-même, ou pourra la remplacer dans ce travail. C'est là une précaution utile. Dès que la mère quittera le nid avec ses poussins, on changera la paille qui a servi à l'incubation.

INCUBATION ARTIFICIELLE

Historique. — L'incubation artificielle ne date pas d'hier, elle était très anciennement connue en Égypte et en Chine.

En Égypte, c'étaient les prêtres du culte d'Isis qui s'occupaient de l'incubation artificielle des œufs de poules.

Les fours ou couvoirs des Égyptiens, connus dans le pays sous le nom de *Ma-mals*, étaient très répandus dans les royaumes de Jérusalem, de Damas, de Samarie, d'Égypte, etc. Les historiens prétendent que les seuls fours de l'Égypte donnaient naissance annuellement à cent millions de poulets ?

A différentes époques, on a essayé de faire revivre en Europe les procédés d'incubation des anciens Égyptiens. En France, deux rois, Charles VII et

---

1. V. Rendu : *La Basse-Cour.*

François Ier, s'occupèrent de faire construire des fours.

Bien plus tard, Réaumur fit des expériences sur le même sujet.

Mais jusqu'à cette époque les essais ne furent pas heureux.

De nos jours, de nouvelles expériences furent exécutées par MM. Bir, Vallée, Adrien, Tricoche, etc., mais c'est à MM. Roullier et Arnoult qu'on doit, d'avoir résolu d'une manière définitive le problème de l'incubation artificielle.

« L'industrie de l'éclosion artificielle des poulets, dit M. A. Geoffroy Saint-Hilaire, créée par ces messieurs, est entrée aujourd'hui dans le domaine de la pratique, et pour le prouver je n'aurai qu'à vous dire que MM. Roullier et Arnoult ont vendu au commerce, du 1er octobre au 30 novembre 1875, plus de treize mille poussins. » Or, depuis, l'industrie de ces messieurs n'a fait que progresser.

Couveuses artificielles. — Quelques mots sur l'histoire de cette découverte ne seront pas déplacés ici. MM. Roullier et Arnoult étant venu s'installer à Gambais, près d'Houdan en Seine-et-Oise, eurent l'idée de se livrer à l'industrie locale, la *fabrication* des poulets. Ils s'organisèrent pour faire couver des œufs, se procurèrent le matériel de dindes couveuses nécessaires, et bientôt leur petit commerce commença à prospérer.

Un jour, pour une cause quelconque, quarante des soixante dindes occupées à couver les œufs de ces messieurs succombèrent ; c'était une grande perte, d'autant plus sérieuse que les poulets à naître étaient vendus d'avance : il fallait pouvoir remplir les engagements pris. MM. Roullier et Arnoult eurent l'idée de prendre les œufs dont l'incubation était le plus avancée et de les placer entre deux édredons, entourés de bouteilles pleines d'eau chaude. Ce fut une besogne longue et fastidieuse que de renouveler incessamment ces bouteilles, mais le succès fut complet et les engagements contractés purent être tenus.

Pendant que cette couveuse artificielle improvisée fonctionnait, on apporta à ces messieurs treize œufs de perdrix, ayant subi environ quinze jours d'incubation. Ces œufs furent traités de la même façon et douze perdreaux vinrent à éclore.

Cet essai, dû au hasard, inspiré par l'urgence de la situation, fit réfléchir MM. Roullier et Arnoult, qui se préoccupèrent de créer un incubateur pratique dont les résultats furent tout à fait satisfaisants.

Le succès de MM. Roullier et Arnoult eut du retentissement ; aussi les couveuses artificielles furent-elles perfectionnées et même profondément modifiées par bon nombre d'aviculteurs, tels que MM. Voitellier, Philippe, Lagrange, etc., etc. Toutefois, le système Roullier et Arnoult n'est plus aujourd'hui ce qu'il était au début. Ces messieurs ne sont pas restés en arrière, ils ont perfectionné leur découverte, et certes personne mieux qu'eux n'était en état de l'amener à la perfection.

A notre avis, le système de MM. Roullier et Arnoult est encore le plus recommandable ; nous en avons vu fonctionner bon nombre, et c'est à lui que personnellement nous donnons la préférence en raison des résultats qu'il donne, *et de son extrême simplicité.*

Comme nous ne pouvons songer à décrire tous les systèmes qui ont vu le jour dans ces dernières années, nous nous contenterons de la description détaillée des couveuses artificielles de MM. Roullier et Arnoult qu'on peut voir fonctionner au grand Couvoir français à Gambais, près Houdan (Seine-et-Oise) ou à Paris, passage Vivienne.

Les hydro-incubateurs. — La base de ce système repose sur des principes qu'il importe de faire ressortir. Nous laissons ici la parole à MM. Roullier et Arnoult.

La chaleur venant d'en haut surplombe toute la surface de tiroirs à œufs et se trouve répartie d'une façon uniforme; les œufs, en recevant leur chaleur de haut en bas, se trouvent donc dans les mêmes conditions que sous la couveuse naturelle.

L'aération, s'opérant au moyen des tubes latéraux placés de chaque côté, se fait d'une manière régulière; ces mêmes tubes servent encore au dégagement de l'acide carbonique produit par les embryons. L'humidité nécessaire à l'incubation s'obtient naturellement par la différence même de température qui existe entre les tiroirs à œufs et l'air ambiant de l'appareil; les tubes latéraux mettant en contact les deux températures, il en résulte à l'intérieur du tiroir une vapeur humide, effet qui se produit, du reste, sur les vitres d'une chambre chauffée quand il fait froid au dehors, et il n'est nullement besoin de placer avec les œufs, comme dans certains appareils, du sable ou des éponges mouillées; l'humidité est absolument suffisante.

Un nouveau thermomètre-régulateur, de forme courbe, permet de constater à l'extérieur de l'incubateur la température des tiroirs, sans avoir besoin d'ouvrir ceux-ci.

Avec le système de MM. Roullier et Arnoult, il

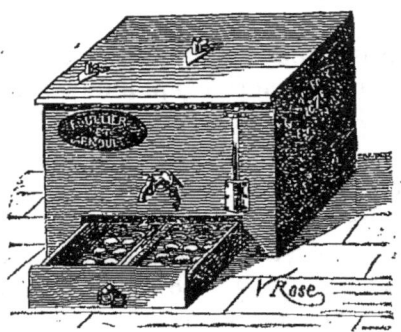

HYDRO-INCUBATEUR SANS SÉCHEUSE.

n'y a plus d'eau à réchauffer, plus de thermo-siphon, plus d'extincteur.

Est-ce à dire qu'avec ces appareils il n'y ait plus rien à faire? Non : il faut encore allumer un morceau de charbon.

Le chauffage consiste essentiellement dans l'application de briquettes (charbon aggloméré *sans odeur*) qui, une fois allumées, continuent à brûler lentement, et dont la durée peut atteindre douze à vingt-quatre heures et plus, si on le juge utile, cette durée dépendant de la dimension des briquettes et de leur degré de compression.

Pour chauffer un appareil de 250 œufs, il ne faut, en moyenne, que les trois quarts d'une briquette de

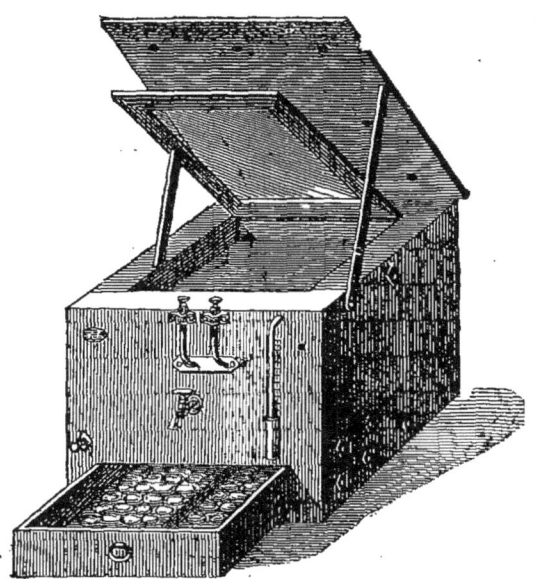

COUVEUSE ROULLIER ET ARNOULT AVEC LA CHAMBRE CHAUDE OUVERTE.

15 centimes par douze heures, soit une dépense de moins d'un centime à l'heure.

Pour régler la chaleur, rien de plus simple : la grosseur de la briquette ou le degré d'aération serviront à cet effet ; la température est tellement facile à fixer qu'un enfant de dix ans conduirait seul ces appareils, qui ne demandent aucune surveillance autre que le temps d'allumer la briquette.

Chacun sait que les thermo-siphons et les lampes offrent un réel danger dans les bâtiments contenant la paille nécessaire aux élèves; ici, plus de ces inconvénients : la briquette mise dans l'appareil le chauffe aussi fort que l'on veut et ne peut communiquer le feu, serait-elle renfermée dans une botte de paille.

Toutefois, remarquons que les couveuses Roullier et Arnoult sont toujours à eau chaude, soit renouvelée matin et soir, soit entretenue constamment à la température voulue par la briquette, au choix de l'opérateur. Ces appareils offrent donc le double avantage de pouvoir, à volonté, se chauffer par renouvellement d'eau bouillante ou par briquette.

MM. Roullier et Arnoult font des hydro-incubateurs de plusieurs dimensions : les uns peuvent couver 60 œufs, les autres 130, d'autres 250, d'autres enfin 500. Nous en donnons ci-joint quelques modèles que les inventeurs ont bien voulu nous communiquer.

La conduite de ces hydro-incubateurs est d'une extrême simplicité.

Il suffit de placer l'appareil dans un rez-de-chaussée ne donnant que peu de lumière et pas de courant d'air, puis remplir le réservoir d'eau chauffée à 70° jusqu'à ce qu'elle monte au zéro du niveau d'eau.

A partir de ce moment, matin et soir, il suffira de retirer à peu près 10 litres d'eau pour les petits appareils et 20 litres pour les grands, que l'on remplacera par de l'eau bouillante, puis retourner et déplacer les œufs deux fois par jour.

Un appareil ne demande que quinze minutes le matin et cinq minutes le soir. Il n'y a besoin d'aucune surveillance pendant la nuit, la température étan invariable pendant douze heures.

Si l'appareil est à briquettes, il suffira, au lieu

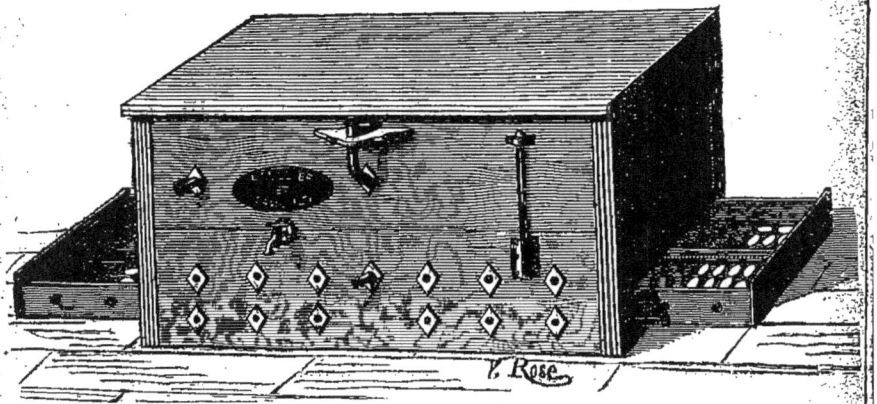

HYDRO-INCUBATEUR AVEC SÉCHEUSE.

de réchauffer l'eau matin et soir, de placer dans le canon du réservoir une briquette (ou même une demie, selon la grandeur de l'appareil) matin et soir pour entretenir constamment l'eau à la même température.

Tel est l'appareil, mais, quelle que puisse être la perfection de sa construction théorique, on comprendra sans peine qu'un système de ce genre ne puisse être recommandé qu'en raison des résultats qu'il donne.

Or, nous pouvons poser ces questions : Quelle est la proportion d'éclosions? Les poulets nés dans les couvoirs dont il s'agit sont-ils vigoureux ?

Avec les hydro-incubateurs, le nombre d'éclosions est au moins égal à ce qu'on obtient des couveuses naturelles.

Pour répondre à la deuxième question, nous dirons, avec M. A. Geoffroy Saint-Hilaire, que le nombre des demandes reçues chaque jour par MM. Roullier et Arnoult est la preuve de leur réelle valeur. Les éleveurs de volailles de Gambais ne s'inscriraient pas à l'avance, comme ils le font, pour acquérir les poussins *éclos à la vapeur*, comme on dit dans le pays, si leur éducation présentait plus de difficulté que celle des jeunes oiseaux éclos naturellement.

Une raison qui, au dire des éleveurs dont je rapporte ici l'opinion, continue M. Geoffroy Saint-Hilaire, rend les *poulets à la vapeur* préférables, me paraît sérieuse. Chez les gens du pays qui font métier de faire couver, chez les *acouveurs* (le terme est consacré), les chambres d'incubation sont occupées toute l'année par des volailles, et il en résulte fréquemment des accidents. Les couveuses succombent parfois, en quelque sorte dévorées par les mites, et c'est là le grand péril de cette industrie; les poulets livrés par les *acouveurs* aux éleveurs emportent avec eux des légions de vermines parasites qui les tuent et empoisonnent en outre la basse-cour où ils sont introduits. Lorsqu'on a la mauvaise chance d'acquérir des poussins dans ces conditions, on dit à Gambais avoir acheté des poulets *empoisonnés*. Les poulets de MM. Roullier et Arnoult ne peuvent être empoisonnés, et c'est une des raisons qui les font grandement apprécier des éleveurs.

En résumé, l'incubation artificielle doit se faire selon les indications suivantes :

1° Température de 39° à 40° pendant tout le cours de l'incubation ;

2° Manipulation des œufs matin et soir ;

3° Entretien de la température de l'eau dans l'appareil par l'addition d'eau bouillante ou la briquette ;

4° Mirage des œufs.

La durée de l'incubation *dans ces conditions* est de vingt et un jours [1].

---

[1]. Pour les œufs de dindes, d'oies, de canes, l'incubation dure de vingt-huit à trente jours ; pour les pintades, c'est vingt-cinq jours.

CHAPITRE XVII

ÉDUCATION DES JEUNES POUSSINS

Eclosion. — Nous avons déjà vu les précautions qu'il convenait de prendre lorsque les poussins sortent de l'œuf, alors qu'ils trouvent un abri protecteur sous l'aile de leur mère. Lorsqu'on fait l'incubation artificielle, il y a quelques précautions à prendre, sur lesquelles nous devons insister.

Tout d'abord, nous devons mentionner ici les belles recherches de M. Dareste sur l'éclosion dans les couveuses artificielles; les résultats pratiques auxquels ce savant est arrivé trouvent ici leur place.

« J'ai fait, depuis trois ans, une série de communications à la Société[1] sur les conditions physiologiques et physiques de l'évolution normale du poulet dans l'œuf, en me servant, dans ce but, de l'incubation artificielle. Dans la séance générale de l'année dernière, la Société m'a décerné, pour ces travaux, une de ses plus hautes récompenses dont je suis justement fier.

« Mais, en faisant connaître le résultat de mes recherches expérimentales, j'avais signalé une lacune. Si j'avais pu conduire mes embryons jusqu'au terme de l'incubation, je n'avais obtenu cependant qu'un nombre très restreint d'éclosions: un tiers tout au plus.

1. Société nationale d'acclimatation.

« J'ai cherché la cause de cet insuccès. Il y avait d'abord un grand nombre de poulets qui périssaient pendant l'éclosion, soit qu'ils fussent mal placés dans la coquille, soit que, s'étant collés à la coquille, ils aient été plus ou moins gênés dans leurs mouvements. Mais ces faits étaient rares. Le plus souvent le poulet n'éclosait pas parce que, quoique bien conformé, il avait péri dans la coquille un jour ou deux avant la fin de l'incubation.

« Pourquoi l'embryon périssait-il ? J'ai constaté d'abord le défaut de pénétration du jaune dans la cavité abdominale. Puis, en y regardant de plus près, j'ai reconnu que le jaune ne pénétrait pas dans la cavité abdominale parce qu'il avait contracté des adhérences avec l'allantoïde, et que ces adhérences le maintenaient en dehors du corps de l'embryon. Ces adhérences étaient souvent assez fortes pour avoir produit des brides qui exerçaient une constriction sur la membrane jaune, constriction qui, dans beaucoup de cas, allait jusqu'à la rupture de ses parois. Les déchirures ainsi produites, tantôt restaient béantes, et tantôt s'étaient cicatrisées. Mais il y avait dans ces deux cas un fait qui ne peut laisser aucun doute sur l'existence antérieure d'une rupture : c'était l'existence parfaitement reconnaissable des éléments du jaune dans les restes de l'albumine.

« Il y avait donc dans mes expériences une condition qui produisait des adhérences entre l'allantoïde et le jaune. Mais quelle était cette condition ?

« En y réfléchissant, je me suis rappelé que ces

événements s'étaient produits dans une série d'expériences sur l'évolution des œufs dans l'air confiné, et que j'avais placé mes œufs dans des couveuses fermées, pendant toute la durée de l'incubation. Les œufs avaient donc été pendant trois semaines dans une *immobilité complète*.

« Or, nous savons que la poule couveuse remue fréquemment ses œufs, que la pratique de retour-

ÉLEVEUSE HYDRO-MÈRE.

nement quotidien des œufs est généralement adoptée par toutes les personnes qui s'occupent de l'incubation artificielle; qu'enfin, tout récemment, on a imaginé des appareils pour pratiquer le retournement des œufs par des procédés mécaniques.

« L'immobilité de l'œuf pendant toute la durée de l'incubation est-elle donc un obstacle à l'éclosion? Je me suis posé la question, et je l'ai résolue par une expérience comparative.

« J'ai mis en expérience seize œufs placés dans deux couveuses, dont l'air se renouvelait constamment, et qui présentaient des conditions physiques absolument semblables. Dans l'une des couveuses, les œufs restèrent absolument immobiles; dans l'autre, les œufs f rent retournés deux fois par jour.

« Tous les poulets de la première couveuse ont péri, avant l'éclosion, par le mécanisme que je viens de faire connaître.

« Les huit œufs retournés deux fois par jour m'ont donné six poulets éclos au vingt et unième jour. Les deux œufs qui restaient furent ouverts. Dans l'un, j'ai trouvé un poulet vivant et parfaitement conformé, qui serait certainement éclos si je l'avais laissé quelques heures encore dans la couveuse. Dans l'autre, le huitième, il y avait un poulet mort, dont le jaune n'avait pas pénétré dans l'abdomen.

« Cette expérience est décisive. Elle montre de la manière la plus nette que l'immobilité de l'œuf pendant l'incubation fait adhérer l'allantoïde au jaune et amène ainsi la mort de l'embryon.

« La pratique du retournement quotidien des œufs se trouve ainsi complètement justifiée [1].

Les poussins n'éclosent pas tous à la fois; lorsque tous sont sortis de l'œuf, on les met dans une sécheuse.

Pour cela, on peut employer un panier rempli

---

1. Dareste : *Note sur l'éclosion des œufs de poules.* Communication faite à la Société nationale d'acclimatation (Extrait du *Bulletin de la Société.*)

d'ouate et tenu au chaud, ou bien la sécheuse de MM. Roullier et Arnoult. C'est une boîte, qui peut servir en même temps de boîte d'expédition pour transporter des poussins par le chemin de fer à de très grandes distances.

Ces boîtes varient de grandeur selon le nombre de poussins ; le fond est garni de paille très douce sur laquelle sont placés les petits poussins ; un cadre de bois garni d'une étoffe légère et chaude les recouvre et par-dessus ce cadre on ajoute, selon les saisons et la température, une poignée de plumes de poule. Sur un des côtés de la boîte est pratiquée une ouverture grillagée destinée à donner de l'air dans l'intérieur ; cette ouverture est à coulisse et peut être baissée ou élevée selon la saison. Lorsqu'elle est ouverte, les poussins en sortant à volonté vont s'ébattre dans une *avant-cour* attenante à la boîte dont le dessus est également grillagé.

Il faut avoir soin, en disposant la paille ou le foin dans le fond de la boîte, de le disposer en nid, en prenant bien garde de ne pas obstruer l'ouverture grillée.

On y installe 40, 50, 60 poussins en hiver ; en été, 40 suffisent ; on les recouvre du cadre de laine qui fait partie de la boîte, en ayant soin l'hiver, d'y ajouter un petit édredon.

Chaudement blottis, les poussins passeront, ainsi la nuit; et le lendemain, de deux heures en deux heures, on les sortira dans la petite boîte servant d'avant-cour à la sécheuse. La première fois, il sera inutile de leur donner aucune nourriture, car ils sont encore faibles et se tiennent à peine sur leurs petites pattes ; mais ils feront leur déjection et cela suffira.

Quand ils ont ainsi passé cinq à dix minutes hors de la sécheuse, ils se pelotonnent et semblent demander à y rentrer. On les y remet pour les en faire sortir de nouveau deux heures après.

Cette fois, on leur émiette dans leur boîte un peu de pain *très rassis*, et ils commencent à béqueter, de sorte qu'à la fin de la journée ils ont l'air d'avoir quinze jours tant ils cuicuitent, trottent et mangent comme de petits enragés. (Roullier et Arnoult)

Les poussins, qu'ils aient été mis dans une sécheuse-panier, dans une sécheuse-boîte, ou bien dans une sécheuse surajoutée à l'hydro-incubateur comme M. Roullier et Arnoult en construisent, y restent une journée ; s'ils ont une mère-poule, on les lui rend ; s'ils proviennent d'incubation artificielle, on les met sous l'hydro-mère ou éleveuse que représente notre figure et qui, comme l'incubateur, se chauffe par la briquette.

Il faut, pendant les huit premiers jours, ne pas perdre de vue un instant tous ces petits êtres, car il en est des poussins qui, comme de certaines gens, veulent toujours être là où ils ne sont pas. Ils s'éparpillent, en criant, dans le parc provisoire de l'éleveuse, ils ont froid, ils ne veulent pas rentrer ; il faut les y remettre quand même, et, au bout de quelques fois, ils finissent par faire comme les autres, allant et venant de la chaude cachette à la succulente pâtée.

Mais au bout de quelques jours le parc provisoire devient trop étroit. On met alors les poussins et l'hydro-mère dans un parc grillagé plus grand, au centre duquel on élèvera une sorte de champignon recouvert de paille qui servira d'abri aux poussins tout en leur permettant de rester à l'air, ce qui est essentiel dans l'élevage des jeunes poulets. Ils resteront ainsi dans le parc définitif jusqu'à l'âge de six semaines. A partir de ce moment, ils n'ont plus besoin de l'éleveuse ; ils sont sauvés.

Nourriture des poussins. — Quelle est la

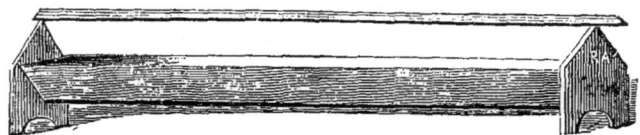

AUGETTE LONGUE POUR JEUNES POULETS.

nourriture qui convient aux jeunes poussins depuis leur naissance jusqu'au moment où ils quittent l'éleveuse ?

Ici nous ferons encore de nombreux emprunts à l'excellent petit *Guide pratique* de MM. Roullier et Arnoult.

Après douze heures de naissance, dans l'avant-cour de la sécheuse, nos jeunes poussins ont commencé à béqueter de la mie de pain. On continuera encore à leur en donner dans le parc de l'hydro-mère, tout en garnissant les billots de pâtée de farine d'orge délayée avec du lait.

Cette pâtée, assez ferme pour ne pas couler, ne devra cependant pas être dure, afin que les petits puissent sans difficultés entamer le gâteau.

Une heure ou deux après qu'on la leur a présentée pour la première fois, ils y sont déjà habitués ; mais, comme leur appétit est facile à rassasier, on en fera peu à la fois et on la renouvellera trois à quatre fois par jour.

Cela ne durera pas longtemps.

Ainsi, au bout de quelques jours, les petits becs piocheront si bien, qu'on ne pourra plus suffire à leur faire la cuisine.

Cette nourriture sera donnée *à discrétion* aux élèves jusqu'à leur sortie de l'éleveuse. On y joindra du sarrasin concassé, qui sera placé dans les petites augettes, du pain trempé dans du café au lait, du *lait cuit* en abondance.[1]. Avec cela on donnera du riz simplement crevé, de la verdure. Ce n'est que lorsqu'ils seront âgés de deux jours que les poussins auront à boire, du lait coupé avec de l'eau ; les petits abreuvoirs siphoïdes serviront dans ce cas, car leur emploi empêchera les poussins de se

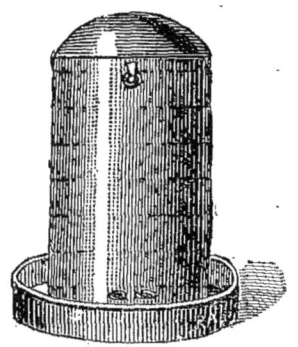

ABREUVOIR SYPHOIDE.

[1] On prépare ce *lait cuit* en faisant bouillir pendant cinq minutes du lait caillé. Au moyen d'une passoire, on sépare la partie dure de la partie liquide. La première s'émiette facilement, on la donne aux poussins ; la partie liquide sert à faire la pâtée.

mouiller. Ce n'est que vers l'âge de trois semaines qu'on donnera de l'eau fraîche.

Avec une alimentation aussi copieuse que celle indiquée plus haut, on aura au bout de trois mois et demi des poulets à la chair blanche et savoureuse, pesant plus de 2 kilogrammes.

Surtout se bien garder de donner de la farine de seigle aux jeunes poulets; autrement leur vie serait en danger.

En résumé, avec MM. Roullier et Arnoult, nous dirons : « En matière d'élevage, voulez-vous gagner beaucoup ? Nourrissez bien. »

CHAPITRE XVIII

DE L'ENGRAISSEMENT

Principes généraux. — L'engraissement peu s'effectuer :

1° Sur les jeunes poulets;
2° Sur les pondeuses arrivées à un certain âge.

Toutefois, avant d'examiner séparément ces deux cas, il est bon d'énoncer quelques principes généraux concernant cette opération.

Tout d'abord, l'engraissement constitue, comme nous l'avons déjà vu, un état pathologique provoqué. Il consiste à rendre le sujet lymphatique, c'est-à-dire à diminuer l'activité de la circulation du sang. Tel est le but de l'engraissement. Voyons les moyens par lesquels on y arrive. Ce qu'on cherche, c'est à diminuer l'activité de toutes les fonctions, sans celle de la digestion ; voici les dispositions pratiques pour y parvenir :

1° *L'obscurité.* — L'engraissement rationnel des volailles comporte un local obscur. La lumière étant un excitant, l'animal perdrait ainsi de la substance. Il faut donc le soustraire à l'action de la lumière.
— Un peu d'humidité est plutôt favorable à l'engraissement.

L'obscurité a un autre avantage, c'est qu'elle porte les animaux au sommeil, qui est, comme on le sait, très favorable à l'engraissement.

2° *La température.* — La température du local doit être modérée, 18° à 20° environ. Il y a deux moyens d'y parvenir. Ou bien mettre dans une même pièce un nombre suffisant de volailles (quoique séparées les unes des autres) pour obtenir cette température par leur propre chaleur; ou bien chauffer la pièce au moyen d'un poêle. Un thermomètre est indispensable dans la chambre d'élevage. Mais nous insistons encore sur ce point : il faut une certaine humidité ; aussi ne saurait-on trop conseiller de répandre de l'eau tiède dans le local.

3° *L'isolement*. — Les volailles soumises à l'engraissement doivent être isolées ; autrement des querelles ou des jeux viendraient rompre le calme et la tranquillité nécessaires à la production de la graisse.

Les animaux à l'engrais ne doivent pas entendre de bruit ; il faudra surtout veiller à ce qu'ils n'entendent pas le langage des autres animaux de leur espèce qui sont en liberté.

L'isolement proprement dit ou séquestration des volailles à l'engrais peut se faire séparément, ou par troupe.

Dans la séquestration par troupe, on place un certain nombre de volailles dans une chambre réunissant les conditions énoncées ci-dessus. S'il y fait chaud et obscur, que le silence y règne, les animaux s'y tiennent dans une immobilité complète, surtout si la nourriture est abondante, ce qui est, comme nous le verrons plus tard, une condition essentielle d'un bon engraissement.

Le séquestre isolé peut se faire de différentes façons. Une des plus employées, surtout dans les petits élevages, consiste à mettre chaque animal sous un baquet ou un tonneau défoncé. — Un autre moyen plus approprié arrive au même but en employant des cages spécialement disposées à cet effet appelées *épinettes*.

Les épinettes sont de différents modèles. Ce sont

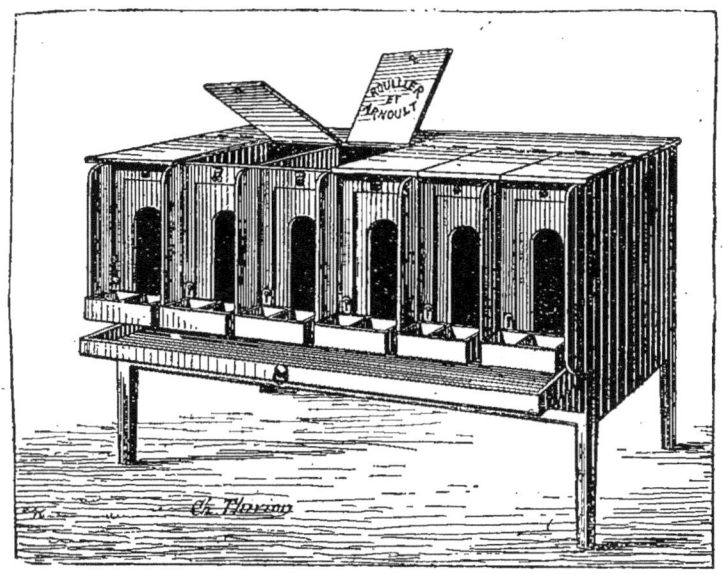

ÉPINETTE.

des espèces de cages plus ou moins allongées, suivant le nombre des volailles qu'on y veut mettre. Elles sont formées de cases, dont le plafond peut être ouvert ou fermé à volonté, grâce à une planche glissant dans une coulisse ; c'est par là qu'on introduit la bête ; en avant, un grillage en bois permet à la volaille de passer la tête, pour manger dans une auge disposée sur le devant et qui, souvent, comprend deux compartiments juxtaposés, l'un pour les aliments solides, l'autre pour la boisson ; cette auge ou mangeoire doit être mobile pour qu'on puisse la nettoyer facilement.

Les cases des épinettes doivent avoir 50 centimètres de longueur sur 30 de largeur et 40 de hauteur. De cette façon, les volailles sont condamnées à l'immobilité presque absolue. Le plancher de l'épinette est à claire-voie pour donner passage à la fiente. La cage entière formée de deux, quatre, six ou dix compartiments, doit être posée sur des pieds élevés au moins à 70 centimètres du sol, pour éloigner l'oiseau de ses excréments.

Il faut avoir soin de ne placer dans les épinettes que des volailles déjà en chair, car les volailles maigres absorberaient trop d'aliments de choix et nécessiteraient trop de soins pour arriver au terme de l'engraissement. Donc en règle générale, on n'enfermera dans les épinettes que des volailles préalablement nouries, pendant trois ou quatre jours, de grain exclusivement.

Lorsqu'on a versé la nourriture dans la mangeoire, la bête ayant terminé son repas, on fermera l'épinette, car la digestion doit se faire dans la plus complète obscurité.

4° *La propreté.* — C'est une condition essentielle de l'engraissement. En effet, les fientes des volailles soumises à l'engrais sont très odorantes et en grande quantité, en raison même de la nourriture substantielle qui est distribuée ; mais elles fermentent facilement ; il s'en dégage alors des miasmes funestes.

La propreté de la chambre obscure, fait remarquer à ce sujet M. Mariot-Didieux, est donc de la plus haute importance pour le succès prompt de l'engraissement, pour éviter les maladies, et donner à la chair ce goût exquis tant recherché des amateurs.

5° *Nourriture.* — Pour les volailles soumises à l'engraissement, il y a une alimentation spéciale, car il faut obtenir, non seulement de la graisse en abondance, mais encore une graisse ferme et blanche.

Tout d'abord, il y a deux périodes dans l'engraissement : une période préparatoire et une période définitive.

La première période est de courte durée, de trois à six jours, suivant l'aptitude des volailles.

On leur donnera alors des pommes de terre cuites et chaudes à discrétion, des betteraves crues et quelques herbes. Avec ce régime, les volailles seront *en chair*. On procèdera ensuite à l'engraissement définitif.

La nourriture, dit M. Voitellier, doit être renouvelée plusieurs fois par jour pour exciter l'appétit des poulets, et, à chaque repas, il est indispensable d'enlever complètement ce qui restait dans l'augette. La pâtée se compose surtout de farine d'orge et de farine de maïs alternativement, délayée dans du lait ou du petit lait, et formant une pâte assez épaisse. Un peu de grain, de l'avoine ou du sarrasin pour changer, font bon effet. Au bout de dix-sept jours de ce régime de l'épinette, un poulet est à point pour faire bonne figure à la broche.

A chaque repas on présentera à boire aux volailles, soit de l'eau, soit du lait.

Les repas doivent être régulièrement distribués. On en donne deux, trois ou quatre par jour.

1° Engraissement des jeunes poulets. — Il est inutile d'attendre, pour commencer l'engraissement, que les jeunes poulets aient atteint l'âge de six ou huit mois, comme on le fait généralement. L'engraissement peut être commencé dès trois mois et demi.

Toutefois, les jeunes poulets ne peuvent être engraissés complètement, on ne cherche le plus souvent qu'à les mettre en graisse. Pour cela, il n'est pas toujours indispensable d'avoir recours aux épinettes, on peut les laisser libres sur un parcours assez restreint. Avec une nourriture appropriée, on y arrive. On donne le plus souvent trois repas. Le premier consiste en une bouillie tiède composée de farine d'orge et d'eau ; le second repas est le même, mais on ajoute de la farine de maïs à cette bouillie, qui doit être plus consistante que celle du premier repas. Le troisième repas consiste en une pâtée de pommes de terre cuites délayées dans du lait ou du petit lait. Ce régime est continué pendant quinze jours. A partir de ce moment, on introduit dans la pâtée du troisième repas environ 15 grammes de saindoux par tête de volaille. Cette nourriture est donnée pendant cinq ou six jours ; après quoi, le poulet est parfaitement en état.

2° Engraissement des volailles adultes. — Arrivées à l'âge de quatre ans, les volailles, poules et coqs, sont soumises à l'engraissement comme il a été indiqué plus haut pour les poulets, et on termine à l'épinette, où un séjour de quinze jours suffit pour mener l'opération à bonne fin.

Pour ces volailles, il est bon de donner, dans les dix derniers jours de l'engraissement, des infusions de fleurs de tilleul, de mélilot, etc., pour détremper les farines. Ces plantes donnent un goût très agréable à la chair des volailles grasses.

Pendant toute la durée de l'engraissement, on donnera comme boisson de l'eau mucilagineuse, obtenue par la décoction de graines de lin, à laquelle on ajoute du sel de cuisine ; cela stimule l'appétit des volailles.

Les *chapons* et les *poulardes* sont plus particulièrement engraissés dans les basses-cours, car ces animaux prennent beaucoup plus facilement la graisse que les poulets.

Voyons à définir ces deux termes.

Chapons et poulardes. — On donne le nom de chapons, dit Mme Millet-Robinet, aux mâles chez lesquels on a éteint la faculté de se reproduire.

C'est environ à l'âge de quatre mois qu'on fait subir aux coqs la castration ; si on les opérait plus jeunes, on nuirait à leur développement ; si on les opérait plus tard, ils succomberaient en grand nombre aux suites de l'opération ; il faut choisir un temps un peu frais, plutôt humide que sec, et éviter les grandes chaleurs.

Avant de les faire chaponner, on réunit sous une mue tous les jeunes coqs en état de subir l'opéra-

tion et on les examine avec soin, afin de réserver
ceux qui peuvent être conservés avec avantage pour
la reproduction. On opère toujours le matin les animaux à jeun. On se munit de couteaux ou de ciseaux
bien tranchants, et d'une grosse aiguille enfilée de
fil ciré. Si on a un grand nombre de castrations à
faire, il faut avoir un bon bistouri, parce que plus
la blessure est nette, plus elle a de chances de guérison. Un aide place sur les genoux de l'opérateur
l'animal couché sur le dos, la tête en bas, et le tient
solidement, le croupion tourné en avant, la cuisse
droite fixée le long du corps et la gauche portée en
arrière, afin de découvrir le flanc gauche, sur lequel
l'incision sera faite. Après avoir arraché les plumes
depuis la pointe du sternum jusqu'à l'anus, on pince
la peau longitudinalement et on fait une incision
transversale d'environ 0^m04 de long depuis l'anus
jusqu'au flanc droit au-dessous du sternum. Dès
que la peau est incisée, on découvre un muscle; on
le soulève à l'aide de l'aiguille ou d'un petit crochet
en fer appelé érigne, on le sépare des intestins et
on le coupe avec les ciseaux ou le bistouri; on voit
alors le péritoine, membrane lâche, mince, transparente; on lui fait une incision assez large pour permettre d'introduire le doigt dans le ventre. Si une
portion de l'intestin tend à s'échapper, l'opérateur
la repousse avec précaution dans le ventre, puis,
introduisant le doigt indicateur de la main gauche
bien graissée, il le dirige sous les intestins vers la
régions des reins, un peu sur le côté droit et au-dessus du croupion. Il est assez difficile d'arriver jusque
là, surtout si le coq est de grosse espèce. Là le doigt

rencontre un corps gras comme un haricot assez fort, qui est lisse et mobile, quoique adhérent. On

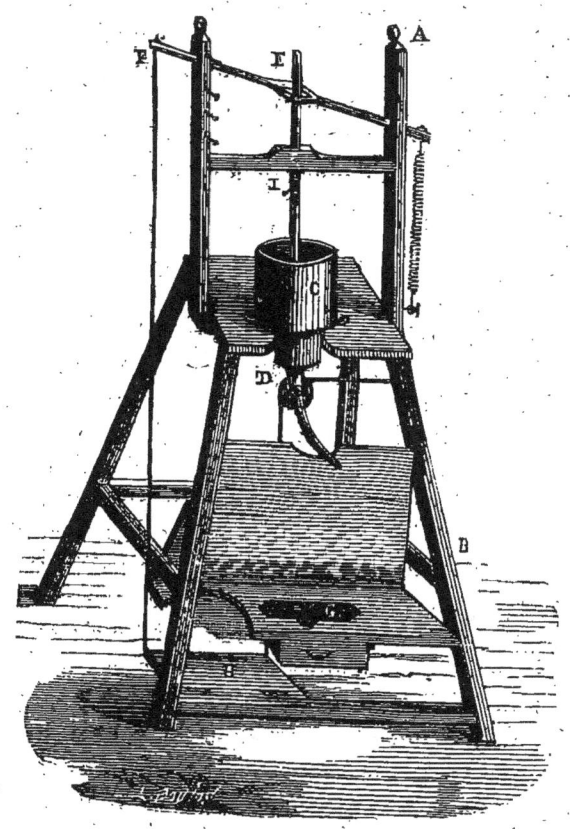

La Compressive.
GAVEUSE PORTATIVE DE MM. ROULLIER ET ARNOULT

l'arrache et on l'attire vers l'ouverture, par laquelle on le fait sortir, ce qui nécessite de l'adresse et de l'habitude. Ce corps s'échappe parfois avant d'être extrait, et il est très difficile de le retrouver ; s'il a été bien détaché, il peut rester dans le corps de l'animal sans grave inconvénient ; mais il vaut mieux le retirer. On procède de la même manière pour le second organe, qui se trouve à côté de l'autre, du côté gauche, puis on lave les lèvres de la plaie avec un peu d'eau-de-vie camphrée, ce qui n'est même pas indispensable, et on les maintient en contact par quelques points de suture pratiqués avec l'aiguille et le fil ciré.

Pour placer ces points de suture, il faut avoir soin, chaque fois qu'on enfonce l'aiguille, de soulever la peau, afin d'éviter de blesser les intestins ou de les coudre dans la suture, ce qui déterminerait des accidents mortels [1].

Après la castration, les jeunes bêtes sont placées dans un lieu paisible, on les laisse vingt-quatre heures sans autre nourriture qu'un peu de mie de pain trempée dans du vin ; on leur donnera comme litière de la paille fraîche.

Au bout de deux ou trois, jours les chapons seront relâchés dans la basse-cour.

Lorsque, les jours qui suivent la castration, le chapon est triste et languissant, il faut visiter la plaie. Si elle est enflammée, on la lave avec de l'eau tiède, puis on la frotte avec de la pommade camphrée.

On appelle *poulardes* les poules qu'on amène à un état de graisse complet avant qu'elles aient pondu. C'est une erreur fort accréditée que celle-ci : il faut castrer les poules pour en faire des poulardes.

[1]. Mme Millet-Robinet : *Basse-cour, pigeons et lapins.*

L'opération est sans doute praticable; mais elle est tellement difficile, dit Mme Millet-Robinet, que je n'ai jamais réussi à la pratiquer avec succès même sur des poules chloroformées et qui ne pouvaient faire aucune résistance gênante. J'ai d'ailleurs acquis la certitude qu'à La Flèche et au Mans, pays classique des poulardes, on ne fait subir aucune opération préalable aux poules.

Engraissement mécanique. — L'engraissement à la mécanique tend à se généraliser de plus en plus, surtout depuis l'apparition des petites gaveuses portatives. Une des plus estimées est encore due à MM. Roullier et Arnoult: c'est la *Compressive*. Elle se compose d'un cylindre métallique (G) dans lequel descend un piston malaxeur manœuvré par une pédale (H), et qui est muni à son fond d'un tuyau en caoutchouc terminé par un bec d'entonnage.

Avec cet appareil, le rationnement est précis; une simple cheville arrête la course du piston aux endroits voulus pour chaque espèce; un seul coup de pédale suffit pour donner le repas à une volaille; on peut ainsi entonner cent volailles à l'heure. Les volailles sont placées dans les épinettes, dont chaque case en contient huit à dix.

Dans cette gaveuse, la fabrication de la pâtée est facile, grâce au délayeur mécanique dans lequel on met la quantité voulue de lait et de farine. Quelques tours de manivelle font la pâtée très homogène en quelques secondes.

CHAPITRE XIX

PRODUITS DU POULAILLER

Les poules et coqs donnent à l'homme des produits variés, dont nous allons dire quelques mots. Ce sont :

1° Des œufs ;
2° De la viande ;
3° Des plumes ;
4° De l'engrais ;

Usage des œufs. — Au commencement de ce volume, nous avons déjà parlé de la valeur nutritive des œufs, qui, nous le répétons, constituent un aliment complet, c'est-à-dire renfermant *toutes les substances* nécessaires à l'accroissement, absolument comme le lait des mammifères.

Le commerce des œufs se fait sur une immense échelle. A Paris surtout, il s'en consomme des quantités énormes. Le débit à la Halle dépasse 4 millions par semaine.

Paris est approvisionné par bon nombre de départements, au nombre desquels nous devons citer : le Lot, le Lot-et-Garonne, l'Aveyron, l'Yonne, la Seine-et-Marne, la Haute-Nièvre, l'Allier, l'Oise, la Marne, la Somme, la Seine-Inférieure.

C'est l'Angleterre qui consomme proportionnellement le plus d'œufs. La plus grande partie lui est envoyée par la France.

L'Allemagne aussi ne produit pas assez d'œufs pour sa consommation.

C'est surtout vers le commencement du printemps que la consommation des œufs est considérable, ce qui, sans aucun doute, doit être attribué aux fêtes de Pâques.

Voici ce que rapporte à ce sujet M. Guillaume Capus :

« Lorsqu'on s'avisa de défendre de manger des œufs dans le carême, le peuple se trouva fort dépourvu ; il souffrit avec peine d'être privé pendant quarante jours d'un aliment si délicieux, quoique très commun. Il vit arriver avec la plus grande joie le jour où il pourrait en reprendre l'usage ; mais, comme il était dévot, il crut devoir faire bénir les œufs avant de se régaler. En conséquence, l'usage s'introduisit d'aller le vendredi saint et le jour de Pâques chercher des œufs pour les présenter à l'église Lorsqu'ils étaient apportés à la maison, on en envoyait à ses parents et à ses amis : ont leur donnait les « œufs de Pâques ». Bientôt, pour enjoliver le présent, on les teignit en rouge, en bleu ; on les moucheta, on les bariola. Le roi d'alors lui-même recevait et distribuait des œufs peints et dorés. »

L'usage des œufs de Pâques s'est conservé à travers les temps jusqu'à nos jours dans beaucoup de contrées. Dans le Midi de la France, les paroissiens offrent à leur curé des œufs de Pâques le jour où il va bénir les maisons. Cette coutume doit être tort vieille, et voici, à ce propos, une observation personnelle qui n'est peut-être pas sans intérêt pour les ethnographes : « Le 25 août 1881, nous arrivâmes au village de Pskème, situé dans les contreforts occidentaux des monts Thiàn-Schan et habité par des Khirghizes et des Sartes (Aryens). C'était la veille du jour de fête ou Maïram qui suit le mois de jeûne, le Ramadan. L'hôte qui nous avait cédé une chambre dans sa masure nous apporta des œufs durs, colorés en rouge, des « œufs de Maïram. [1] »

Mais les œufs ne servent pas exclusivement à l'alimentation, ils ont d'autres usages. L'albumine des œufs est utilisée en chapellerie ; pour le collage des vins, l'albumine est journellement employée, grâce à cette propriété qu'elle possède de se coaguler à froid sous l'influence des acides, sauf de l'acide acétique ; elle se coagule aussi par l'action de l'alcool et du tannin qui se trouvent en abondance dans les vins ; en se coagulant, elle forme un réseau qui entraîne toutes les matières en suspension. Les jaunes d'œufs, outre leur emploi fréquent en art culinaire et en pâtisserie, sont encore employés pour le nettoyage de certaines étoffes de soie.

La chair des volailles. — Nous avons déjà parlé des qualités nutritives de la chair des volailles, inutile d'y revenir. Notons seulement que la qualité de cette chair dépend, non seulement de la nourriture distribuée, mais encore de la race de poule exploitée. En décrivant les races, nous avons vu qu'elles sont plus ou moins aptes à s'engraisser et que leur chair est plus ou moins délicate.

Il y a quelques dispositions à prendre pour avoir un bon rôti de volaille. Quand on prévoit qu'on aura besoin d'un poulet, on le choisit avant le pre-

---

[1] G. Capus : *L'œuf chez les plantes et les animaux.*

mier repas, c'est-à-dire à jeun, on lui fait avaler du lait additionné de quelques grains de sel, et on enferme l'oiseau dans un panier fermé ou sous un baquet.

On laisse ainsi l'animal un certain laps de temps qui toutefois ne doit pas dépasser six ou huit heures. Puis on saigne la bête et on la plume aussitôt, c'est-à-dire lorsqu'elle est encore chaude. Si la volaille doit être expédiée, si elle doit voyager quelque peu, il faut plumer la bête avec beaucoup de soin, car il faut éviter la moindre écorchure à la peau.

Les plumes de poules. — Les plumes qui recouvrent le corps des volailles ont de nombreux points de ressemblance, au point de vue anatomique, avec les poils des mammifères. Une plume se compose d'un tube corné situé à la partie inférieure et percé à son extrémité ; une tige plus flexible lui fait suite et se trouve garnie de chaque côté de barbes, qui sont elles-mêmes garnies de barbules. L'organe sécréteur qui donne naissance à la plume se nomme *capsule*.

Chez les volailles, les plumes se renouvellent tous les ans après la ponte : c'est la *mue*. Quelquefois même il y a deux mues par an, en automne et au printemps.

Suivant les parties du corps où on les prend, les plumes sont de dimensions plus ou moins grandes.

« Les plumes de poules, dit M. P. Joigneaux, ont acquis, grâce à la fraude qui ne respecte plus rien, une importance qu'il ne faut point méconnaître. Autrefois, les grosses plumes étaient jetées sur le fumier, qu'elles amélioraient sans aucun doute, et les petites servaient à faire des oreillers, des traversins, ou de grossiers édredons pour les pauvres gens. Aujourd'hui le fumier reçoit toujours les grosses plumes, mais les petites ont changé de destination, sinon partout, au moins dans un grand nombre de localités. Pour peu que vous soyez observateur, vous remarquerez que les poules blanches sont en faveur sur beaucoup de points, et qu'on les préfère aux bonnes pondeuses de couleur plus ou moins foncée. Cette préférence s'explique par l'emploi de leurs petites plumes que l'on approprie aux besoins de la fraude et que l'on nous vend mélangées avec du duvet de bon aloi.

« Les grandes plumes de la queue des coqs et surtout des chapons servent à orner les coiffures, à faire des plumets de shakos et des plumeaux »[1].

Les plumes de poules valent en moyenne 100 francs les cent kilos.

Le fumier de poules. — La fiente des poules constitue un engrais précieux qu'on n'apprécie pas assez dans nos campagnes. Ce fumier se rapproche beaucoup du guano du Pérou ; sa richesse en azote varie quelque peu en raison de la nourriture consommée par les poules.

Chez les Romains, les déjections des volailles étaient fort estimées. Pour eux, c'était l'engrais par excellence.

« Quoique inférieur au guano du Pérou, dit M. Louis Léouzon, c'est de tous les engrais de

---

1. P. Joigneaux : *Livre de la ferme*, tome I.

ferme de beaucoup le plus concentré, car, tandis que le fumier contient rarement plus de 0.75 0/0 d'ammoniaque, selon le D^r Vœlker, la colombine renferme à l'état frais une quantité de matières organiques azotées et de sels ammoniacaux capable de produire, après décomposition finale, 2 0/0 d'ammoniaque.

« La manière la plus économique d'employer cet engrais, c'est d'en former un compost avec de la terre sèche, de l'argile brûlée, des cendres de mauvaises herbes et autres substances semblables.

« Mélangé avec environ deux fois son poids de matières terreuses de cette espèce, il sera bientôt transformé en une poudre convenablement sèche, facile à étendre à la volée sur le sol, ou au semoir à engrais, et fort appréciée pour le jardinage. »

Andersen, en analysant le fumier des poules, y a trouvé les substances suivantes :

Substance organique	59.26
Phosphates	13.79
Carbonate de chaux	25.58
Sels alcalins	3.37

M. Lemoine a déterminé la quantité de fiente que chaque poule produit.

« A cet effet, dit cet habile éleveur, nous avons enfermé un coq et six poules « Dorking » dans un poulailler, sur le plancher duquel nous avons répandu de la cendre que nous avons pesée ; le lendemain nous avons ramassé tout ce qui se trouvait sur le plancher, et, après l'avoir mis sur une balance, nous avons trouvé que, déduction faite de la cendre, il y avait 2 kilogr. 400 d'engrais donné par sept volailles, soit 0 gr. 342 par volaille.

« D'après ces chiffres, nous voyons qu'une poule d'un très gros volume, il est vrai, peut rapporter 124 kilogrammes d'engrais par an ; cela paraît énorme à première vue ; mais, en examinant un très intéressant travail fait par M. Barral sur l'alimentation des volailles, nous trouvons qu'une poule consomme en moyenne 170 kilogrammes de nourriture par an.

« En déduisant les 124 kilogrammes qu'elle a abandonnés, on trouve qu'elle *absorbe* 46 kilogrammes par an ; tout cela est donc très rationnel et vient directement à l'appui de notre thèse.

« Non seulement on a là un engrais précieux, mais en l'utilisant on prend en même temps une mesure hygiénique des plus importantes.

« En effet, les déjections de poules, en séjournant dans les poulaillers, favorisent le développement de la vermine par une chaleur malsaine.

« L'éleveur aurait donc deux fois tort de négliger ce menu détail de la bonne administration d'une basse-cour : en ne recueillant pas la fiente, il « manquerait à gagner », et il laisserait échapper une excellente cause d'assainissement » [1].

Poulailler roulant. — Mais il y a une autre méthode d'utiliser le fumier des poules, c'est de le leur faire porter elles-mêmes sur le champ où on veut l'incorporer. On y parvient à l'aide du *poulailler roulant,* qui résoud à la fois une question

1. E. Lemoine : *Le Poussin*, organe des éleveurs. 1883.

de logement, une question d'alimentation économique, et une question concernant les engrais. Cela mérite de nous arrêter. Voici la description donnée par M. Eug. Gayot du poulailler roulant de M. Giot :

« Il a 6 mètres de longueur, 2 mètres de largeur et 2 mètres de hauteur, proportions plus que suffisantes pour le logement de 350 à 370 élèves qui doivent y passer quatre à cinq mois au plus, sous la surveillance d'un homme de confiance.

« Le devant forme une chambre séparée par une cloison ; elle a sa porte d'entrée et une fenêtre, et diminue de 1 m. 20 la longueur du poulailler. Elle sert de dortoir, de lieu de repos au gardien ; elle peut remiser des paniers à œufs, tous les instruments nécessaires au nettoyage, seaux, pelles, balais, etc.

« En arrière, il y a une porte à l'instar de celle des omnibus fermés, avec escalier. A l'intérieur, il y a un chemin libre au milieu : à droite et à gauche sont les juchoirs établis sous la forme de ceux des poulaillers de Belair.

« Il y a des cases superposées sur trois rangs. On pourrait y faire couver : les poussins trouveraient à se loger au rez-de-chaussée ; les couveuses occuperaient le rang qui vient immédiatement au-dessus ; les pondeuses iraient plus haut. Pour l'usage qu'on en fait à Belair, les poulettes qui commencent à pondre à la fin de la saison ont le choix. Dès le début pourtant, beaucoup se logent encore au rang le moins élevé des cases ; plus tard, toutes s'emparent des juchoirs, où elles se trouvent, sans doute, plus commodément encore.

« Le gardien a pour auxiliaire un bon chien, qui loge sous la voiture et veille pour lui la nuit A l'approche de l'heure du coucher du soleil, les poulets disséminés çà et là dans un certain rayon de leur demeure reviennent sur leurs pas, bien repus et désireux de repos. Ils rentrent successivement, mais le gardien surveille les retardataires. Il connaît toutes ses bêtes, qui le connaissent aussi. Le lendemain, à l'heure matinale de la sortie, il saura s'emparer du jeune coq qui ne sait pas être paisible, et peu à peu il parviendra, suivant les indications qu'il a reçues, à éliminer le trop-plein jusqu'à ce qu'il ne reste que trois cents poulettes et une trentaine de mâles.

« On ne saurait croire à quel point le régime du poulailler roulant est favorable au développement et à la perfection des individus. Où la propriété est divisée, il y aurait avantage pour les cultivateurs à établir des poulaillers roulants dans les terres plutôt que de s'en passer. Car la contre-partie des heureux effets que le régime procure aux troupeaux, c'est de sauvegarder les récoltes des colossales déprédations des insectes.

« L'échenillage est si mal exécuté qu'il ne rend pas de grands services, tout obligatoire qu'il est.

« En quelques contrées, on a dû prendre des mesures tendant à la destruction des hannetons par la chasse faite aux vers. Le séjour des poules dans les champs aurait une bien autre efficacité pour la destruction des myriades d'ennemis insaisissables et contre lesquels l'homme ne peut rien tenter de sérieux sans la volaille, pour qui cette tâche serait un moyen de réelle prospérité. Or, nous avons vu à quel point son éducation, bien entendue, assure de bénéfices à l'éleveur »[1].

Le poulailler roulant quitte la ferme dès que la moisson est enlevée, les poules profitent ainsi des grains tombés à terre et des herbes fines et tendres qui poussent entre les chaumes.

Le poulailler roulant dont il vient d'être question est le modèle-type de M. Giot; mais il est facile de faire soi-même et à peu de frais une installation convenable.

Une vieille voiture, quelle qu'elle soit, peut être transformée en un poulailler roulant. Une bâche étendue sur des cerceaux, ou quelques planches disposées en forme de toit, sert d'abri contre le froid de la nuit; quelques bâtons posés contre une échelle en travers de la voiture servent de perchoir. Des pondoirs mobiles en bois placés sous les perchoirs attirent les poules au poulailler où elles ne manquent pas de venir déposer leurs œufs.

Pour compléter cette installation, dont nous empruntons l'idée à l'*Aviculteur*, il suffira de clore avec des planches légères ou de vieilles toiles un côté de la voiture, ainsi que l'avant et l'arrière jusqu'à terre.

De cette façon, les bêtes auront à niveau du sol un grand espace couvert et clos, où elles pourront, en cas de vent ou de pluie, ou de soleil trop ardent, se mettre à l'abri pendant quelques heures.

Pendant le séjour des volailles dans la plaine, les poulaillers de la ferme seront nettoyés, désinfectés, chaulés et aérés.

1. E. Gayot : *Poules et Œufs*.

CHAPITRE XX

MALADIES DES POULES

Généralités. — Les poules sont sujettes à bon nombre de maladies, plus ou moins graves, mais toujours onéreuses, en raison même des soins méticuleux qu'occasionne leur traitement et du peu de valeur des animaux qui en sont atteints.

La plupart de ces maladies sont engendrées par la malpropreté et la négligence, il est donc bien facile de les prévenir. C'est pourquoi, dans tout ce qui précède, nous avons toujours mentionné les précautions hygiéniques ayant trait à chaque fonction.

« Des logements secs, aérés et journellement nettoyés, de l'eau propre en abondance et une nourriture saine et régulièrement administrée, dit M. de Lavalette, tels sont les remèdes préventifs et infaillibles. Partout où ces conditions élémentaires existent, les maladies autres que la mue ou celles résultant d'une constitution vicieuse sont inconnues. »

Nous ne parlerons ici que des maladies graves, revêtant un caractère contagieux et qui peuvent mettre en péril toute la basse-cour.

Pour bien faire voir que la plupart des maladies sont causées par l'incurie, nous ferons remarquer que la diarrhée, la toux, la constipation, le picage et la pépie sont dues principalement au manque d'eau.

La malpropreté engendre les pustules, le blanc, les maladies du croupion et la vermine.

Enfin, le catarrhe nasal, la roupie, la goutte et l'ophtalmie doivent être attribués aux logements humides et malsains.

Pépie. — La pépie est une maladie dont on parle souvent, mais que bien peu connaissent.

Elle est causée par le manque d'eau ou son insalubrité. Quelques cas se sont déclarés sous l'influence d'une alimentation malsaine (seigle ergoté, blé carié, etc.).

Les *symptômes* sont les suivants : cessation d'appétit, abattement général, langueur ; la poule remue la tête comme si elle voulait éternuer, respiration pénible, plumage hérissé. Enfin, ulcérations dans la bouche. « C'est un chancre de la gorge, fait remarquer M. Pelletan, de la base de la langue, de l'ouverture de la glotte, ou encore de la muqueuse qui tapisse à l'intérieur la mandibule inférieure du bec, sous la langue. Il est excessivement rare que le chancre se fixe sur la langue elle-même et surtout à la pointe, précisément en raison de la nature cornée de cette partie. Le *siège* le plus fréquent de l'ulcération est la base de la langue d'un côté ou de chaque côté de l'ouverture de la glotte, ou bien la muqueuse sous la langue. La pépie est donc à proprement parler un chancre de la gorge ou de la muqueuse buccale. »

Le *traitement* de cette maladie consiste à enlever doucement avec un cure-dent ou un canif les ulcérations de la langue, en ayant soin de ne pas arracher le cartilage de la langue, et en évitant autant que possible de faire saigner. Cela fait, on lave l'ulcération mise à nu avec du vinaigre que l'on prend sur le bout d'un pinceau. On enduit ensuite de beurre frais.

L'animal est enfermé pendant quelques jours et reçoit une alimentation rafraîchissante : son mouillé, verdure hachée, pain trempé, etc.

Diarrhée. — La diarrhée est également causée par l'humidité et les aliments trop aqueux. Elle se manifeste par les *symptômes* suivants : air triste, ailes pendantes, excréments séreux et très liquides.

Le *traitement* consiste à tenir les sujets enfermés dans un endroit sec et à les nourrir avec des aliments secs, tels que orge, pois secs, etc. Dans leur boisson, on met des vieilles ferrailles. Enfin, si la maladie persiste, faire prendre une infusion de camomille dans du vin chaud.

Toux. — La toux est assez grave.

Les *symptômes* sont : toux sourde, étouffements continuels provoqués par l'accumulation dans les voies respiratoires d'un grand nombre de petits vers rouges; tristesse, hérissements des plumes, raccourcissement du cou, diminution de l'appétit, amaigrissement croissant.

Traitement : administration de décoctions amères.

Constipation. — Les *symptômes* de cette maladie, fait remarquer M. Ad. Bénion, sont peu apparents, et ce n'est que lorsque les oiseaux refusent de manger les aliments secs et recherchent les boissons et les aliments verts que l'on s'inquiète de cet état, et qu'on en recherche la cause. La rareté et la sécheresse des excréments mettent alors sur la voie et permettent de remédier au mal. Les animaux sont un peu tristes, ont perdu de la vivacité ; ils s'arrêtent souvent, essayent de fienter et n'expulsent que des crottes petites, sèches et comme cuites.

La durée de cette situation anormale est variable ; le durcissement des matières fécales peut amener la destruction de l'intestin et par suite la mort ; c'est le cas des couveuses si l'on n'y fait attention.

Deux indications *thérapeutiques* sont expressément commandées : faire cesser la cause, recourir aux boissons rafraîchissantes et aux lavements.

Rien ne paraît plus juste que de détruire la cause agissante ; on arrive au but proposé en donnant plus de liberté et en distribuant une nourriture verte et aqueuse, des pâtées contenant de la manne ou du sulfate de soude, des soupes au bouillon de tripes. Malheureusement on ne peut soulager les couveuses qu'avec ce dernier moyen.

Les lavements émollients et huileux, l'introduction d'huile d'olive dans l'anus, deux fois par jour et pendant deux jours, avec une plume commune ou une petite seringue, les breuvages nitrés et contenant proportionnellement beaucoup d'huile, procurent de salutaires effets.

Picage. — Les poules atteintes de cette maladie, ou plutôt de cette manie, se dévorent réciproquement les plumes, et, après les plumes, les tuyaux de remplacement à mesure qu'ils poussent. Souvent même elles attaquent la peau, la crête, la huppe. Les poules semblent prendre plaisir à cette opération, non seulement celles qui piquent, mais celles qui sont piquées.

Quel est le remède ? De l'espace. Que les poules puissent se distraire, sans être forcées de s'occuper les unes des autres. Il importe de leur procurer du sable ou du fumier où elles pourront gratter. En leur jetant de temps à autre une brouettée de fumier, non seulement elles ne se piqueront plus, mais elles trouveront dans cette occupation de meilleures conditions de santé qu'auparavant.

Mue. — La mue n'est pas une maladie proprement dite, c'est une crise périodique longue et souvent difficile ; bon nombre de poulets en meurent, surtout dans le nombre de ceux appelés tardifs.

C'est ordinairement en automne, dit M. Mariot-Didieux, que la mue des volailles a lieu : les poules après leur ponte, et les coqs après s'être épuisés de travail et de soins assidus.

La mue est d'autant plus pénible que le climat est plus froid : la nature a semblé vouloir recouvrir l'animal d'un duvet plus chaud pour passer l'hiver.

Quand la mue va avoir lieu, les poules, et surtout les poulets, sont tristes, mornes ; les plumes se hérissent, les animaux secouent souvent de côté et d'autre pour les faire tomber ; ils les tirent avec le bec en se grattant la peau. Pendant la mue, ils mangent peu et sont altérés

Comme soins hygiéniques pendant la mue, il faut faire coucher les volailles de meilleure heure qu'à l'ordinaire, et les faire lever plus tard. La pluie leur étant très préjudiciable à ce moment, il faut avoir soin de les faire rentrer et de les tenir chaudement.

La nourriture doit être, non plus abondante qu'à l'ordinaire, mais de bonne qualité, tonique et excitante. Les aliments cuits, donnés chauds et salés, sont très convenables. La poule, ainsi soignée, recommence sa ponte beaucoup plus tôt, et les poulets tardifs passent l'hiver sans danger.

Pustules. — Dans cette affection, tout le corps des volailles se couvre de petites pustules qui font languir les animaux qui en sont atteints.

Cette maladie étant contagieuse, il faut isoler les poules qui en sont atteintes.

Le *traitement* consiste à leur faire prendre de la laitue hachée ; — il faudra encore jeter des cendres de bois dans l'eau.

Les pustules seront frottées avec du beurre frais.

Maladie du croupion. — La maladie du croupion est causée par la malpropreté du poulailler.

La poule qui en est atteinte présente les *symptômes* qui suivent : démarche lente et fatiguée, plumes hérissées, tête penchée, queue traînante ; à cela se joint la constipation, enfin la poule ne gratte plus. Au croupion on voit se former une tumeur fort caractéristique.

Le *traitement* consiste à inciser la tumeur avec un couteau bien tranchant, puis à la presser entre les doigts pour en extraire le pus ; la plaie est ensuite lavée avec du vin salé ou du vinaigre.

L'animal pendant quelque temps sera soumis à un régime rafraîchissant ayant pour base de la laitue et du son d'orge.

La gale ou blanc. — Cette affection, dit M. Voitellier, attaque de préférence les volailles renfermées dans des endroits trop secs.

Cependant celles placées dans les basses-cours humides n'en sont pas exemptes.

Cette invasion de la gale aux pattes est très bizarre.

On la voit, dans la même basse-cour, attaquant de jeunes poulets, tandis que des poules de deux à trois ans sont indemnes.

On a prétendu qu'elle était héréditaire. Nous ne le pensons pas, car il s'agit d'un acare, d'un parasite, et non d'un microbe pouvant passer dans le sang.

La gale se manifeste d'abord aux pattes et à la crête, sous forme de plaques farineuses entre les écailles des pattes et les plis de la crête. L'envahissement devient complet si un prompt remède n'est apporté. Il faut frotter les parties atteintes avec une brosse dure trempée dans l'eau tiède, jusqu'à ce que le blanc ait disparu ; puis on frictionnera, pendant plusieurs jours de suite, les parties atteintes avec une pommade composée de saindoux, de camphre et principalement de fleur de soufre.

De simples lotions avec du pétrole pur, répétées, trois ou quatre fois, suffisent le plus souvent à débarrasser les poules de ces hôtes incommodes

Vermine. — La vermine envahit fréquemment les poulaillers mal tenus. Les insectes parasites de la poule sont : le *pou* et l'*acare*.

Le *pou* de la poule ne séjourne pas longtemps sur l'homme ; sur la volaille, il se remarque d'abord sur la tête, puis sur le cou, le dos.

Lorsque ces parasites se multiplient, les jeunes poulets surtout deviennent faibles et tristes.

On s'en débarrasse en tenant le poulailler proprement, avec les soins dont nous avons parlé. Pour détruire les insectes qui harcèlent les volailles, on lave celles-ci avec une décoction d'absinthe ou avec de la pommade camphrée.

L'*acare* est un très petit arachnide, rougeâtre et d'une grande vivacité qui affectionne surtout les fientes des volailles. Il se multiplie d'une façon prodigieuse et se cache partout. Chez l'homme, ses piqûres donnent lieu à de vives démangeaisons. Pour peu que ces parasites se multiplient, ils font tellement souffrir les volailles, que souvent celles-ci en meurent.

On s'en débarrasse par des lavages à l'eau phéniquée, des badigeonnages au lait de chaux ou avec des décoctions d'absinthe ou de noyer.

Toujours on peut s'en garer par une minutieuse propreté.

La goutte. — Cette maladie est causée par l'humidité. C'est une affection diathésique due à la formation surabondante des sels dans le sang, et la concrétion de ces mêmes sels, au sortir des vaisseaux, dans le tissu cellulaire, dans la peau et autour des jointures.

Les volailles de race cochinchinoise y sont particulièrement sujettes.

Voici les *symptômes*. — Chaleur intense, douleurs vives à la plante des pattes, gonflement des articulations.

La guérison n'est guère possible. Toutefois, lorsque le mal ne fait que débuter, on peut essayer les lotions à l'alcool camphré.

Pour prévenir cette grave affection, il faut aux volailles de l'exercice, des logements secs et salubres.

Ophtalmie. — L'ophtalmie se manifeste par un larmoiement continuel, les paupières sont à demi fermées, toute la tête est chaude, même brûlante. Cette maladie semble même revêtir dans bien des cas un caractère épizootique.

Les temps humides et les grands froids sont ses causes déterminantes.

Traitement. — Séparer les malades, les mettre dans un logement sain, sec et à l'abri du vent.

On fera des lavages à l'*eau sédative* sur le cou et la tête ; ils seront répétés à quatre ou cinq reprises différentes.

On donnera aux malades des pâtées chaudes plutôt liquides, des herbes cuites et du lait en abondance.

Roupie. — Cette maladie est caractérisée par un écoulement d'humeur par les narines.

La poule qui en est atteinte tremble, se plaint,

elle est languissante et fait entendre un petit cri, un sifflement assez bizarre ; enfin, elle ne tarde pas à mourir.

C'est une maladie contagieuse. Les poules atteintes seront séquestrées ; on fera prendre des bains de vapeur à plusieurs malades à la fois. Lotions sur la tête avec de l'eau sédative. Tenir les malades dans un endroit chaud.

Diphtérie ou mal de gorge. — Cette maladie, contagieuse s'il en fut, est fort grave. On a beaucoup écrit sur ses manifestations ; toutefois, ce qu'en a dit M. Voitellier, dans son traité de l'*Incubation artificielle et la basse-cour*, n'a été, à notre avis, surpassé par personne.

La diphtérie est d'autant plus redoutable que ses formes sont multiples, et le diagnostic en est par cela même très difficile.

Les fluxions, les maux d'yeux et de la gorge, la toux, l'amaigrissement, sont les formes sous lesquelles elle se présente le plus souvent Le bec et le gosier d'un poulet malade sont tapissés de petites laques blanchâtres. En ouvrant l'animal mort, on trouve le foie et les poumons tapissés de ces mêmes petites plaques.

La diphtérie n'est pas une maladie locale : elle envahit toute l'économie. Parfois, elle reste longtemps à l'état latent, et ne se manifeste que plus tard sous une des formes que nous venons d'indiquer.

Inconnue dans son essence, cette maladie est aussi difficile à définir que les divers poisons miasmatiques qui engendrent le choléra et les fièvres paludéennes.

Les symptômes précurseurs de la diphtérie sont assez difficiles à distinguer des affections ordinaires; cependant, ils ont généralement un caractère plus intense. Quand la maladie débute par les yeux (c'est la forme la plus douce), la vue est complètement perdue en fort peu de temps. Toute la tête est enflée, et, si le remède n'est appliqué immédiatement, le mal gagne le larynx et la mort arrive bientôt.

Si le bec et le gosier sont attaqués avant les yeux, le malade commence par éternuer fréquemment; son bec se remplit d'une salive épaisse, et il bâille, en émettant parfois un petit cri guttural indiquant la difficulté de sa respiration. Les yeux s'engagent presque toujours le lendemain, et la langue se dessèche. La forme la plus dangereuse de la diphtérie est celle qui ne présente pas de graves symptômes extérieurs. Dans ce cas, ce sont les poumons ou le foie qui sont attaqués.

L'animal est boudeur, marche tout d'une pièce; la crête et le tour des yeux deviennent pâles; il continue, malgré cela, à manger, mais il maigrit chaque jour de plus en plus et finit par mourir dans un état complet d'anémie.

Dès qu'un oiseau paraît atteint, le premier soin doit être de l'isoler pour éviter la contagion, ou plutôt de le sacrifier tout de suite, s'il n'est pas de grande valeur; puis employer les mesures préventives pour garantir le parquet qu'il habitait. Nettoyer avec soin et aérer, asperger le sol et les murs à l'eau phéniquée; laver avec la même eau les augettes à pâtée, les trémies à grains, les pots à boire et les perchoirs ; couvrir aussi le sol de paille ou de planches, ou prendre toute autre précaution pour que les volailles soient complètement au sec. Enfin, mélanger, pendant quelques jours, à la pâtée ou à du pain trempé une pincée, par bête, de poudre ainsi composée :

Salycilate de soude . . . . . . 20 grammes.
Cubèbe pulvérisé . . . . 50 —
Gingembre pulvérisé . . . . . 40 —
Quinquina gris pulvérisé . . . . 100 —

Quant à l'animal atteint, il faut d'abord le mettre au sec et, comme premier soin, le gargariser avec une plume trempée dans l'huile antidiphtérique. L'emploi de cette huile seule, sans le secours d'aucune poudre, nous a rendu d'immenses services, et c'est ce traitement que nous avons adopté de préférence à tout autre. Si les yeux sont attaqués, les lotionner avec de l'eau de fleur de sureau.

Si la maladie n'est pas trop avancée, ces quelques soins devront en peu de temps procurer assez de soulagement à l'oiseau pour qu'il puisse manger. On lui donnera une nourriture tonique, et on mêlera à son eau un peu de sulfate de fer.

Choléra des poules. — Le choléra des poules est un fléau des plus redoutables ; pendant bien longtemps il a causé des pertes immenses, mais aujourd'hui, grâce aux admirables travaux de M. Pasteur, le remède est trouvé.

« L'animal en proie à cette affection, dit M. Pasteur, est sans force, chancelant, les ailes tombantes. Les plumes du corps soulevées lui donnent la forme en boule. Une somnolence invincible l'accable; si on l'oblige à ouvrir les yeux, il paraît sortir d'un sommeil. Bientôt les paupières se referment, et, le plus souvent, la mort arrive sans que l'animal ait changé de place une après muette agonie. C'est à peine si quelquefois il agite les ailes pendant quelques secondes. » Il est bon d'ajouter à ces symptômes l'apparition d'une diarrhée blanchâtre, et enfin une

asphyxie véritable qui se traduit, en outre de la dyspnée, par une teinte violacée de la crête.

Cette maladie se déclare brusquement en quelques jours fait les plus horribles ravages. Elle est très virulente, car une goutte de sang d'une poule malade inoculée à une poule saine la fait périr en quelques heures.

Il est absolument démontré que cette maladie est le résultat de l'introduction dans l'économie d'un virus spécial entrevu pour la première fois par

M. Toussaint, et dont M Pasteur a donné tout à la fois la description et le remède.

Le microbe du choléra des poules a été isolé et étudié par l'illustre savant.

« Pour obtenir le remède du choléra des poules, dit M. le Dr P. Jouin [1], auquel nous empruntons la plupart de ces détails, M. Pasteur prend du bouillon fait avec des muscles de poule et de l'eau seulement, il y laisse tomber quelques gouttes de sang prises à une poule vivante et atteinte du choléra ; il abandonne ensuite le mélange au libre contact de l'air pendant un temps d'autant plus long qu'il veut obtenir un virus plus amoindri dans sa force. Après cinq ou six mois, il obtient un virus tellement atténué qu'il donne par inoculation une maladie bénigne qui préserve le plus souvent de la maladie mortelle. »

« Quand la maladie apparaît, dit M. Duclaux, il faut évacuer la basse-cour et isoler quelque temps les poules les unes des autres. La maladie est tellement rapide, qu'au bout de quelques jours toutes celles qui contiennent le microbe sont mortes. Pendant ce temps, on éloigne le fumier et on lave bien le poulailler, de préférence avec de l'eau acidulée avec un millième d'acide sulfurique, qui détruit facilement le parasite. On peut alors réunir de nouveau les animaux qui n'apporteront avec eux aucune cause actuelle de contagion, à trois conditions pourtant : la première est que l'isolement ait été suffisant ; la seconde, qu'il n'y ait pas de poule atteinte de la maladie chronique que nous avons signalée ; la dernière,

---

1. M. Duclaux : *Ferments et Maladies.*

que les poules soient seules, et à l'abri du contact des autres animaux de la ferme »[1].

En général, lorsque la première inoculation ne doit pas être suffisante, il se produit à l'endroit de la piqûre une sorte de mortification plus ou moins étendue ; et lorsqu'une inoculation ne laisse pas de trace on est à peu près fondé à dire l'animal désormais réfractaire à la maladie.

M. Pasteur a constamment observé que les poules vaccinées du choléra sont réfractaires au *charbon*. Il a remarqué que le développement de la bactéridie charbonneuse était lent et pénible dans un liquide épuisé par le microbe du choléra des poules. Il y a donc là un double avantage et un encouragement pour les éleveurs à faire vacciner du même coup leurs produits contre les deux plus redoutables fléaux qui puissent les atteindre.

[1]. *Le Poussin*, organe des éleveurs. Directeur, M. L. Lemoine. Année 1883.

DEUXIÈME PARTIE

DINDONS

CHAPITRE XI

HISTOIRE NATURELLE ET RACES

Caractères. — Le dindon (*meleagris*) est un gallinacé de forte taille, qui atteint 1^m30 de longueur sur 2^m60 d'envergure.

Il est grand, élancé, haut sur pattes, et son poids atteint communément 10 et 11 kilogr. La femelle est généralement un peu plus petite.

La tête est de longueur moyenne, le bec est court mais fort, la mandibule su-

périeure convexe. Sur le bec est une caroncule extensible qui, rétractée, mesure 2 à 3 centimètres et, développée, pend flasque sur une longueur de 8 a 10 centimètres. La partie supérieure du cou est ornée de pendeloques du même genre.

Suivant les impressions ou sensations qu'éprouve l'oiseau, ces appendices prennent des couleurs variées, blanc livide, rouge sanguin, jaunâtre, bleu indigo.

Chez les femelles, ces appendices sont fort peu développés. Sur la poitrine, ces oiseaux ont une touffe de poils raides qui se montre chez les mâles dès la seconde année, et au bout de la troisième seulement chez la femelle.

Le dindon a les ailes arrondies et obtuses; la queue, arrondie, est formée de dix-huit pennes fort larges. Le plumage est dur et très abondant.

« Si la très réelle finesse de ses instincts dément la bêtise dont on a voulu qu'il fût le type, dit M. G. de Cherville, sa physionomie, sa démarche niaisement solennelle, son gloussement insipide, justifient le suffrage populaire. Il y a des degrés dans ces apparences. La sottise est bien moins caractérisée chez la femelle que chez le mâle, où elle se double d'une faculté trop imparfaitement justifiée. Cependant peut-être serait-il sage de nous montrer indulgent pour elle. Si elle nous paraît agaçante, c'est en raison de notre prétention de tout rapporter à nous. Un dindon qui fait la roue se soucie un peu moins de conquérir nos suffrages que de plaire à la dame de ses pensées; s'il réussit, vous reconnaîtrez que pour lui c'est l'essentiel. Né et élevé dans une basse-cour, il y reste aussi dépaysé qu'un provincial fourvoyé dans quelque réunion du monde élégant. Ses allures y sont timides, empruntées; il paraît si embarrassé de ses longues pattes qu'il y a tout lieu de penser que, s'il avait des poches, il les y cacherait. »

Historique. — Le dindon est originaire d'Amérique, des États de l'Ohio ou de l'Illinois fort probablement. On le trouve encore aujourd'hui à l'état sauvage dans les portions non encore défrichées du Kentucky, de l'Illinois, de l'Indiana, du Mississipi, du Missouri, de l'Alabama et de l'Arkansas, où il vit par petites troupes, les coqs d'un côté, les poules avec leurs petits de l'autre.

On admet généralement que le dindon fut introduit en France vers 1570 et qu'il fut servi pour la première fois aux noces de Charles IX. Or, d'après de récentes recherches, il semble que l'introduction de cet oiseau est plus ancienne. Ainsi Rabelais, dans le livre IV de *Pentagruel*, publié en 1553, parle « des coqs, poules et poulets d'Inde » [1].

D'ailleurs, voici ce que dit M. Baudrillart à ce sujet : « C'est presque un article de foi d'admettre que le premier dindon fut apporté par les jésuites et servi sur la table de Charles IX, en 1570 » Le journal manuscrit du sire de Gouberville, un gentilhomme du Cotentin, ne laisse pas subsister cette légende.

C'est à la date du 27 décembre 1559 qu'il écrit : « Un serviteur de Martin-Lucas de Sainte-Croye, à La Hague, m'apporta un coq et une poule d'Inde. »

En remerciant, il donna à ce serviteur un pourboire de quatre francs. Cependant, lui qui s'exclame,

---

[1]. On a longtemps désigné le dindon sous le nom de coq d'Inde, l'Amérique ayant été longtemps appelée Inde occidentale.

DINDON MALE ET FEMELLE.

si volontiers devant toutes les raretés, n'ajoute rien de plus. Cela prouve que le dindon ne lui était pas inconnu et que le prétendu mets royal figurait déjà en 1559 sur les tables des châtelains et peut-être même sur celles des paysans de La Hague.

De tout ce qui précède, on peut conclure que c'est bien sous le règne de François Ier que cet oiseau a été introduit en France, et non pas sous celui de Charles IX.

Statistique. — D'après une statistique récente, il y a actuellement en France environ 1,800,500 dindons, représentant une valeur de 14,404,000 de francs, ce qui fait ressortir chaque individu à 8 francs. — Un cinquième de ces dindons, plus 70,000 mâles (en tout 430,000 sujets), sont vendus pour la table et produisent annuellement 3,441,120 francs. Quant aux 1,370,360 femelles, elles produisent tous les ans 16,000,000 de dindonneaux, dont 5,000,000 environ sont réservés pour la reproduction. On compte que les maladies et difficultés diverses qui contrarient l'élevage enlèvent 5,000,000 dindonneaux; il en reste donc 6,000,000 qui, vendus à raison de 3 francs pièce, produisent 30,000,000 de francs. En ajoutant à ces chiffres 260,000 francs pour les dindons de luxe, on arrive à un produit total de 33,701,120 francs.

Espèces et variétés. — On admet deux espèces de dindons :

1° Le *dindon ocellé* ou dindon sauvage (*meleagris ocellata*), qui habite les forêts de l'Amérique;

2° Le *dindon vulgaire* (*Meleagris gallopavo*).

Le premier est d'un beau vert bronzé sur tout le dessus du corps; toutefois, chaque plume est bordée de deux lignes, une noire, qui est interne, et une verte dorée, qui est extérieure. En descendant vers le croupion, le plumage devient bleu émeraude.

Le dindon vulgaire a le dos d'un brun jaunâtre

DINDON VULGAIRE.

à éclats métalliques, avec une large bordure d'un noir velouté sur chaque plume; le bas du dos et la queue sont brun foncé avec des raies noires et verdâtres, la poitrine et les côtés sont brunâtres, le croupion est noir; les pattes sont rouges ou violacées. Enfin, le cou et les parties nues de la tête sont d'un bleu caractéristique.

La détermination des races de dindons est encore fort obscure ; toutefois, on peut admettre quatre variétés assez bien tranchées, tout au moins en ce qui concerne le plumage.

Ce sont :

1° Le *dindon noir*, le plus répandu ; il est de forte taille, son plumage et ses pattes sont noirs avec des reflets métalliques brillants.

2° Le *dindon blanc* est caractérisé par son nom même ; il a les pattes roses. Indépendamment de sa chair, ce splendide oiseau fournit encore une plume très appréciée.

3° Le *dindon rouge*, ou dindon des Ardennes, est un bel oiseau au plumage roux ; ses ailes sont blanches ; c'est à la fois un oiseau de luxe et un oiseau de produit, car sa chair est excellente et la dinde est très bonne couveuse.

4° Le *dindon jaspé* a le plumage noir marbré de teintes blanches.

Les races, comme le fait remarquer M. J. Pelletan, ne diffèrent que par leur plumage, mais leur rusticité, leur délicatesse de chair, leur facilité à prendre la graisse, sont sensiblement égales. Cependant la race noire aurait peut-être quelques avantages pratiques sur les autres, notamment sur la race blanche. C'est le dindon noir qu'ont choisi les éleveurs toulousains, qui sont gens experts et qui doivent avoir de bonnes raisons pour s'attacher spécialement à cette race.

Mœurs. — La dinde est douce et inoffensive; par contre, le dindon est un hôte très incommode

LE DINDON.

de la basse-cour. Il est querelleur et méchant, dit Mme Millet-Robinet, il attaque souvent sans raison les poules et les coqs, les canards, les chiens, et presque tous deviennent ses victimes, les uns par impuissance, les autres par lâcheté. Il pousse souvent la méchanceté jusqu'à attaquer des enfants sans y avoir été provoqué. Sa colère est si violente, qu'elle est devenue proverbiale ; elle s'exerce même sur les dindes mères et sur les dindonneaux ; il est donc presque impossible d'introduire des dindons dans une basse-cour. Quelquefois cependant, lorsqu'ils y ont été élevés, ils s'accommodent mieux avec leurs compagnons ; mais souvent, dès la seconde année, au temps des amours, il n'y a pas moyen de les laisser libres. Un dindon jeune et vigoureux suffit à six dindes.

Plus encore que la poule, le dindon s'accommode mal d'être enfermé dans une basse-cour ; il y maigrit au lieu d'yprendre de la chair. Son élevage en petit, lorsqu'on lui laisse sa liberté, est fort peu lucratif, parce que le dindon trouble les basses-cours par son humeur querelleuse et qu'il fait d'immenses dégâts quand il n'est pas gardé. D'un autre côté, les dindons en petit nombre donnent un profit si minime qu'il ne peut même suffire à solder les gages et la nourriture de l'enfant qui les garde.

Il est facile de réunir les dindons en troupe et de les conduire pâturer dans les champs. La variété d'aliments qu'ils y trouvent, la quantité d'herbages qu'ils mangent, permettent de les élever sans d'autres frais que ceux de leur garde pendant presque toute la belle saison, depuis le moment où ils ont *pris le rouge*, c'est-à-dire où leur tête s'est parée de ces caroncules rouges, qui passent au blanc ou au bleu, selon l'état de calme ou d'irritation de l'animal, jusqu'au temps des fortes gelées. De plus, la rusticité de cet animal, aussitôt qu'il a passé la crise du rouge, époque critique de sa vie, où parfois la moitié d'une couvée succombe, donne de telles garanties de profit, que son élevage en grand peut devenir, dans certaines localités, une branche importante de produit.

CHAPITRE XXII

PRODUCTION ET ÉLEVAGE DES DINDONNEAUX

Ponte. — C'est le plus souvent vers l'âge d'un an que les dindes commencent à pondre.

Nous avons vu que, pour assurer la fécondation des œufs, il fallait donner six ou huit dindes à un mâle

Les œufs sont gros, blancs, bons, à manger, quoique moins appréciés que ceux des poules.

La ponte commence vers le mois de mars. Cette première ponte doit être surveillée, car la dinde aime à cacher ses œufs dans les tas de paille, au fond des fossés, etc., et dès qu'elle a commencé à pondre quelque part, elle continue d'y déposer ses œufs. Il importe donc de suivre la dinde lorsque la ponte commence. Si on parvient à découvrir son nid, il faut retirer chaque fois l'œuf nouvellement pondu et laisser le premier pour qu'elle revienne.

Si on veut avoir les œufs sous la main, ce qui est bien préférable pour la récolte, il est recommandé d'habituer les dindes à coucher dans une petite écurie spéciale quelques semaines avant l'époque de la ponte. Le matin, avant d'ouvrir la porte, on tâte les dindes en leur introduisant avec précaution le doigt dans l'ouverture anale. Lorsqu'on sent l'œuf, on tient les dindes enfermées et on n'ouvre la porte que lorsqu'elles ont pondu. Quant aux autres, celles qui n'ont pas d'œufs, on leur donne la liberté.

La dinde ne pond qu'à une seule époque de l'année, au printemps. La première semaine, la ponte a lieu tous les deux jours. A partir du huitième jour, elle pond tous les jours. C'est entre deux et trois ans d'âge que la dinde présente son maximum de ponte c'est aussi à cet âge que la dinde ; ayant acquis son plus fort développement, pond les plus gros œufs. A partir de la quatrième année, la ponte diminue sensiblement.

Pendant la ponte, et tant qu'elle dure, les mâles en raison même de leur caractère batailleur et taquin, doivent être séparés des femelles.

La ponte commençant en mars, c'est généralement en avril qu'elle est en pleine activité; une dinde donne en moyenne de vingt-cinq à trente œufs par an.

Au fur et à mesure qu'on récolte les œufs, on les met dans un panier garni de linge, qui est suspendu dans une chambre où la température est peu sujette à varier. On les conserve ainsi jusqu'au moment où on les donne à couver.

Incubation. — C'est le plus souvent en mai ou juin que la dinde demande à couver. Elle manifeste ce désir en gloussant comme la poule, la peau du ventre s'injecte et les plumes se détachent. C'est alors qu'on lui prépare son nid avec de la menue paille à laquelle on ajoute un léger bourrelet de duvet. Ce nid doit être placé dans un local sain, à l'abri de tout bruit et dans une demi-obscurité.

Lorsque la dinde ne veut pas couver, il est très facile de l'y contraindre: il suffit pour cela de l'échauffer pendant quelques jours par une alimentation au chénevis et au sarrasin; puis on la place sur son nid après lui avoir fait boire quelques gorgées de vin chaud.

Toutefois, ce cas est assez rare, car la dinde est une excellente couveuse; elle mène à merveille deux couvées de suite et se montre excellente mère. La dinde peut couver de vingt à vingt-deux œufs, et l'incubation dure environ trente jours.

Très souvent on se sert des dindes pour faire couver les œufs de poules. Cela se fait communément pour les œufs des poules de Houdan et de Crèvecœur, qui, ainsi que nous l'avons vu, sont très mauvaises couveuses.

Malgré son poids considérable, la dinde couve avec tant de soins et de précautions qu'il est bien rare qu'elle casse un œuf.

Il est bon de s'assurer vers le huitième jour de l'incubation si les œufs ont été fécondés. Pour cela, on procédera au mirage en opérant comme il a été indiqué pour les poules.

Il faut forcer les couveuses à quitter leur nid une fois par jour pour aller manger. Pour cela, on lèvera la dinde et on lui donnera à boire et à manger sous une mue; la durée de ce repas ne doit pas dépasser un quart d'heure. — Il est utile de se conformer à cette prescription, car le besoin de couver est si impérieux chez les dindes, et leur acharnement est tel, qu'elles périraient d'inanition plutôt que d'abandonner elles-mêmes leur nid.

Élevage. — Généralement les éclosions sont presque simultanées ; lorsque les petits ne naissent pas tous à la fois ; on enlève les nouveaux nés au fur et à mesure et on les met dans un panier garni de foin et de duvet, qu'on place près du feu. Lorsque l'éclosion est terminée, on les rend à leur mère, qui les tient sous ses ailes pour les réchauffer.

En général, aussitôt après l'éclosion, dit M. V. Rendu, les ménagères soigneuses tiennent la dinde renfermée avec ses petits dans une pièce chaude dont on couvre le sol d'une bonne litière. Il est rare qu'on les fasse sortir avant le sixième jour. Lorsque la température permet de les mettre dehors, on place la mère sous une mue, à une bonne exposition, et on laisse les petits à l'air libre pendant une couple d'heures vers le milieu de la journée, et on les rentre chaque soir. Ils ne doivent sortir, le matin, que lorsque la rosée est tout à fait évaporée et qu'il fait sec. Selon le dicton des fermières, tout dindonneau qui reçoit la pluie avant son quarantième jour court grand risque d'être perdu.

La première nourriture qu'on leur donne consiste en mie de pain, en orties hachées et en lait caillé, auquel certaines personnes mêlent aussi du son et des œufs durs ; ils font quatre ou cinq repas par jour ; pour peu qu'on les voie chétifs ou languir, on leur fait prendre de la mie de pain trempée dans du vin ;

cette nourriture tonique contribue beaucoup à les fortifier. Au fur et à mesure qu'ils grandissent, on peut modifier leur alimentation. Les œufs seront supprimés et remplacés par du grain. Ils mangent volontiers des pâtées faites avec du son, des orties,

LE DINDON MALE.

des salades et des choux coupés menu; l'avoine forme le fond de leurs repas : on en double la ration quand ils sont près de prendre le rouge.

Ce temps de crise en fait périr un grand nombre. Au sortir de l'œuf, les dindonneaux ont la tête garnie d'une sorte de duvet; ils n'ont point encore de chair glanduleuse ni de barbillons; ce n'est qu'entre deux et trois mois que ces parties se développent et se colorent. Dans les années sèches et chaudes, ils traversent facilement cette épreuve, mais dans les années humides beaucoup succombent malgré les soins qu'on leur prodigue; le vin cependant les aide puissamment, avec l'avoine et le sarrasin, à se tirer d'affaire. Dans ces derniers temps, on a recommandé l'oignon comme un des meilleurs fortifiants qu'on puisse donner aux dindonneaux; on le fait entrer, par tiers, dans leur nourriture, avec du pain trempé et des œufs durs; ils en sont très avides, et il leur réussit d'une façon surprenante.

Tant que les dindonneaux sont jeunes, leur mère les dirige avec la même sollicitude que la poule menant ses poussins; elle les réchauffe sous ses ailes avec la même affection et les défend avec le même courage.

En général, on n'attend pas que les dindonneaux soient tout à fait forts pour les conduire aux champs; mais, une fois qu'ils ont *poussé le rouge*, on les mène paître régulièrement, soit dans les champs, où ils font la chasse aux sauterelles et à d'autres insectes, soit dans les bois, où ils cherchent avidement les glands, les faînes et les châtaignes; dans ce temps d'abondance, on n'a presque plus besoin de les nourrir à la ferme : un léger supplément suffit, à l'époque de la moisson surtout.

Un jeune enfant peut en conduire sans peine des troupes nombreuses; comme ils sont très craintifs, il ne faut que l'ombre d'une baguette pour leur faire prendre telle ou telle direction; ils se montrent très obéissants, ne craignent pas la marche et sont aussi rustiques, quand ils sont grands, qu'ils étaient délicats pendant leur premier âge.

On fait sortir les dindonneaux aussitôt que le soleil est levé; l'enfant préposé à leur garde ne doit jamais les perdre de vue; il doit avoir soin de les mener tantôt d'un côté, tantôt d'un autre, là où ils ont le plus de chance de trouver une nourriture abondante. Après la course du matin, on les ramène à la ferme et on les y retient jusqu'à ce que la grande chaleur commence à baisser; le soir, on les conduit de nouveau dans les champs, ils y restent jusqu'à la nuit tombante. A leur rentrée à la ferme, on leur jette quelques grains ou des herbages; leur nourriture, à cet âge, n'est plus un embarras: pommes de terre cuites, betteraves crues, coupées en morceaux, fruits gâtés, menus grains, herbes de toutes sortes, leur conviennent sans compter la chair et les vermisseaux, qu'ils ne dédaignent pas.

Tant que les dindonneaux sont jeunes, continue M. Victor Rendu, on leur fait passer la nuit sous un toit; mais, lorsqu'ils ont *poussé le rouge*, il vaut mieux les laisser coucher au dehors: ils se fortifient davantage au grand air que renfermés dans un poulailler; une fois accoutumés à dormir à la belle étoile, ils bravent toutes les intempéries, et supportent, sur leurs juchoirs, les froids les plus rigoureux, non seulement sans que leur santé en souffre, mais avec profit pour leur engraissement ultérieur. Des arbres morts munis de branchages de longues perches traversées par des échelons, ou, mieux encore, de vieilles roues sans fer, enfilées dans un pieu qu'on plante dans un coin de la cour ou dans le tas de fumier, forment d'excellents perchoirs. Les roues ont l'avantage de permettre aux dindons de jucher tous à la même hauteur, ce qui évite plus d'une querelle de préséance ; ces animaux ont la manie de vouloir dominer ; ils s'y laissent aller tout comme les hommes.

CHAPITRE XXIII

ENGRAISSEMENT

Engraissement des dindonneaux. — L'engraissement appliqué aux animaux de cette espèce peut être considéré chez les jeunes et chez les dindons adultes.

En ce qui concerne les premiers, leur engraissement, tout comme celui des poulets, est difficile, car l'animal refuse généralement de prendre la graisse tant qu'il n'a pas achevé sa croissance. De plus, ici la séquestration n'est plus possible : les dindonneaux privés de leur liberté et du grand air maigriraient à coup sûr.

L'engraissement consiste donc, dans ce cas, à donner une ration supplémentaire aux dindonneaux lorsqu'ils reviennent du pâturage. Alors deux cas peuvent se présenter : ou on opère sur tout le troupeau, ce qui est fort long et peu facile à réaliser, ou bien on n'engraisse que quelques individus. Ces derniers, cela va de soi, seront marqués; pour cela, un morceau de laine ou de fil d'une couleur vive attaché à la patte remplira parfaitement le but.

La ration supplémentaire dans l'un et l'autre cas doit toujours être donnée lorsque les animaux rentrent. Si on leur distribuait le matin avant de partir, ils ne manqueraient pas de se faire prier au pâturage, ce qui doit être évité avec soin.

Les dindonneaux marqués doivent être choisis autant que possible parmi les individus femelles, car on a remarqué que les dindons, surtout à cet âge, sont plus difficiles à engraisser que les dindes.

Ce supplément pour les dindonneaux consistera en grains et en pommes de terre cuites. On peut y joindre du maïs, si toutefois on peut se le procurer à bon compte.

Engraissement des dindons. — Ce n'est guère que vers l'âge de sept ou huit mois que l'engraissement du dindon est assuré. — On procède ici comme il a été dit plus haut, selon qu'on veut opérer sur tout le troupeau cas fort rare, ou sur un certain nombre d'individus.

L'engraissement doit être commencé à la fin de l'automne ou au commencement de l'hiver. Comme pour les dindonneaux, on continue le pâturage, et on donne le supplément sans brusquerie, mais bien par une transition insensible bien ménagée.

M. Pelletan admet dans l'engraissement des dindons trois périodes de quinze jours environ :

Pendant la première quinzaine, on se borne à donner un supplément de ration lors de la rentrée, après la sortie du matin, aux individus qu'on a marqués. Ce supplément peut être constitué par toute espèce de nourriture, grains, déchets, débris quelconques, pommes de terre, betteraves, fruits, glands, châtaignes, noix, etc., suivant les ressources locales.

Pendant la seconde quinzaine, on commence l'emploi des pâtées que l'on compose d'abord avec des pommes de terre cuites, écrasées et mêlées de farine d'orge, de maïs, de sarrasin. On délaye le plus souvent ces matières dans de l'eau, mais il est préférable d'employer le lait caillé ou doux. On distribue cette pâtée à la rentrée du soir.

Pendant la troisième quinzaine, on distribue la pâtée deux fois par jour en supprimant le repas de grain et on complète le régime, dans les huit derniers jours, en faisant avaler de force un pâton à chaque oiseau. Ce pâton est une boulette assez ferme, grosse à peu près comme le doigt et longue de 5 ou 6 centimètres. A chaque repas, on donne un pâton de plus, en ayant soin de le tremper dans l'eau pour en lubréfier la surface et en rendre la descente plus facile dans l'œsophage, avec le pouce et l'index. Pour opérer commodément, il faut avoir un aide qui maintient l'oiseau entre ses genoux et lui ouvre le bec.

Il faut séparer les dindons empâtés afin de ne pas gaver deux fois le même sujet. Les pâtons sont d'ailleurs formés avec la pâtée même qu'on donne à manger librement aux oiseaux, mais il y a grand avantage à la détremper dans du lait caillé, ce qui rend la chair du dindon plus blanche et plus délicate.

Après l'empâtement, on fait avaler un peu de lait à l'oiseau.

A Toulouse, on gave les dindons le matin, avant leur sortie, et le soir, à leur rentrée, avec des pâtons composés de farine de maïs bouilli délayée tantôt dans de l'eau, tantôt dans du lait. Mais M. Labouilhe insiste avec raison pour l'emploi du lait.

En Provence, on ajoute à la nourriture des dindons un régime aux noix entières. On les gave en leur faisant avaler des noix toutes rondes, dont on augmente le nombre tous les jours, depuis un jusqu'à quarante. La chair du dindon engraissé par cette méthode, fait remarquer M. Pelletan auquel nous empruntons ces détails, a un goût d'huile des plus désagréables, et nous préférons de beaucoup le procédé toulousain, qui est le plus simple, bien qu'un peu long, car, en général, l'engraissement n'est complet qu'après sept semaines ou deux mois. De plus, la dépense est assez considérable, mais les dindes grasses de Toulouse, et notamment les dindes truffées ont une réputation et, par suite, un prix qui rémunère encore très suffisamment l'éleveur.

Ajoutons à tout ce qui précède que l'engraissement des dindons, en raison même de sa longue durée, qui tient à ce fait, que ces oiseaux ne peuvent être séquestrés, doit être conduit avec beaucoup de prudence.

Certes, on arrive toujours à engraisser les individus soumis à ce régime, mais c'est le prix de cet engraissement qu'il faut considérer, car le dindon est un oiseau énorme comparativement aux autres habitants de la basse-cour; de plus, c'est un gros mangeur, vorace et glouton.

Dans l'engraissement des dindons de sept ou huit mois, il ne faut prendre que des sujets déjà bien en chair, c'est-à-dire qui ont été copieusement nourris dans leur jeune âge. De plus, il faudra acheter le moins possible de nourriture, et utiliser les châtaignes sauvages, les faînes et les glands. En opérant ainsi, mais à cette seule condition l'engraissement sera rémunérateur

Mme Millet-Robinet prétend qu'on peut sans inconvénient laisser pâturer les dindons dans les grands champs semés en trèfle. Ils font, dit-elle, peu de tort aux champs, car ils ne mangent pas, comme les oies : jusqu'au cœur de la plante, ils se bornent à arracher quelques feuilles à l'aide de leur bec pointu, ce qui ne fait aucun tort à la plante dans cette saison. Nous ne sommes pas tout à fait de cet avis, car nous avons pu voir dans quelques circonstances des jeunes trèfles ainsi pâturés par les dindons, fortement endommagés par ces bêtes voraces qui avaient bel et bien, tout au moins dans les cas que nous avons pu observer, déraciné les jeunes plantes et saccagé ou gâché ce qu'ils n'avaient pu engloutir.

De même que pour les dindonneaux, les mâles s'engraissent plus difficilement que les dindes, mais ils prennent plus de poids et atteignent plus facilement 10 kilogr., alors que les dindes ne dépassent pas 6 kilogr., poids qu'elles atteignent, il est vrai, en un peu moins de temps. Notons toutefois que la chair des dindons est beaucoup moins délicate que celle des dindes.

Maladies des dindons. — Les maladies qui peuvent frapper ces oiseaux sont peu nombreuses, mais quelques-unes sont fort graves et causent tous les ans la mort de nombreux individus. La crise du rouge notamment est dans ce cas.

Le *rouge* des dindonneaux n'est pas une maladie proprement dite, c'est plutôt une phase de la jeunesse, phase pendant laquelle, dit M. Bénion, les **caroncules et les pendeloques s'injectent et prennent** la couleur rouge qu'on leur connaît. Elle apparaît entre le deuxième et le troisième mois, selon les soins prodigués, l'état de la température, et nécessite une attention continue.

C'est dans l'enfance que les dindons sont principalement exposés. L'humidité surtout leur est funeste, et toute ménagère qui négligera de sécher ces animaux lorsqu'ils sont mouillés, de leur faire boire un peu de vin chaud et de les déposer dans un lieu propre, cette ménagère, dis-je, n'aura aucun profit de cet oiseau.

La crise du rouge se fait d'autant mieux que le temps est plus beau et que les élèves ont moins à souffrir du froid humide.

Entre les mains de gens inhabiles ou négligents, la crise du rouge éclate avec les symptômes suivants : air triste, faiblesse générale, démarche lente, ailes pendantes, plumage terne et hérissé, inappétence, tous signes de la maladie commençante; puis les phénomènes morbides acquièrent de l'intensité ; on constate alors le refus complet de prendre des aliments, la diarrhée muqueuse et fétide; l'affaiblissement progressif et la mort.

Étant donné que cette phase reconnaît pour cause les actions débilitantes, et, comme conséquence, la perversion des fonctions digestives, il en résulte que toutes les mesures propres à combattre ces agents morbides seront bienvenues près de nous.

M. Mille a donné la formule d'une poudre dite corroborante qui combat efficacement cette crise.

Elle se compose des substances qui suivent intimement mélangées :

Canel de Chine en poudre fine. . . .	1ᵏ 500
Gingembre en poudre fine.	5. 000
Gentiane.	500
Anis.	500
Carbonate de fer.	2. 500

Une cuillerée à café de cette poudre sera mélangée à la pâtée de vingt dindonneaux au repas du matin : la même dose d'une cuillerée à café sera répétée le soir.

Il est de la plus grande importance de commencer le traitement quinze jours ou trois semaines après.

Cette maladie ou crise du rouge est la plus sérieuse ; une fois qu'elle est passée, le dindon est sauvé. Cependant il peut arriver qu'il soit atteint alors d'une affection caractérisée par des pustules situées aux parties dégarnies de plumes, notamment au bec et quelquefois même dans la gorge. Dans ce dernier cas, l'animal ne peut survivre ; si les pustules sont extérieures, on sépare le malade des autres dindons et on cautérise au fer rouge, puis on lave avec de l'alcool camphré, et on fait boire à l'animal du vin chaud et sucré.

Produits. — Les plumes de dindons sont trop dures et trop grossières pour être employées à quoi que ce soit; cependant depuis quelques années on en fait des petits balais servant à enlever la poussière des fourneaux de cuisine.

La dinde n'est pas assez bonne pondeuse pour

qu'on puisse utiliser ses œufs dans l'alimentation. La chair est donc pour ainsi dire le seul et unique produit de cette volaille.

Cette chair, au point de vue chimique, ressemble absolument à celle du poulet; toutefois, elle se digère moins bien, sans cependant être indigeste pour cela.

TROISIÈME PARTIE

PINTADES

CHAPITRE XXIV

HISTOIRE NATURELLE. — PONTE. — ÉLEVAGE

Caractères, mœurs. — La pintade *(numida meleagris)* est originaire d'Afrique.

Elle est de la grosseur d'une poule ordinaire et possède au sommet de la tête un tubercule caleux bien caractéristique; la mandibule inférieure est munie de deux caroncules ou barbillons.

La pintade a les ailes courtes, la queue pendante ; son plumage moucheté de blanc, de noir et de gris est très agréable; le haut de la poitrine et le derrière du cou, qui est généralement dépourvu de plumes, est d'un lilas clair; les caroncules, comme ceux des dindons, passent du rouge au bleu. Les joues sont d'un blanc bleuâtre, le bec jaune, le tubercule caleux est rouge et les pattes d'un gris ardoisé sale.

Il existe une variété de pintade presque blanche, ou pour mieux dire d'un jaune très pâle sur lequel se détachent les mouchetures blanches.

On trouve la pintade à l'état sauvage en Afrique et surtout dans les îles du Cap-Vert, où elles vivent en troupes nombreuses.

Les individus transportés en Amérique y sont redevenus sauvages.

Les Grecs et les Romains connaissaient ces oiseaux, dont ils avaient essayé la domestication. Varron les désigne sous le nom de *poules d'Afrique*. Toutefois, les pintades étaient alors fort rares, et elles ne tardèrent pas à disparaître; aussi n'en fait-on aucune mention au moyen âge. Ce n'est qu'au xve siècle que les Portugais rapportèrent ces oiseaux en Europe.

La pintade est un oiseau domestique, c'est vrai, mais elle n'a encore pu perdre entièrement ses habitudes sauvages. Elle aime à vagabonder; d'ailleurs, sa vivacité, sa turbulence et ses instincts querelleurs en font un hôte peu commode dans une basse-cour. Les poules surtout ont fréquemment à s'en plaindre. A ces défauts s'en ajoutent d'autres qui expliquent pourquoi la pintade n'est pas plus répandue dans nos basses-cours.

Tout d'abord elle est coureuse, elle pond au grand air et cache son nid; c'est un oiseau criard au premier chef. Sa voix est aigre, perçante et discordante, elle se fait entendre à tout propos, soit que quelque chose l'inquiète ou que quelque variation atmosphérique se prépare. Enfin, son humeur querelleuse la rend insupportable, elle ne cesse de s'attaquer aux poules et même aux plus gros coqs, qu'elle charge à fond, brusquement, mais avec courage.

Ponte et incubation. — Comme la poule, la pintade gratte continuellement le sol pour y chercher les vermisseaux, dont elle est très friande. Elle aime à se poudrer pour se débarrasser des parasites qui peuvent l'incommoder.

La pintade est une excellente pondeuse. La ponte commence dès qu'il fait chaud, vers le mois de mai, pour cesser en octobre généralement; pendant cette période, elle donne de cent à cent trente œufs.

Les œufs de pintades sont proportionnellement plus petits que les œufs de poules; ils ont la coquille plus dure, leur couleur est d'un rouge assez vif qui passe au rose clair en se refroidissant. Ces œufs sont excellents, de quelque façon qu'on les apprête.

Comme nous l'avons vu, la pintade va pondre au dehors, et cache ses œufs au pied des buissons ou dans les haies. Il faut la guetter sans cesse et recueillir les œufs au fur et à mesure, de manière à n'en laisser jamais qu'un seul dans le nid, à cause des accidents, qui ne sont pas rares, étant donnée la pétulance de cet oiseau.

Pour les pintades, un coq est suffisant pour six ou huit femelles.

Cet oiseau, en raison même de son caractère, est peu affectionné à sa couvée; aussi généralement ne lui laisse-t-on pas couver ses œufs. Il est plus prudent de les donner à une dinde ou une poule, ou mieux encore, à une couveuse artificielle.

L'incubation dure de vingt-cinq à trente jours.

Les jeunes nouvellement éclos, dit le docteur Hector George, ont le dos brun, rayé et ponctué de fauve, le ventre blanchâtre, les pattes et le bec rouge. Ils ressemblent alors, par le plumage, par la couleur des pieds et du bec, à des perdreaux rouges. Dans le premier plumage qui succède au

LA PINTADE.

duvet, leurs plumes sont brunes, bordées de roux et de jaune roux.

Élevage. — Les pintadeaux sont fort délicats et très difficiles à élever dans nos pays froids et brumeux parce qu'ils sont originaires des climats brûlants de l'Afrique. Aussi la première et presque la seule précaution à prendre pour leur élevage consiste à les garantir du froid et surtout de l'humidité pendant les deux premiers mois qui suivent leur naissance. Dans toute cette période, les pintadeaux doivent séjourner dans l'intérieur de la ferme. C'est à peine si l'on peut les laisser sortir pendant les heures les plus chaudes de la journée, mais sans les perdre de vue, pour pouvoir les faire rentrer à la moindre menace d'orage ou de pluie.

Ils ont, comme les dindonneaux, un moment critique à traverser, c'est la *prise du rouge;* jusque-là, il faut les tenir presque à huis clos. Vers deux mois, les pintadeaux commencent à prendre leurs

plumes d'adultes; leur front se couvre de l'excroissance charnue qui est particulière à l'espèce; les barbillons commencent aussi à se dessiner et à prendre une légère teinte rouge. On peut alors leur donner la liberté. Ils sont devenus rustiques et résistent aux intempéries [1].

Nourriture. — L'alimentation des pintades est assez facile. Elle varie un tant soit peu, suivant qu'elle s'applique aux pintadeaux ou aux adultes.

La nourriture des pintadeaux doit être aussi animale que végétale. Elle consistera en une pâtée composée d'œufs durs et de mie de pain hachées menu, à laquelle on ajoute des herbes coupées. A cette pâtée on joint des œufs de fourmis, des fourmis ou à défaut des larves, des vers. On leur

---

[1]. Dr George : *Journal d'agriculture pratique.*

donnera encore avec profit des débris de viande hachés saupoudrés de farine de maïs. Enfin, les menus grains, petits froments, millet, etc., leur conviennent parfaitement.

Les jeunes pintades, bien soignées et bien nourries, grandissent vite ; arrivées à l'âge de six semaines environ, elles sont à peu près sauvées.

Les pintades adultes ne se disséminent pas parmi les autres habitants de la basse-cour, elles vivent entre elles et ne se séparent jamais, s'écartant le plus souvent des autres volailles, et passant leurs journées à chasser les larves et insectes.

La nourriture des adultes est à peu de chose près celle des dindons ; elle consiste en grains : blé, avoine, orge, sarrasin ; salades, etc.

Les pintades vont pâturer aux champs, mais il est difficile de les y conduire ; le plus souvent elles s'y rendent seules et font parfois des dégâts. — Rentrées à la ferme, on donne un supplément de nourriture à celles qu'on veut engraisser : grains, pommes de terre cuites, choux, maïs, etc. Toutefois, l'engraissement proprement dit, tel que nous l'avons vu appliquer aux dindons et aux poulets n'a pas besoin d'intervenir chez les pintades ; l'épinette n'est pas nécessaire, ni le chaponnage, ni même l'opération qui fait les poulardes : une bonne nourriture bien appropriée suffit pour mener les pintades à bonne fin.

Produits. — Traitées comme nous venons de le dire, les pintades âgées de six ou huit mois constituent une volaille des plus délicates.

Comme celle de la perdrix, à laquelle elle ressemble en quelques points, la chair de la pintade acquiert son maximum de valeur gustative lorsqu'elle a passé quelques jours ; aussi recommande-t-on de ne pas la manger trop fraîche.

La chair de la pintade a beaucoup d'analogie avec celle du faisan ; elle possède comme cette dernière un léger parfum de gibier.

C'est en raison de la délicatesse de cette chair que la pintade commence à se répandre dans nos basses-cours, malgré les difficultés nombreuses qu'offre son élevage.

QUATRIÈME PARTIE

OIES

CHAPITRE XXV

HISTOIRE NATURELLE. — ORIGINE. — RACES

Caractères distinctifs. — Tout le monde connaît l'oie, ce grand oiseau aujourd'hui si répandu.

Ce n'est plus un gallinacé, mais bien un *palmipède*, ordre nombreux dans lequel se rangent encore les cygnes et les canards, dont nous aurons à parler plus loin.

Les oies proprement dites, fait remarquer le naturaliste Brehm, n'ont pas de caractères parfaitement définis; cependant elles se distinguent par un bec à peu près aussi long que la tête, pourvu de lamelles espacées, saillantes en forme de dents sur tout le bord de la mandibule supérieure jusqu'à l'onglet, qui est presque aussi large que l'extrémité du bec et médiocrement convexe; par des tarses épais, des doigts médiocrement allongés, et surtout par un plumage sans éclat, peu varié, dans lequel les teintes grises dominent.

Quoique la démarche de l'oie soit lourde et disgracieuse, elle n'en est pas moins un hôte distingué de la basse-cour. Sa corpulence, sa haute taille, son air grave et son plumage uniforme et lustré plaisent à bien des gens. L'oie est moitié terrestre et moitié aquatique, comme le prouvent ses pattes, qui sont palmées, disposées en rames.

L'oie paraît douée, dit M. E. Lemoine, d'une longévité extraordinaire ; Willerghy rapporte avoir vu une oie âgée de quatre-vingts ans, et qui aurait même vécu encore quelque temps, si on n'avait pas été obligé de la tuer, à cause de sa méchanceté et des mauvais traitements qu'elle infligeait aux oisons !...

Lorsque l'oie se met en colère, elle siffle comme un serpent ; elle se montre extrêmement défiante ; sa vigilance est très connue et son sommeil si léger, qu'elle s'éveille au moindre bruit. Elle fait même souvent l'office de chien, pour garder, la nuit, une cour ; car, dès qu'elle entend un bruit quelconque, elle pousse des cris perçants. Les oies du Capitole de Rome devinrent célèbres dans l'antiquité en éveillant les soldats au moment où les Gaulois montaient à l'assaut ; l'alarme donnée par ces gardiens improvisés fut cause que l'ennemi, repoussé, ne put s'emparer de la forteresse.

Ce seul trait suffirait à prouver que la domestication de l'oie remonte à une haute antiquité.

Mœurs, instincts. — Les oies sont herbivores par nature ; toutefois, elles mangent aussi des graines. Elles sont peu vagabondes et faciles à mener au pâturage.

LES PALMIPÈDES.

Les oies mentionnées dans l'histoire de Rome prouvent, avons-nous dit, la haute antiquité de leur domestication. Quant à l'origine même de ce volatile, elle se perd dans la nuit des temps ; ce qui est certain, c'est qu'on a trouvé sur les murs des hypogées égyptiens, dont quelques-uns datent de cinquante siècles avant notre ère, des dessins représentant des oies au pâturage.

La souche de nos races et variétés actuelles paraît être l'oie cendrée (*anser cinereus*), qui habite l'Europe septentrionale et qui émigre périodiquement.

Les oies vivent en paix avec tous les autres oiseaux de basse-cour, et ne causent parmi eux ni désordre ni querelle; mais, si on les attaque et les effraye, fait remarquer M. C.-L. Benoît, ou si un étranger s'en approche, surtout si elles ont des petits, on les voit s'avancer hardiment vers leur ennemi, le cou tendu et le bec menaçant. Elles sont naturellement propres, évitent autant que possible le fumier et la boue, recherchent l'eau fraîche, et font souvent la toilette à leur plumage. Elles ont généralement un penchant contre lequel il faut être en garde, c'est de se réunir aux oies sauvages lorsqu'il s'en trouve dans le voisinage ; aussi, dans ce cas, faut-il avoir soin de leur casser le bout de l'aile ; elles ne quittent pas leur demeure pour aller loin, car leur force ne leur permet pas de suivre les sauvages longtemps; elles se réunissent aux premières oies domestiques qu'elles rencontrent dans le voisinage : dans ce cas, elles ne font que changer de maître.

Oies et jars. — Voici à quels signes on peut reconnaître l'âge de l'oie. A l'extrémité de l'aile, tout près des grandes pennes réunies, se trouvent deux petites plumes minces, pointues, du reste très solidement implantées. La plus grande de ces deux plumes donne les indications les plus sûres sur l'âge du volatile. Une bête d'un an juste a, à la partie externe de la plume, un sillon qui la traverse obliquement et qui semble avoir été fait avec une lime. Chaque année, à l'automne, le nombre des sillons augmente d'un : une oie de deux ans porte deux sillons, une oie de trois ans, trois sillons, et ainsi de suite.

Les oies sauvages sont monogames, pour une saison tout au moins, mais à l'état domestique il n'en est plus de même : les mâles fécondent plusieurs femelles, ce qui permet d'en restreindre le nombre.

Les mâles des oies ont reçu le nom de *jars*. Contrairement à ce qu'on observe chez les gallinacés, ils se distinguent peu des femelles, ils sont à peu près de la même grosseur et généralement de couleur blanche.

Tandis que les oies sont douces et craintives, le jars est généralement méchant ; souvent il attaque les enfants et cause même parfois des accidents si on n'y prend garde.

Le jars s'occupe beaucoup de la couvée de son oie, il protège et défend l'une et l'autre.

Un jars suffit généralement à cinq ou six oies.

Pour qu'un troupeau d'oies privées prospère et augmente par une prompte multiplication, il faut que le nombre des femelles soit quintuple de celui des mâles. L'usage ordinaire de nos provinces est de lui en donner un trop grand nombre : on lui en donne douze et même jusqu'à vingt. Ces oiseaux préludent aux actes de l'amour en allant du bord s'égayer dans l'eau; ils en sortent pour s'unir et restent accouplés plus longtemps et plus intimement que la plupart des autres gallinacés, chez lesquels l'union du mâle et de la femelle n'est qu'une simple compression, au lieu qu'ici l'accouplement est réel et se fait par intromission, le mâle étant tellement

LES OIES.

pourvu de l'organe nécessaire à cet acte, que les anciens avaient consacré l'oie au dieu des jardins [1].

Les races. — Voyons maintenant à dire un mot des diverses races d'oies. Nous ne nous étendrons pas longuement sur ce point, au sujet duquel règnent encore bien des incertitudes.

[1]. C.-L. Benoit : *La vraie manière d'élever, de multiplier et d'engraisser les oies.*

On peut tout d'abord distinguer cinq *espèces* principales de ces oiseaux :

1° L'oie cendrée ;
2° L'oie sauvage ;
3° L'oie du Canada ;
4° L'oie d'Égypte ;
5° L'oie cygnoïde.

L'oie *cygnoïde*, encore appelée improprement oie de Guinée, est originaire de la Chine. C'est un fort bel oiseau, caractérisé par un tubercule rougeâtre placé sur le bec, tout comme chez les cygnes, ce qui lui a valu son nom. Son ventre est pourvu d'un large fanon. Elle est grise avec la poitrine blanche, les pieds sont rouge orangé, la queue et les ailes brunes. Cette espèce, fort commune en Russie, s'est très bien acclimatée en France.

L'*oie d'Égypte* a un fort joli aspect. Elle a l'aile munie d'un éperon court et fort, et l'encolure courte ; elle se redresse en marchant. C'est une excellente pondeuse et couveuse. Elle est d'un brun noisette marqué de roux ; le dessus de la tête est blanc.

L'*oie du Canada*, encore appelée *oie à cravate*, est une des plus grosses et des plus belles ; elle a l'encolure longue et mince, le bec et les pieds d'un noir métallique ; elle est d'un brun foncé, passant au noir sur la tête et le cou avec une cravate blanche. Cette espèce est très appréciée aux États-Unis d'Amérique. Depuis longtemps elle est domestiquée en France.

L'*oie sauvage* vit à l'état libre en bandes nombreuses.

Elle a la tête, le haut du cou et le dos d'un brun

cendré, dit **M.** Pelletan, le croupion noisette, le bec long, déprimé, *bicolore*, noir à la base et à la pointe, jaune orangé au milieu. La membrane des yeux est d'un gris noirâtre, les ailes repliées dépassent le bout de la queue. C'est un oiseau de grand vol.

Elle niche dans les régions polaires et traverse en bandes considérables l'Angleterre, la Hollande et la France, causant souvent dans les récoltes au milieu desquelles elle s'abat des dégâts qui justifient le nom d'*oie des moissons* qu'elle a reçu des naturalistes.

L'*oie cendrée* répond au signalement que nous avons donné au début de ce chapitre. C'est l'espèce la plus anciennement connue, le souche de nos races domestiques. Elle a fourni un grand nombre de variétés, qui, la plupart du temps, n'ont rien de fixe dans le plumage ou les proportions. Aussi admet-on généralement deux races, la petite et la grosse.

La *petite race*, à qui appartient plus spécialement le nom d'oie commune, est celle qui se rapproche le plus pour les formes et la taille de l'oie cendrée ; on la trouve à peu près par toute la France, où son élevage est, dans certaines localités, l'objet d'industries assez considérables. Elle réussit, en effet, partout sans soins particuliers, et c'est à elle que s'adressent surtout les petits cultivateurs qui ne veulent pas faire les frais de nourriture et d'engraissement qu'exige la grosse espèce. Ce calcul n'est d'ailleurs pas judicieux ; il serait, dans presque tous les cas, beaucoup plus avantageux de réduire le nombre des têtes et d'élever la race la plus belle qui, toutes proportions gardées, fournit des produits de plus grande valeur. Le poids de l'oie commune est de trois à cinq kilogrammes, suivant qu'elle est plus ou moins bien engraissée.

La grosse espèce est elle-même plus ou moins belle, suivant les pays, mais celle qui s'élève sur une assez grande échelle dans quelques-uns de nos départements, sous le nom d'*oie de Toulouse*, a proprement les caractères d'une véritable race. C'est d'ailleurs la plus grosse, la plus belle et la meilleure. Il y aurait évidemment avantage, comme le fait si justement remarquer M. Pelletan, à substituer partout cette magnifique race à la race petite commune, sauf à diminuer, au besoin, le nombre des éducations.

L'*oie de Toulouse* se trouve principalement dans le département de la Haute-Garonne, sauf la partie montagneuse, dans certaines localités des départements du Gers, de l'Ariège, de Tarn-et-Garonne. Ses caractères les plus saillants sont sa grande taille, son fort volume, ses formes épaisses et trapues, son allure pesante, ses pattes courtes, ses fanons amples qui règnent sous le plastron et le ventre, à tel point que l'abdomen traîne à terre. Sa couleur est ordinairement d'un gris cendré, et son poids varie de 5 à 10 kilogrammes, selon le degré de l'engraissement.

Le mâle nous paraît bien plus facile à reconnaître dans cette race que dans la petite. Les caractères qui le distinguent sont beaucoup plus tranchés, le cou est notablement plus long et plus mince, la tête plus fine, avec des bajoues moins accentuées.

La ponte de l'oie de Toulouse est très abondante.

Commencée ordinairement dès janvier, elle se prolonge jusqu'à juin, à raison d'un œuf tous les deux jours. Après avoir donné de huit à dix œufs, l'oie se repose quelques jours pour recommencer ensuite et peut ainsi fournir de cinquante à soixante œufs, à moins qu'on ne la laisse couver, ce qui arrête naturellement la ponte. Elle est fort bonne couveuse, mais dans le bassin de la Garonne on confie généralement ses œufs à des poules pour prolonger la ponte[1].

Nous avons vu que les poules étaient élevées à peu près dans toutes les fermes, en plus ou moins grand nombre, il est vrai; il n'en est pas tout à fait de même des oies, qu'on rencontre de préférence dans certaines localités.

Les départements où on en élève le plus sont: la Seine-Inférieure, la Meurthe-et-Moselle, l'Eure-et-Loir, le Tarn, le Gers, l'Aude, la Haute-Garonne, la Gironde, les Basses-Pyrénées, etc.; la plupart des oies produites dans ces trois derniers départements alimentent les marchés de Toulouse, Bordeaux et Bayonne; c'est dans ces deux derniers ports surtout que les Hollandais viennent acheter le plus de ces oiseaux, dont ils nous revendent ensuite les plumes *hollandées*, c'est-à-dire dégraissées, nettoyées et arrangées.

Les oies qui se vendent à Paris viennent surtout des départements de l'Est et d'Eure-et-Loir.

---

1. Pelletan : *Pigeons, dindons, oies et canards.*

CHAPITRE XXVI

ÉLEVAGE, ENGRAISSEMENT, PRODUIT DES OIES

Ponte. — Chez les oies, la ponte commence généralement vers la fin de janvier pour se prolonger jusqu'en juin. Lorsque la ponte a commencé on voit les oies porter dans leur bec des brins de paille dont elles veulent construire leur nid.

L'oie se choisit elle-même un emplacement où elle construit son nid sur le sol; on se contentera de l'aider dans cette besogne, en arrangeant l'endroit choisi avec quelques herbes sèches; ce nid doit être presque plat, n'offrant qu'une légère concavité.

L'oie pondant environ tous les deux jours, pour se reposer quelque temps lorsqu'elle a fourni 10 ou 12 œufs, donne en moyenne de 25 à 40 œufs dans l'année.

Incubation. — L'oie couve ses œufs pendant trente jours environ. Elle apporte pendant ce temps une ardeur peu commune; aussi faut-il lui apporter la nourriture près du nid. Celle-ci consistera en grains, de l'orge de préférence, des recoupes, du son mouillé, quelques herbages; on n'oubliera pas un vase plein d'eau, car pendant l'incubation l'oie boit fréquemment et parfois même-elle a des velléités de se baigner.

Pendant que l'oie couve, les jars montent la garde

nuit et jour auprès d'elle ; leur vigilance est extrême et un rien les contrarie ; ils sont alors pour la plupart fort méchants et attaquent hommes ou bêtes qui s'approchent de trop près de la couveuse.

Éclosion. — Au sortir de l'œuf, les jeunes sont couverts d'un duvet jaunâtre. Il faut avoir soin de retirer les oisons de dessous la mère au fur et à mesure qu'ils éclosent ; souvent, pour les oies, il est utile de faciliter la sortie des jeunes en brisant la coquille, mais très doucement et avec mille précautions pour ne pas blesser les oisons.

Nourriture. — Les premiers nés sont placés dans un panier garni de coton et tenu au chaud. Lorsque la couvée est éclose, on donne tous les oisons à la mère, qui pourvoiera à leur nourriture, car jusque-là il n'est pas nécessaire de s'en inquiéter avant que toute la couvée soit éclose. A partir de ce moment, on leur donnera des recoupes mouillées et de la mie de pain ; on fera quatre ou cinq distributions par jour. Puis on ajoutera à cette nourriture des pommes de terre cuites et écrasées, de la bouillie de maïs, des feuilles de chicorées et de laitues hachées, des orties surtout, qu'on pourra même cultiver exprès pour les jeunes oisons, cette plante leur plaisant d'une façon toute spéciale. Toutes ces herbes seront finement hachées. A partir du cinquième ou sixième jour, on laissera les jeunes sortir avec leur mère, en les lâchant de préférence sur une surface enherbée ; tous les jours, on les mènera à l'eau. Toutefois, il faudra éviter avec soin qu'ils soient mouillés par la pluie, ou incommodés par un soleil trop ardent.

Lorsque les jeunes ont quinze ou vingt jours, on n'a plus besoin de s'en occuper; ils suivent alors leur mère et le jars au pâturage; ces deux derniers, avec beaucoup de sollicitude, se chargent de parfaire leur éducation.

Le régime du pâturage sera ainsi continué. C'est

L'OIE ET SES PETITS.

d'ailleurs le seul qui soit possible, car élever des oies dans une basse-cour fermée serait une opération trop dispendieuse à cause de leur voracité.

On pourra ajouter à cela, lorsque les oies rentreront, des grains, des betteraves crues, et surtout des raisins lorsque la saison est venue.

Engraissement. — Conduites de cette façon, les oies sont bonnes à manger vers l'âge de six ou huit mois, suivant la quantité de nourriture qu'on leur distribue en plus du pâturage. Elles pèsent alors de trois à quatre kilos. Mais on peut encore soumettre ces animaux à l'engraissement, ce qui augmente de beaucoup leur poids, la saveur de leur chair et par cela même leur prix sur le marché.

L'oie est de toutes les volailles celle qu'on engraisse le mieux et le plus facilement. Il ne faut pas engraisser les oies plus tard qu'en novembre, parce que, dès qu'arrive la saison des amours, elles n'engraissent plus. On peut commencer en août; avant de commencer l'engraissement, dit Mme Millet-Robinet il faut les y préparer par une bonne nourriture, afin qu'elles soient bien en chair.

Lorsqu'elles sont en bon état, il faut les séquestrer, c'est-à-dire les placer dans un lieu obscur, silencieux et sain, et surtout les priver de toute distraction.

Si l'on doit vendre les oies mortes, il faut les plumer sous le ventre avant de les mettre à l'engrais, parce qu'elles salissent leurs plumes en se couchant le ventre contre terre; mais, si l'on doit les vendre vivantes, il ne faut pas les plumer, elles seraient déparées et perdraient de leur prix; dans ce cas, il faut redoubler de soins pour qu'elles aient une litière très propre.

On peut, pendant les huit premiers jours de l'engraissement, leur donner seulement de l'avoine, et leur faire boire trois fois par jour de l'eau blanchie avec une farine quelconque. On leur donne cette nourriture dans de petites augettes en bois, longues, étroites et peu creuses, le long desquelles

les oies peuvent se ranger à côté les unes des autres sans confusion. La construction de ces augettes est peu coûteuse et très préférable aux vases ronds dans lesquels on donne généralement aux oies leur nourriture et autour desquels elles se culbutent et se battent quelquefois pour en approcher avant leurs camarades, ce qui nuit beaucoup à leur engraissement. Le repas fini, on enlève les augettes pour que les oies dorment et digèrent sans préoccupation.

L'engraissement peut être fait entièrement ainsi, et vingt litres d'avoine par tête suffisent; mais il est long, et, quoiqu'il paraisse moins coûteux, il l'est au moins autant qu'un engraissement fait avec des substances plus nutritives; d'ailleurs, les oies nourries avec l'avoine seule, et à la dose de vingt litres, ne sont pas arrivées à cet état complet de graisse qui les rend *informes*, pour ainsi dire, et incapables de se tenir debout. Après six ou sept jours de nourriture à l'avoine, on y ajoute des pommes de terre bouillies qu'on pétrit avec le grain et du lait caillé; cinq ou six jours après, on y mêle un peu de farine d'orge, de blé noir ou de maïs, des pois cuits ou concassés, des raves bouillies, etc., et on peut leur donner à boire du lait caillé mélangé de recoupe. En dix-huit ou vingt jours de ce traitement à partir du jour où les oies ont été séquestrées, elles sont parfaitement grasses, et cet engraissement est peu coûteux. Si l'on veut rendre l'engraissement plus parfait encore, après les repas, la fille de basse-cour prend l'oie entre ses jambes, et lui fait avaler, deux fois par jour, sept ou huit pâtons faits avec de la farine et des pommes de terre, en procédant ainsi qu'il a été indiqué pour les dindes.

Lorsque les oies sont arrivées à un état parfait de graisse, il faut les tuer tout de suite, car elles maigriraient.

Dans la méthode d'engraissement pratiqué à Toulouse, c'est vers l'âge de six mois qu'on commence cette opération ; l'engraissement dure un mois dans le Tarn, un mois et demi dans la Haute-Garonne. A l'aide d'un entonnoir on leur ingurgite soir et matin du maïs dans le jabot jusqu'à ce qu'elles soient gavées. Une bonne fille de basse-cour peut gaver dix oies en une heure. On emploie ordinairement trente litres de maïs pour l'engraissement complet d'une oie, qui pèse alors 8 à 10 kilogrammes, et qu'on vend de 10 à 12 francs. Les oies ainsi engraissées présentent sous le ventre une masse de graisse qui touche à terre lorsqu'elles marchent.

On doit enlever le fumier des oies à l'engrais au moins tous les deux jours, et, afin de ne pas troubler leur digestion, il faut l'enlever pendant qu'elles se sont éloignées pour manger. Il convient de placer les augettes dans une pièce voisine de leur toit ou dans un petit parc placé à côté de la porte du toit. Aussitôt le repas fini et la litière enlevée, on fait rentrer les oies qui ne doivent être troublées par aucune visite[1].

Aux environs de Strasbourg, l'engraissement des oies est mené d'une manière toute particulière,

1. Mᵐᵉ Robinet: Ouvr. cité.

ayant pour but l'obtention d'un foie très volumineux autour duquel se dépose une abondante couche de graisse, et servant à la fabrication de ces excellents comestibles appelés *pâtés de foie gras* de Strasbourg.

Cette grosseur exagérée du foie constitue une véritable affection pathologique. On n'y parvient en effet qu'en procurant à l'oie une sorte de cachexie hépatique.

Pour y arriver, on place l'oie dans une sorte de cruchon défoncé où l'oiseau ne peut faire aucun mouvement, les excréments tombent dans une cage sur laquelle une série de ces cruchons se trouve rangée. Cette sorte de boîte, ou plutôt cette prison, présente une ouverture permettant à la tête seule de sortir; il est alors facile de gaver l'oiseau. Ce gavage se pratique avec une bouillie formée de farine de maïs mélangée de raves bouillies. Ces cruches sont disposées dans un endroit obscur. Au bout de quinze jours de ce régime, le volume de l'oiseau a augmenté à un tel point qu'on est obligé de briser le pot pour l'en tirer. Or, le foie d'une oie maigre pesant de 60 à 80 grammes, celui d'une oie ainsi traitée atteint communément 300, 500 et même 800 grammes.

Maladie des oies. — Les maladies des oies sont peu nombreuses. Une des plus communes est le *vertige*, qui attaque souvent les oies restant trop longtemps au soleil. Ce vertige se manifeste par un tournoiement presque continuel. Le mieux à faire dans cette occurrence est de saigner l'oiseau. Cette opération se pratique sur une veine très apparente placée sous l'aile. Toutefois, la saignée n'amène la guérison que si la maladie est prise au début; autrement, il vaut mieux sacrifier l'animal.

La *pépie*, dont nous avons parlé au sujet des poules, attaque aussi les oies. Cette maladie ne diffère pas dans ses manifestations, ni par le fait dans son traitement. L'essentiel est d'enlever les fausses membranes avec une tête d'épingle ou un tuyau de plume, en ayant bien soin de ne pas arracher le cartilage qui forme normalement le bout de la langue.

Les fausses membranes étant enlevées, on met l'érosion ulcéreuse à nu et on la cautérise deux ou trois fois par jour avec de l'acide chlorhydrique ou de l'acide phénique étendus ; dans les cas persistants, on aura recours au nitrate d'argent.

Les oies s'empoisonnent assez facilement dans les pâturages, notamment avec la ciguë, la jusquiame, la morelle, etc., dont elles sont très avides. Dans ce cas, les oiseaux tombent, les ailes étendues, atteints de convulsions; il faut administrer tout de suite du lait chaud en abondance, dans lequel on aura mis de la rhubarbe.

Produits de l'oie. — Les produits de l'oie sont fort nombreux et variés.

Sa chair est très fine surtout lorsqu'elle est engraissée.

« L'oie fournit, dit Fonssagrives, une chair suspecte, parce qu'elle est fibreuse et abondante en graisse. » Ce jugement, conforme aux idées de Galien, est peut-être un peu sévère, dit le Dʳ F. Brémond.

Il m'oblige à rappeler que Celse faisait le plus grand cas de la chair de l'oie, et qu'il en recommandait l'usage, en hiver surtout, principalement aux jeunes gens et aux individus se livrant à des travaux pénibles. De mon chef, je me permets d'ajouter que l'oie ne vaut ni plus ni moins que le canard. Je ne la conseille point aux malades, mais je la crois incapable de nuire aux gens bien portants, et je la considère comme une ressource alimentaire précieuse pour les campagnes. »

La graisse d'oie est fort recherchée pour les usages culinaires; souvent on la préfère au beurre pour certaines préparations.

L'oie fournit en outre des plumes dont les usages sont nombreux.

Généralement on plume les oies trois ou quatre fois par an; toutefois, les jeunes individus ne doivent pas être plumés avant que leurs ailes soient *croisées* sur le dos, ce qui a lieu vers le mois de juillet.

Les vieilles oies sont plumées d'abord en mai; le dernier arrachage se fait en septembre, pas plus tard, pour que les plumes aient le temps de repousser à l'entrée de l'hiver.

La plume est mûre lorsqu'elle se détache sans résistance. Les plumes non mûres se pelotonnent et la vermine s'y loge; celles qui sont trop mûres tombent d'elles-mêmes.

Les oies destinées à vivre ne doivent pas être entièrement plumées; on leur enlèvera seulement le duvet sous le ventre, le cou et le dessous des ailes.

On retire environ 300 grammes de duvet par oie

et par année ; ce duvet vaut en moyenne 5 francs le kilogramme, excepté pour le premier choix, qui atteint 8 francs.

Les grandes pennes des ailes et de la queue fournissent des plumes à écrire. Ces plumes sont arrachées au moment de la mue : on en retire quatre ou cinq à chaque aile. Elles valent de 3 à 8 francs le cent.

Elles sont d'abord dégraissées en les plongeant dans du sable fortement chauffé, puis frottées avec de la laine et séchées au four.

CINQUIÈME PARTIE

CANARDS

CHAPITRE XXVII

CARACTÈRES, MŒURS, RACES

Histoire naturelle. — De tous les oiseaux de basse-cour, le canard est sans contredit le plus facile à élever.

Le canard domestique, dont on connaît un grand nombre de races, descend en ligne directe du canard sauvage, comme le prouvent les caractères essentiels du type. Il n'en est pas moins vrai qu'il existe dans les caractères secondaires des différences notables entre le type sauvage et le type asservi.

Le canard sauvage a les formes et les contours plus élégants, les écailles des pieds sont fines, égales, les membranes des doigts sont minces et délicates ; les jambes sont plus fines.

On compte aujourd'hui en France, d'après les dernières statistiques, environ 4,000,000 de canards.

Il est souvent très utile de savoir distinguer les jeunes canards des vieux. Pour y arriver, on examinera les pattes, qui sont plus lisses et d'un rouge plus intense chez les vieux ; on peut encore arracher une penne de l'aile, si le canard est jeune ; le bout est mou et sanguinolent.

On distingue le canard mâle à quelques caractères extérieurs assez nets.

Tout d'abord, ses couleurs sont plus brillantes ; de plus, sa taille est un peu plus forte ; enfin, les dernières plumes de la queue sont retroussées en crochet.

Le canard, fait observer M. E. Lemoine, est l'oiseau aquatique par excellence, et cependant une grande quantité d'eau n'est pas nécessaire à son élevage ; il aime tout autant les herbages.

C'est de ces derniers endroits, d'ailleurs, que viennent les plus grosses espèces de canards ; elles se plaisent fort dans ces terrains généralement entourés de petits ruisseaux étroits et sinueux. Le canard est l'oiseau de basse-cour que l'on élève le plus économiquement. Très avide de nourriture, il la cherche constamment. Sa facile alimentation, sa digestion rapide, sa précocité et même sa ponte abondante, en font un volatile d'un très bon rapport, et nous sommes étonné de ne pas en voir l'élevage plus vulgarisé.

Qu'on n'oublie pas aussi que le canard ne se développe et ne vit bien qu'à condition d'être nuit et jour en plein air ; il prend plus volontiers son court repos vers le milieu de la journée. Presque continuellement il est en activité : le soir, même après le coucher du soleil, il cherche les insectes ; le matin avant l'aube, il est sur le pré à la chasse des vermisseaux. Inutile donc de lui construire un abri ; toutefois, quelque petit refuge, de petites huttes faites avec des pierres superposées ou des branches entourées de roseaux, l'engagent à y établir son nid et facilitent la récolte des œufs[1].

Dans une excellente monographie du canard, insérée dans le journal *le Poussin*, M. E. Sabel s'exprime ainsi en ce qui concerne les mœurs et genre de vie de ces oiseaux :

Ils ont le corps large et court ou de moyenne longueur, la tête grosse, le bec moins haut que large à sa base et aussi large ou plus large à son extrémité que vers la tête et quelquefois garni sur sa base d'une protubérance, l'ongle étroit, mais il y a des espèces qui l'ont aussi large que le bec.

Les ailes sont de moyenne grandeur, étroites et pointues. C'est pourquoi beaucoup d'espèces ne volent pas facilement et adroitement, mais toutes volent vite avec de courts battements d'ailes sifflants.

1. E. Lemoine: *Les Canards*. — *Le Poussin*, journal des éleveurs, année 1885.

La queue est composée de quatorze à vingt pennes; elle est courte et large, arrondie ou pointue à son extrémité.

Le petit plumage est très épais et lisse; il y a du duvet sous les plumes.

Presque toutes les espèces sont sujettes à une double mue annuelle, prennent leur robe de noce vers la fin de l'automne et ne la quittent qu'après l'incubation ou un peu plus tôt. La mue d'automne n'est pas complète et il est vraisemblable que dès l'automne un changement de teintes du plumage s'opère, qui atteint sa plus grande perfection au temps de l'accouplement, comme cela a été aussi observé chez beaucoup d'autres oiseaux.

Les canards vivent depuis le temps de la pariade (fin d'hiver) jusqu'à l'incubation en monogamie. La femelle seule couve et conduit les petits jeunes, tandis que les mâles se rassemblent en troupes.

Presque tous nichent au bord de l'eau douce; il n'y en a que fort peu qui font leur nid au bord de la mer. Le nid est fait sans art, mais pourvu de duvet. La production d'œufs est très différente et la durée de l'incubation de vingt et un à vingt-huit jours.

Très tôt après leur naissance, la mère conduit les petits à l'eau, où ils se nourrissent en nageant, en mettant la tête sous l'eau la queue en haut, ou en plongeant. Ils croissent et s'emplument vite. Ils portent jusqu'à la première mue la robe de plumes de la femelle.

Les canards sont fréquemment actifs pendant la nuit. Leurs voyages s'opèrent généralement le matin et le soir pendant le crépuscule, et, lorsqu'il y a clair de lune, ils sont toute la nuit en action, en barbotant de préférence dans de l'eau basse et dans le limon.

Espèces et races de canards. — Les canards se partagent naturellement en deux divisions différentes caractérisées par la structure, et aussi par la manière de vivre : canards *nageurs* et canards *plongeurs*.

Le principal signe distinctif est que, chez les canards plongeurs, la plante du pouce s'étend sur les côtés, de manière qu'une membrane rudimentaire existe. Cette membrane manque aux canards plongeurs.

Parmi les canards nageurs, on distingue : le canard siffleur *(anas penelope)*, la sarcelle *(anas crecca)* la plus petite espèce de canard qu'on trouve chez nous ; le canard de la Caroline *(anas sponsa)*, le canard de la Chine ou canard mandarin *(anas galericulata)*, etc. Parmi les canards plongeurs, on remarque le canard sauvage, le canard domestique et ses nombreuses variétés.

Nous avons déjà dit un mot du canard sauvage, arrivons à l'espèce domestique.

Le canard sauvage, nous l'avons dit, est la souche du canard domestique. Nous avons vu en quoi ils différaient. Toutefois, dans le canard domestique même, on peut admettre deux variétés surtout différenciées par la taille. La petite race ou *race commune* se trouve partout. Ces canards sont très vagabonds, par cela même ils sont peu dispendieux à nourrir, mais par contre leur élevage n'est pas facile et ils sont passablement exigeants pour l'eau. Leur plumage varie avec les individus : les uns sont blancs, les autres noirs et blancs. Chez le mâle, la tête est ornée de plumes d'un vert émeraude à reflets d'acier ; le cou, le devant, les côtés et la poitrine sont d'un brun rougeâtre, le croupion est noir avec reflets verts, les ailes sont grises avec une bande étroite d'un bleu clair. Chez la femelle, le plumage est varié de gris roux et de brun ; les deux bandes transversales des ailes sont d'un bleu très foncé tournant au violet. Toutefois, nous le répétons, les nuances varient à l'infini.

La petite race atteint rarement le poids de 1 kilo.

La grosse race, canard de Normandie ou canard de Rouen, est beaucoup plus grosse, et atteint communément 1 kilogramme 500, souvent même 2 kilogrammes.

L'élevage de cette variété est encore plus facile ; de plus, il demande moins d'eau. Cette race, en raison même des qualités multiples qu'elle possède, se répand de plus en plus. C'est elle qui, aux environs d'Abbeville et d'Amiens, constitue la race dite *picarde*, qui fournit les délicieux pâtés de canards bien connus des gourmets.

Le canard de Rouen est d'une précocité exceptionnelle ; il pond le double d'œufs que l'espèce commune.

Voici les caractères de cette race précieuse dont l'élevage, nous le répétons, se généralise de plus en plus.

La tête est d'un beau vert avec un demi-collier blanc ; la poitrine est d'un brun marron bordée de

LE CANARD DE TURQUIE.

blanc, les ailes sont d'un gris brunâtre caractéristique, le ventre gris clair, le dos gris foncé, les pattes jaunes et assez fortes. Tel est le signalement du mâle. La femelle a le plumage entièrement noir et sans collier; les ailes présentent des petites taches à reflets métalliques violacés.

La position du canard de Rouen à l'état normal est *horizontale*, c'est-à-dire qu'il a la poitrine assez près de terre ; ce caractère est utile à connaître, car il permet de distinguer à première vue cette race de la suivante, ou *canard de Pékin*.

Cette dernière espèce est, parmi les étrangères, une des plus estimées, sinon la meilleure.

Par sa taille, fait remarquer M. Voitellier, il rivalise avec les rouen. — Son plumage, entièrement blanc avec reflets d'un ton jaunâtre et chaud, a quelque chose qui respire la vigueur et la santé. — Son bec jaune orange le distingue de ses congénères, ainsi que son cou de cygne, orné d'une petite rangée de plumes formant crinière. La démarche debout, la tête haute et l'œil vif lui donnent un aspect particulier que l'on ne rencontre pas dans les variétés ordinaires.

Au point de vue de la production, il peut aussi passer en première ligne ; la ponte des canes est des plus abondantes, et les jeunes sont remarquables par leur précocité et la facilité avec laquelle ils s'élèvent.

Le poids des adultes atteint les plus hautes proportions ; la propension à l'engraissement est remarquable.

Quant à la chair, un gourmet placé entre un

rouen de bonne qualité et un pékin serait, à notre avis, bien embarrassé pour se prononcer.

Le *canard de Barbarie*, encore appelé *canard musqué*, canard de Turquie, etc., est le plus gros des canards connus ; le mâle atteint communément 0^{m}65 ; la femelle est un peu plus petite.

LA CANE ET SES CANETONS

Cet oiseau est originaire du Brésil, d'où il fut apporté en France vers 1500 sous le nom de *canard d'Inde.*

On l'appelle encore *canard muet,* parce qu'il est aphone et ne produit qu'une sorte de souffle très violent émis par gorge. Il vole avec une facilité remarquable et aime à percher. Ses ongles sont longs et recourbés.

Le canard de Barbarie, fait remarquer M. Voitellier, produit beaucoup et s'élève très facilement. On dit sa chair assez fine, mais il porte sur lui une odeur de musc fort accentuée. Seulement, comme cette odeur a son siège dans les plumes du cou et dans les caroncules rouges formant le tour du bec et des yeux, on prétend qu'il suffit de le tuer en lui tranchant la tête pour supprimer toute trace de cette odeur.

Vu sa grosseur, le canard de Barbarie est très employé dans le Midi pour faire des croisements avec des canes du pays. Le produit, très volumineux, se nomme *mulard* ou *mulet*, parce qu'il est impropre à la reproduction, sauf de rares exceptions. — Ce sont ces mulards qui fournissent les foies gras destinés aux fameuses terrines de Nérac [1].

Les autres espèces de canards ont beaucoup moins d'importance; nous ne ferons donc que les mentionner. Ce sont :

Le canard d'*Aylesbury*, très apprécié en Angleterre, où il jouit de la même renommée que le canard de Rouen en France.

Le canard du *Labrador*, dont le plumage est d'un beau noir à reflets métalliques.

Le canard *Pingouin*, remarquable par la position antérieure de ses pattes qui le fait ressembler à l'oiseau dont il porte le nom.

Produits de l'élevage du canard. — Le

1. *L'Incubation artificielle et la Basse-Cour.*

canard fournit à peu près les mêmes produits que l'oie, c'est-à-dire une chair appréciée et des plumes.

Les canetons engraissés de Rouen et les pâtés de canards de Picardie ont une juste renommée. Dans le Midi, on fait avec les foies de canards d'excellents pâtés dont nous avons déjà dit un mot, sous le nom de pâtés de Nérac.

Les plumes de canard, quoique moins estimées que celles de l'oie, ont néanmoins une valeur reconnue. On les plume deux fois par an, peu de temps avant la mue, c'est-à-dire lorsque la plume est mûre. Les meilleures plumes, celles qui se rapprochent le plus de celles de l'oie, sont fournies par le canard de Rouen.

CHAPITRE XXVIII

ÉLEVAGE, ENGRAISSEMENT, MALADIES DU CANARD

Ponte. — Généralement on donne un mâle pour sept ou huit canes. La ponte commence vers la fin de février et se continue jusqu'en mai et juin. La cane pond de deux en deux jours ; en lui enlevant les œufs au fur et à mesure, elle peut en donner jusqu'à soixante et plus. Vers le mois de janvier, il faut déjà surveiller les canes, car elles ont une propension marquée à déposer leurs œufs dans les haies et les prés.

Les œufs de cane ne sont guère plus gros que ceux de la poule ; ils sont verdâtres à l'extérieur et en général moins pointus. Leur saveur est un peu moins délicate.

Le plus ordinairement la cane pond la nuit, ou le matin de très bonne heure.

Incubation. — Éclosion. — La cane peut couver de dix à quinze œufs ; la durée de l'incubation est de vingt-huit à trente et un jours. Comme la cane couve avec moins de soin que la poule, on donne quelquefois ses œufs à des dindes ou à des poules ; ces dernières sont préférables, car elles mènent les jeunes canards à l'eau, ce que ne font pas les dindes.

Dès leur naissance, les canetons se montrent très voraces, et c'est surtout une nourriture aquatique qui leur convient à cet âge. On complète cette alimentation par cinq ou six distributions journalières de pâtée, composée de son, de lait et d'orties hachées ; cette alimentation leur convient parfaitement

Durant la première semaine, il est prudent de ne pas laisser sortir les jeunes canards, même pour aller à l'eau, à moins toutefois qu'ils ne soient par trop précoces et que la température ne soit douce.

La croissance des canetons est d'autant plus rapide qu'ils ont l'eau à leur disposition et qu'ils trouvent davantage de nourriture. Ils sont d'ailleurs très peu difficiles sur ce point et se contentent de tout. Aussi, dès que les jeunes canards ont atteint quinze jours ou trois semaines, on se contente de leur donner deux repas par jour.

Ainsi traités, les canards vers l'âge de trois mois sont bons à engraisser, ils sont alors en chair et leurs ailes se croisent au-dessus de la queue.

Engraissement. — Pour les mieux engraisser, il faut avoir soin de les plumer sous le ventre et de les enfermer dans un lieu obscur, petit et tranquille.

On choisit le mois de novembre pour commencer l'opération, parce que plus tard ils entreraient en rut, s'occuperaient de la ponte, et la nourriture serait à peu près perdue. Il y a deux manières d'engraisser ces animaux, fait remarquer M. Fr. Routillet: la première, qui est plus économique, mais plus lente, consiste à leur donner une pâtée de pommes de terre, de maïs, de pois, de farine d'orge et d'avoine détrempés dans du lait ou de l'eau, qu'on leur laisse manger à discrétion.

La seconde manière est plus prompte. On prend le canard entre ses jambes, trois fois par jour, on lui fait avaler de la main droite, en lui ouvrant le bec de la main gauche, six ou sept boulettes de 50 millimètres de long sur 25 millimètres d'épaisseur. On lui donne aussi quelquefois de l'avoine en graines. Ensuite on lui fait boire de l'eau de son ou du lait. Cet engraissement dure quinze à vingt jours. Le canard, pour devenir gras en peu de temps, n'a pas, comme le coq, besoin d'être chaponné. On reconnaît qu'ils sont gras, sans les toucher, par l'écartement des plumes de la queue, qui font l'éventail.

Il arrive souvent qu'ils étouffent dans l'opération même de l'emboquement. Mais ils n'en sont que meilleurs; seulement, on doit les saigner avant qu'ils soient refroidis. D'autres fois, il semble que l'emboquement, loin de remplir son but, les maigrisse; mais c'est que la graisse se porte sur le foie, qui grossit à un point prodigieux : ce qui leur donne la maladie appelée *cachexie* ou *épathique*. Il faut alors les tuer, car dans cet état ils ne se vendent pas. En général, les canards ainsi engraissés sont moins savoureux que ceux auxquels on a laissé la liberté. Il y a quelques motifs de croire que plus ils mangent de matières animales, et plus leur chair a de fumet et se rapporte à celle du canard sauvage.

Autrefois, pour hâter l'engraissement de ces **animaux, on leur crevait les yeux; mais ces mutilations sont abandonnées aujourd'hui comme cruelles et inutiles.**

L'éducation des canards est une bonne spéculation. Cet oiseau devient promptement propre à être mangé. Sa chair, délicate, succulente et nourrissante, est fort recherchée; il n'a pas besoin d'être mortifié. Le canard, autant que possible, ne doit pas être saigné; il faut l'étouffer ou lui percer le crâne avec une pointe de fer[1].

Maladies des canards. — Les maladies des volailles sont presque toujours les conséquences d'une mauvaise nourriture, de la malpropreté de l'eau ou de la disette, ou de l'infection de leur demeure. Les remèdes les plus convenables sont une bonne alimentation, une eau souvent renouvelée, et en général, tous les soins de propreté.

CANARD MALE.

Indépendamment des signes particuliers de chaque maladie on reconnaît qu'un canard est malade aux caractères suivants : il devient triste, sa démarche lente, ses plumes se hérissent et se ternissent.

1° *L'apoplexie.* — Le canard est très sujet à cette maladie; elle se manifeste par un tournoiement continuel sur lui-même, et l'animal périrait bien promptement si on ne s'empressait de lui porter secours.

1. *Nouvel art d'élever les canards.*

Le remède consiste à saigner l'animal en lui ouvrant avec un canif ou une grosse aiguille une veine assez apparente, qui se trouve placée sous la membrane que sépare les ongles.

2° *Empoisonnement.* — La jusquiame et la ciguë, dont les canetons sont très friands, sont pour eux un poison violent ; aussitôt qu'ils en ont avalé une feuille, ils tombent, les ailes étendues, et périssent dans les convulsions.

Remède. — Empressez-vous, si vous voulez le sauver, de lui faire avaler du lait frais avec de la rhubarbe.

Les canetons sont également sujets à s'empoisonner avec les jeunes orties que l'on fait entrer dans leur nourriture, si l'on n'a pas soin de les choisir et de les éplucher ; lorsque cette plante est attaquée de la nielle et des pucerons, elle devient un poison violent pour l'animal.

Remède. — Faites dissoudre quatre ou cinq grains de chaux dans de l'eau tiède, que vous lui ferez avaler ; immédiatement après, l'animal sera sauvé.

3° *Maladie du croupion.* — Elle est produite par la malpropreté de l'eau et l'infection de leur demeure ; elle s'annonce par la constipation. Le canard devient triste, sa démarche est lente, sa tête penchée, son sommeil est pénible, ses plumes hérissées ; il se forme au-dessus du croupion une tumeur.

Remède. — Incisez la tumeur avec un couteau bien tranchant ; donnez issue au pus en la pressant avec les doigts ; lavez la plaie avec du vinaigre, de l'eau ou du vin. Pendant la convalescence, soumettez le canard à un régime rafraîchissant ; donnez-lui de la laitue, du son d'orge ou du seigle bouilli.

4° *Diarrhée.* — Cette maladie provient d'une nourriture trop abondante.

Remède. — Nourrissez les canards qui en sont attaqués, dit M. Routillet, auquel nous empruntons ce qui précède, avec de l'orge, des pois cuits, du pain trempé dans du vin; si la maladie persiste, faites-leur prendre une infusion de camomille dans du vin chaud.

5° *Constipation.* — Elle est produite par une trop grande quantité de nourriture sèche et échauffante, tels que le chènevis et l'avoine. On s'aperçoit facilement qu'un canard en est atteint quand on voit qu'il s'arrête souvent pour fienter sans résultat.

Remède. — Faites-lui avaler une ou deux cuillerées d'huile d'olive, et si le mal ne cède pas, ou qu'il se refuse à ce remède, on lui donne de la farine de seigle délayée dans de l'eau avec un peu de manne et un peu de laitue hachée bien menu.

6° *Vermine.* — Elle est due à la malpropreté. La propreté seule suffit pour la détruire. On emploie avec succès les lotions de cumin ou d'absinthe poivrée et l'eau de savon.

7° La *mue* est, pour le canard, comme pour tous les oiseaux, une époque de crise; ils sont alors tristes et mornes, leurs plumes se hérissent, ils les secouent souvent pour les faire tomber ou les tirent avec leur bec.

Remède. — Si vous voulez garantir la volaille des dangers de la mue, tenez-la chaudement; faites-la rentrer de bonne heure, ne la laissez pas sortir trop matin, à cause du froid et de l'humidité, et nourrissez-la de millet et de chènevis.

8° *Plaies.* — Les plaies qui proviennent d'un accident ou d'un combat doivent être lavées tour à tour avec de l'eau-de-vie laudanisée et du beurre frais ; celles des yeux, avec de l'eau et du lait.

9° *Fractures.* — Si un canard se casse la patte, la cuisse ou un ergot, on doit l'enfermer, avec une bonne nourriture et de l'eau fraîche, dans une chambre où il ne puisse rien trouver pour se percher ; la partie blessée ne doit pas être liée ; le repos suffit pour la guérir[1].

10°. *Pustules.* — Souvent, sur le corps des volailles, on remarque de petites pustules qui les font languir. Cette affection est contagieuse.

Remède. — Il faut, aussitôt qu'on s'en aperçoit, séquestrer l'animal qui en est atteint et lui faire prendre de la laitue hachée et de l'eau, dans laquelle on a jeté des cendres de bois ; pour hâter la guérison, il faut frotter les pustules avec de la crème ou du beurre frais.

1. M. François Routillet: *Opusc. cit.*

SIXIÈME PARTIE

CYGNE ET PAON

CHAPITRE XXIX

HISTOIRE NATURELLE ET ÉLEVAGE

Le cygne. — Le cygne ne vit chez nous en domesticité que depuis le seizième siècle, ainsi que l'a démontré M. Geoffroy Saint-Hilaire. C'est un oiseau de luxe, et le seul produit qu'on en tire, dit M. Bénion, auquel nous empruntons ces détails, est la peau de son ventre, munie de son duvet étincelant de blancheur ; encore est-elle souvent dans le commerce remplacée par celle de l'oie. La patrie originelle de ce bel oiseau semble avoir été le Nord de la Prusse ou de la Pologne, d'où ses migrations le conduisent annuellement dans toute l'Europe. C'est donc un oiseau tout d'ornement qui égaye les rivières, les pièces d'eau et plaît beaucoup, car c'est le plus élégant nageur qu'on puisse voir. Ceux qui ont à tort vanté l'excellence de sa chair en ont parlé d'après les anciens auteurs et sans en avoir jamais mangé.

Il existe plusieurs variétés de cygnes : le *cygne blanc ordinaire*, le *cygne à col noir*, le *cygne noir*.

Le cygne se nourrit de plantes, de racines et d'animaux aquatiques. Sa ponte donne de cinq à huit œufs; l'incubation dure six semaines, sous la garde du mâle intrépide, à défendre sa progéniture.

Les jeunes cygnes se promènent sur l'eau, avec leur mère, peu de temps après être nés et mangent

LE CYGNE.

une pâtée composée de mie de pain, salade hachée, œufs durs broyés, que l'on dépose sur le bord de l'eau. Ils grandissent vite et peuvent bientôt se contenter de la nourriture des adultes.

Le père les promène sur son dos, et l'on croirait volontiers que le roi Henri IV se serait inspiré de ce tableau touchant pour l'imiter en jouant avec ses enfants. Quand les ardeurs du soleil sont trop vives, ou lorsque le vent souffle avec trop de violence, le cygne met ses petits à l'abri en les enveloppant de ses ailes gonflées. Ces quelques détails, bien sommaires et bien incomplets, sur les mœurs du cygne, peuvent cependant venir en aide à l'étymologie de son nom. D'après Littré, « *cygne* dériverait du latin *cycnus*, du grec κυκνος, qui tient lui-

LE CYGNE BLANC.

même au latin *ciconia* par l'intermédiaire du sanscrit *cakuni*, signifiant l'*oiseau* », et voudrait dire alors « l'oiseau par excellence ». Cette acceptation serait très juste en l'appliquant surtout à une catégorie particulière, à celle des oiseaux d'eau. Sous ce rapport, le cygne peut très bien être regardé comme le palmipède régnant sur les eaux, de même que l'aigle règne dans les régions élevées de l'air. Bien plus, le règne du cygne est le règne de la douceur et de la paternité, il ne se sert de sa force que pour défendre sa jeune famille.

Le cygne rend de grands services : il vit presque exclusivement de racines et de plantes qu'il arrache au fond de l'eau avec le secours de son long cou, flexible et doué d'une force prodigieuse due aux vingt-trois vertèbres qui le sillonnent intérieurement A l'extrémité du col se trouve un bec armé de stries tranchantes, et la mandibule supérieure est terminée par un onglet corné très solide et approprié à la mission que la Providence a confiée au cygne. C'est avec ces moyens puissants que cet oiseau purifie les cours d'eau, les marécages, en

arrachant toutes les plantes qui pourraient en corrompre la limpidité et la pureté et qu'il combat les miasmes dangereux, les exhalaisons pestilentielles, et, par suite, les fièvres contagieuses. Il suffit de quelques cygnes dans un étang pour assurer la limpidité de l'eau et sa pureté. Le bec du cygne sauvage est noir et couvert à sa base d'une cire jaune qui se prolonge jusque sur les lorums en entourant les yeux. Le cygne domestique a le bec rouge dans toute sa longueur, à l'exception de l'extrémité de la mandibule supérieure, qui est noires ainsi que l'excroissance charnue qui s'élève vers la base de la même partie du bec.

Le cygne ne chante ni pendant sa vie ni à l'heure de sa mort, continue M. Ad. Bénion[1]. Il ne fait entendre qu'un sifflement sourd et strident. Cependant le cri du cygne sauvage est moins désagréable que celui du cygne domestique. L'adjectif *musicus* (musicien) ne s'appuie que sur une erreur des anciens, qui admettaient qu'à ses derniers moments le cygne fait entendre une suave et douce mélodie[2].

Le paon. — Le paon n'est plus un palmipède, comme l'oie, le canard et le cygne, c'est un gallinacé ayant plus d'un point de ressemblance avec la pintade, sa proche parente. Si nous avons placé ce qui le concerne à la suite du cygne c'est qu'il n'a guère plus d'utilité que lui. L'un et l'autre sont des oiseaux d'agrément.

Le paon est l'oiseau d'ornement par excellence, il est le roi des oiseaux. Rien de plus beau, de plus riche, de plus chatoyant que le plumage du mâle. Que l'on joigne à cela une démarche fière, un port majestueux, et on ne s'étonnera plus que les anciens aient consacré cet oiseau à Junon, comme type de la beauté et de l'orgueil.

Le paon est originaire des Indes, où on le trouve encore à l'état sauvage. On ne sait au juste à quelle époque il fut introduit en Europe. Ce qui est cer-

1. *Traité de l'élevage et des maladies des animaux et oiseaux de basse-cour.*

2. Il est à remarquer que l'appellation scientifique du cygne, tout au moins de cette espèce, est *cygnus musicus*.   A. L.

tain, c'est qu'en Grèce, au temps de Périclès, ces oiseaux étaient encore si rares qu'on les montrait comme objet de curiosité.

LE PAON.

Les Romains, non contents de faire du paon un oiseau d'ornement, en firent un oiseau alimentaire. Ce fut, paraît-il, l'orateur Hortensius qui le premier fit tuer un paon pour sa table.

Quoique la chair du paon soit excellente, surtout lorsque l'animal est jeune, cet oiseau ne sert plus d'aliment, c'est exclusivement un oiseau de luxe, de parc et de volière ; c'est de plus un criard et un voleur dont le voisinage n'est pas à désirer.

La voix du paon est très désagréable. Il se fait entendre chaque fois que l'atmosphère se charge d'humidité et nous annonce la pluie.

Cet oiseau est, de plus, un pillard de récoltes contre lequel il importe de se tenir en garde.

Dans nos basses-cours, fait remarquer M. Gobin, son caractère batailleur et impératif porte le trouble parmi les volailles. Il s'habitue difficilement, du reste, à un régime domestique. Il lui faut la liberté, l'espace, les toits, les murs ou les grands arbres pour se percher.

La durée de la vie de cet oiseau est d'environ vingt-cinq ans ; les paons sont adultes, c'est-à-dire n'ont acquis leur entier développement qu'à trois ans chez les mâles et deux ans chez les femelles. Ce n'est donc que lorsqu'ils ont atteint cet âge qu'on peut les faire accoupler.

On donne quatre ou cinq paonnes à chaque mâle ; il se montre aussi ardent que le coq pour ses poules.

Columelle a donné d'excellents conseils en ce qui concerne l'élevage de ce bel oiseau, qui, d'ailleurs, se vend des prix très élevés. Voici sa manière de voir en ce qui concerne leur habitation :

La retraite des paons doit être exempte de toute humidité et garnie de poteaux sur lesquels on fixe des perches transversales amincies et carrées.

La paonne pond une fois par an, au printemps

On peut, pour hâter cette ponte, donner vers la fin de l'hiver une nourriture stimulante, notamment quelques fèves torréfiées et chaudes qu'on distribuera tous les deux ou trois jours.

Les œufs, au nombre de six à dix dans nos climats, sont d'un blanc fauve tachés de points gris, leur volume est celui des œufs de dindes. Comme on le voit, la paonne est peu féconde, c'est ce qui explique pourquoi l'élevage de ce gallinacé n'est pas plus général. Dans les pays chauds, la ponte est plus abondante ; toutefois rarement, elle excède vingt-cinq œufs par an.

Comme la pintade, la paonne cache ses œufs, elle couve elle-même, à la condition cependant que l'homme n'intervienne pas ; autrement, elle abandonne son nid. C'est pour cette raison que les éleveurs préfèrent donner les œufs de paonnes aux dindes.

Après trente jours d'incubation les paonneaux éclosent ; ils sont alors couverts d'un duvet jaune et ne ressemblent guère à leurs parents.

La meilleure nourriture à leur donner consiste en farine d'orge délayée dans du vin, de la bouillie d'orge et de l'avoine cuite et refoidie.

Dès leur naissance, la femelle emmène ses petits pour les faire coucher dehors ; mais ils sont bien faibles, aussi montent-ils sur son dos ; elle les enlève ainsi où bon lui semble. Il est bon de placer les petits sur la mère lorsqu'ils ne peuvent y atteindre eux-mêmes, **car il est essentiel qu'ils ne passent pas la nuit par terre.**

C'est vers l'âge d'un mois que l'aigrette commence à pousser chez les paonneaux. Il faut alors les surveiller et en avoir grand soin, car c'est pour eux un moment de crise qui ne saurait être mieux comparé qu'à la prise du rouge chez les dindonneaux.

Indépendamment de cette affection, les paons sont sujets aux mêmes maladies que les poules. Une des plus graves pour eux est la mue, qui est d'autant plus pénible que les plumes sont plus fortement implantées. A cette époque, ces oiseaux deviennent d'une laideur qu'on a peine à se figurer ; ils sont tristes et se cachent dans les endroits sombres et solitaires.

LA PAONNE.

La nourriture des paons, une fois qu'ils ont pris leur aigrette, varie quelque peu suivant les lieux et les saisons. Autant que possible, elle devra consister en grains de froment, d'orge, mie de pain, œufs durs hachés avec leur coquille; marc de pomme, etc. Il est très utile de mêler à ces divers aliments des feuilles de laitue hachées, et des insectes divers, notamment des sauterelles. D'ailleurs il est bon de les laisser pâturer un peu de temps à autre. S'il faut en croire Franzius, les feuilles d'ortie sont mortelles aux paons.

Ce n'est que vers l'âge de huit mois que les jeunes paons seront réunis aux vieux ; plus tôt ou plus tard, ils seraient victimes de la méchanceté de ces derniers.

On employait autrefois les plumes de paon à faire des espèces d'éventails. On en formait des couronnes en guise de laurier pour ces poètes du moyen âge qu'on appelait les troubadours. Gesner a vu une étoffe dont la chaîne était de soie et de fil d'or, et la trame formée par des plumes de paon. Tel était sans doute, dit Buffon, le manteau tissu de plumes de paon que le pape Paul III envoya au roi Pépin.

Dans certains pays, et notamment en Normandie et en Bourgogne, fait remarquer le Dr Hector George [1], les plumes de paon sont l'objet d'une étrange superstition. On croit qu'elles portent malheur, et que, introduites dans une maison, elles apportent la mort avec elles.

Un de nos amis, professeur au Muséum d'histoire naturelle de Paris, et originaire de Normandie, nous racontait à ce propos une étrange histoire.

Fils d'un naturaliste distingué de Rouen, il apportait un jour à la maison, encore enfant, des plumes de paon.

— Ah! monsieur, lui dit une vieille couturière, qu'avez-vous fait là? Vous avez introduit la mort dans la maison!

1. *Journal d'agriculture pratique.* Le Paon.

Et elle lui expliqua la néfaste puissance des plumes de paon.

Quatre jours plus tard, sa mère, au milieu d'une santé parfaite, mourait subitement.

Serait-ce l'œil des plumes de paon qui aurait la réputation des gens qui ont le « mauvais œil » ?

Toujours est-il que cette superstition n'est pas inutile à connaître pour éviter à autrui des terreurs réelles, et à soi-même des reproches assurément immérités.

SEPTIEME PARTIE

PIGEONS

CHAPITRE XXX

CARACTÈRES, MOEURS, RACES

Généralités. — Les pigeons constituent une branche spéciale de la basse-cour, car leurs variétés sont innombrables et leurs mœurs diffèrent complètement de celles des animaux précédemment étudiés.

Ces oiseaux se rencontrent partout, dans les climats chauds comme dans les pays tempérés. De tous temps ils ont fait partie de nos animaux domestiques, et il n'est guère de fermes où on ne les rencontre en plus ou moins grand nombre.

Usages et produits. — Ce sont des animaux granivores qui, par ce fait même, font souvent du tort dans les champs nouvellement ensemencés ; ces dégâts ne sont guère compensés que par deux produits :

1° Les pigeonneaux, qui se vendent fort bien et qui constituent un mets d'une délicatesse peu commune.

2° La colombine ou fiente de pigeons, qui constitue un des engrais les plus actifs que l'on connaisse.

Mœurs et genre de vie — Nous ne pouvons présenter ici tous les détails curieux qui constituent l'histoire naturelle du pigeon, nous nous contente-

PIGEON RAMIER.

rons d'esquisser à grands traits les particularités les plus remarquables du genre de vie de ces oiseaux, en nous basant sur une excellente et charmante étude de M. de Cherville et en faisant de fréquents emprunts. Faire mieux que cet écrivain remarquable est absolument impossible ; faire aussi bien est tout a fait au-dessus de nos forces.

Parlant des mœurs honnêtes et aimables dont la nature a doté le pigeon, M. de Cherville ajoute :

« Ces mœurs n'ont peut-être pas été étrangères aux vertus, hélas! si démodées qui durent caractériser l'âge d'or. L'enfance de l'humanité, comme toute enfance humaine, a débuté par la chasse aux nids : un couple de pigeonnaux enlevés de leur berceau de bûchettes, voilà probablement sa première conquête ; il ne songea pas tout de suite à les mettre aux petits pois, il en fit l'ornement animé de sa caverne ; avec ce modèle de tendresse et de fidélité conjugales sous les yeux, la pratique des vertus susdites devait lui devenir facile.

« C'est que le pigeon est une vivante incarnation de cette tendresse ; son existence est une idylle que n'interrompt pas la saison rigoureuse, qui persiste au milieu de frimas, lorsque les affres du froid et de la faim paralysent les ardeurs de toute créature.... Le pigeon est à peu près seul à apprécier tous les raffinements de l'art d'aimer ; par la constance avec laquelle il en savoure les prémisses, il s'élève presque à la hauteur d'un sentiment. Un couple de pigeons, par ses rapprochements de becs, par ses enlacements de cols, traduit toute la passion avec toutes les délicatesses de la chasteté.

« Quant à leur fidélité conjugale, elle est exemplaire. Vous répondre que tous leurs contrats sont vierges de coups de canif, ce serait peut-être beaucoup s'avancer ; la perfection n'est pas de ce monde. Peut-être est-ce une conséquence des détestables exemples que ces oiseaux reçoivent dans notre voisinage, mais je dois confesser que les torts de ce genre sont le plus souvent l'apanage du sexe fort ; les dames pigeonnes témoignent de beaucoup plus de retenue ; il est juste d'ajouter que la jalouse surveillance que le seigneur et maître exerce sur sa moitié n'est peut-être pas étrangère à sa réserve. Époux modèles, les pigeons sont des parents d'élite ; le

MODÈLE DE TENDRESSE ET DE FIDÉLITÉ CONJUGALES.

mâle partage avec la femelle le travail d'incubation : quand on observe l'acharnement qu'il apporte à la décider à quitter le nid, les précautions minutieuses avec lesquelles il se place luimême sur les œufs, il semblerait qu'il éprouve une certaine jouissance à la relayer ; quand il s'agit de donner la becquée aux petits, ce qu'il fait en dégorgeant dans leur bec les grains déjà macérés dans son jabot, il se montre infatigable. Très souvent, si la femelle a entrepris une seconde couvée avant que les aînés soient en état de manger, il poursuit seul son œuvre de nourricier et la mène toujours à bien.

« Le pigeon est un oiseau essentiellement éducable et parfaitement susceptible de s'attacher à la personne qui le nourrit. »

Races de pigeons. — On n'est pas encore bien d'accord dans le monde des naturalistes sur la place qu'il convient de donner aux pigeons dans la classification ornithologique. Pour les uns, ce sont des passereaux, pour les autres des gallinacés, pour d'autres enfin ils constituent un ordre à part en compagnie des tourterelles et des ramiers. Quoi qu'il en soit, au point de vue pratique, on peut admettre deux catégories de pigeons : 1° les pigeons bisets ou fuyards, qu'on trouve dans la plupart des fermes ; 2° les pigeons de volière. Dans chacun de ces groupes se trouvent une multitude de races.

Vingt-quatre races de pigeons communs ont été établies par MM. Boitard et Corbié. Nous leur en empruntons la description d'après *le Livre de la ferme* de M. Joigneaux :

1° Les *pigeons bisets*, de couleur cendrée bleuâtre, tachetés de noir sur les ailes, d'un blanc pur au croupion, sur le cou des reflets irisés de bleu et de vert ;

2° Les *pigeons mondains*, qui ne quittent point la basse-cour, qui font partie de nos pigeons de volière, qui passent pour être des métis, et parmi lesquels on distingue le gros mondain, le mondain moyen et le mondain de Berlin;

3° Les *pigeons pattus*, dont les doigts sont emplumés et parmi lesquels on signale les pattes ordinaires, le limousin, le pigeon de Norvège, le frisé, le plongeur, le huppé et le crapaud volant.

LE BISET.

4° Les *pigeons tambours*, dont les pieds sont très chaussés de plumes, dont le front est orné d'une couronne et chez lesquels un son de voix rappelle le tambour. On estime dans cette race le glouglou tambour, à plumage papilloté de noir et de blanc, et les glouglous de Dresde de diverses couleurs;

5° Les *pigeons grosse-gorge* ou *boulans* qui ont la faculté d'enfler extraordinairement leurs jabots

20.

en boules et qui renferment les grosses-gorges soupe-au-vin, chamois panaché, cygne blanc, gris ;

6° Les *pigeons lillois*, qui enflent un peu moins leur jabot que les boulans, non plus en forme de boule, mais en forme d'œuf. Le lillois élégant, qui est le type de la race, n'a d'emplumé que le doigt du milieu. C'est un pigeon gracieux, fécond, très variable quant au plumage ;

7° Les *pigeons maillés*, plus petits, moins hauts sur pattes que les grosses-gorges, plus riches que ceux-ci quant au plumage, et d'un bon produit. Nous avons les maillés jacinthe, jacinthe plein, couleur de feu, noyers, pêchers et maillés plein.

8° Les *pigeons cavaliers*, et dans le nombre le cavalier faraud, très fécond et de couleur blanche ordinairement. Ils enflent leur gorge comme les précédents, mais ils s'en distinguent par l'épaisseur de leurs narines ;

9° Les *pigeons bagadais*, difficiles à apprivoiser. Bec long et recourbé, narines larges et tuberculeuses, œil entouré d'une sorte de ruban rouge caronculeux : cou et torse longs. Le bagadais bâtard, d'un bleu cendré, est le plus joli de sa race.

10° Les *pigeons turcs*, très variés, très féconds, très beaux et de plus en plus rares. Œil cerné de rouge et narines tuberculées comme dans le bagadais, mais s'en distinguant par des jambes courtes et par son allure.

11° Les *pigeons romains*. Œil bordé de rouge, deux fèves formant la membrane tuberculée qui sert d'opercule aux narines ; race féconde, commune en Italie et comprenant plusieurs variétés très jolies ;

12° Les *pigeons miroités*, ressemblant à première vue aux mondains, mais s'en distinguant par un magnifique plumage, un iris jaune et l'absence de filet autour des yeux;

13° Les *pigeons nonnains*, caractérisés par une

PIGEON CAVALIER

fraise de plumes relevées, imitant plus ou moins le capuchon d'un moine;

14° Les *pigeons-coquilles*, très remarquables par leur fécondité et caractérisés par une touffe de plumes rejetées en arrière et relevées en manière de valve de coquille que nous appelons *pecten* et qui servent dans certaines maisons à lever la crème du lait.

15° Les *pigeons hirondelles*, ayant quelque ressemblance avec les oiseaux de ce nom. Dessous du corps, de la tête et du cou blanc ; dos et ailes noirs ou rouges, bleus ou jaunes ; dessous de la tête et plumes du pied de la même couleur que celles du dos ;

16° Les *pigeons carmes*, très petits, très bas sur jambes, très pattus ; derrière de la tête huppé, plumes du ventre toujours blanches ; convenant plutôt pour la beauté que pour le produit.

17° Les *pigeons polonais*, ramassés et lourds, assez ordinairement dominés par la couleur noire : bec très court et plus gros que chez les autres races ; larges bandes rouges aux yeux se joignant parfois au sommet de la tête.

18° Les *pigeons à cravate*, dits *messagers* ou *voyageurs*, reconnaissables à une rangée de plumes rebroussées qui s'étendent de la gorge à la poitrine ; ils sont de diverses couleurs ;

19° Les *pigeons volants*, pouvant aussi servir de messagers, très féconds, très attachés à leur colombier, préférables au bisets, de toutes les couleurs ;

20° Les *pigeons culbutants*, ainsi désignés à cause des culbutes qu'ils font en l'air ;

21° Les *pigeons tournants* ou *batteurs*, un peu plus gros que les culbutants, pieds emplumés, iris de l'œil noir ; ils tournent en volant, sont batailleurs, indisciplinés, et doivent être éloignés des colombiers ;

22° Les *pigeons heurtés*. Partie inférieure du bec blanche, une petite tache ou bleue, ou jaune, ou noire, ou rouge qui s'étend du dessus du bec jusqu'à

PIGEONS ROMAINS, PAONS ET BOULANS.

la tête; queue toujours de la couleur de cette tache; reste du corps blanc;

23° Les *pigeons trembleurs* ou *paons*, ailes pendantes, queue relevée et ouverte en éventail; presque toujours agités; improductifs; pigeons d'amateurs pour la cage; ne convenant pas plus à la volière qu'au colombier;

24° Les *pigeons suisses*, qui sont les plus brillants, les plus éclatants en couleur; fond du plumage d'un blanc satiné, avec panachures rouges, bleues ou jaunes. Assez souvent, ils portent un ou deux colliers d'un brun rouge et deux bandes de même couleur sur les ailes [1].

Toutes ces races peuvent se croiser et se croisent entre elles, pour donner des métis plus ou moins recherchés, suivant les qualités qu'ils possèdent.

[1]. Pierre Joigeaux : *Le Livre de la ferme et des maisons de campagne*. Tome Ier, pages 837 et suivantes.

CHAPITRE XXXI

ÉLEVAGE DES PIGEONS

Colombier. — L'habitation des pigeons de ferme, le colombier, encore appelée pigeonnier doit être placée dans un endroit calme, c'est-à-dire assez loin du bruit des voitures ou des branches d'arbres secouées par le vent. Cela est motivé par ce fait, que les pigeons aiment par-dessus tout la tranquillité.

La forme du colombier est ronde ou carrée. La forme ronde paraît préférable en ce sens qu'elle permet de placer au centre une échelle tournante grâce à laquelle on peut visiter les nids.

Le plus généralement on construit le colombier sur un autre bâtiment élevé pour d'autres usages; cependant quelquefois on en trouve dont la maçonnerie commence aux fondations.

Dans ce dernier cas, le colombier devra être établi sur un terrain sec, exposé au levant et au midi.

L'intérieur sera blanchi à la chaux.

A l'extérieur, il en sera de même; de plus, quelle que soit la forme du bâtiment, il sera entouré d'une corniche de 0ᵐ25 de saillie; cette corniche intercepte le passage aux animaux grimpeurs tels que fouines, putois, rats; de plus, cette corniche constitue pour les pigeons une galerie sur laquelle ils aiment à se promener avant de pénétrer dans leur demeure.

Au niveau du plancher, à deux ou trois mètres au-dessus du sol, doit se trouver la porte d'entrée pour le passage des personnes. A côté de cette porte on place la fenêtre, dont les dimensions doivent se rapprocher de deux mètres de haut sur un mètre de large, fermée avec des planches trouées et offrant à sa base une ouverture pour les pigeons. Cette ouverture devra pouvoir se fermer à volonté au moyen d'une planchette à coulisses. De cette manière, on pourra ouvrir le matin et le soir, car, contrairement à l'assertion de quelques auteurs, cette ouverture ne doit pas rester constamment béante. Cette manière de faire exposerait le pigeonnier aux dévastations des oiseaux de nuit; mais il faut avoir bien soin d'ouvrir de grand matin, car c'est à ce moment que les pigeons vont faire leurs provisions, et un oubli pourrait être fatal aux jeunes.

Le sol du premier étage, habité par les pigeons, doit être, non pas planchéié mais bien carrelé avec des joints solides au ciment afin que les rats ne puissent pénétrer dans l'habitation.

Le toit, quelle que soit la pente qu'on lui donne, devra être de préférence en tuiles, mais solidement posées, car les pigeons, quoique ceci ait été exagéré, nuisent néanmoins aux toitures.

Les nids des pigeons ou *boulins* seront ouverts

INTÉRIEUR DU COLOMBIER.

dans les murs ou placés contre, il faut trois nids pour deux paires de pigeons, à cause des pontes renouvelées ; ces boulins doivent avoir 0m25 carrés, le premier rang sera placé à 1m50 du plancher pour que les rats ne puissent y atteindre ; la dernière rangée sera à 60 centimètres du toit.

Les nids doivent avoir un rebord d'environ 0m06.

PIGEONNIERS-CLAPIERS.

De cette manière, les jeunes pigeons ne franchissent ce rebord, pour venir se promener sur la saillie (qu'on a eu soin de ménager sur tout le bord de la rangée de nids), que lorsqu'ils sont assez forts pour s'y risquer.

Dans le colombier, on placera une mangeoire en bois et un abreuvoir destinés à alimenter les pigeons lorsque, pour une raison ou une autre, ils ne peuvent quitter leur demeure.

Tous les ans on blanchira le colombier intérieurement. On procède à ce travail en octobre ou novembre, c'est-à-dire lorsqu'il y a le moins de pigeons occupés à couver.

Le pigeonnier devra être tenu très proprement; la fiente ou colombine sera enlevée régulièrement deux ou quatre fois par an, suivant la densité de la population.

Une seule personne, et toujours la même, pénétrera dans le colombier. On évitera d'entrer brusquement pour ne pas effrayer les pigeons.

Nourriture des pigeons. — Comme il faut aux pigeons leur liberté, ils la mettent à profit pour chercher au dehors la plus grande partie de leur nourriture. C'est donc seulement un complément qui devra leur être distribué. Aux bisets on ne donnera ce complément qu'en hiver. Pour les gros pigeons de volière, mondains, pattus, etc., on continue la distribution en toute saison.

La nature des aliments varie. On leur donnera du blé, seigle, orge, maïs, sarrasin, navette, colza, chènevis, pois, vesces, lentilles; les vesces et le chènevis sont leurs aliments favoris.

Les criblures de toutes les graines leur conviennent parfaitement.

Comme les pigeons aiment beaucoup le sel, mais que cette substance, sur laquelle ils s'acharnent, peut leur être nuisible prise en trop grande quantité, on peut suspendre dans le colombier des morues sèches qu'ils déchiquettent à coups de bec. Cette pratique a un double avantage : procurer aux pigeons une nourriture dont ils sont avides, et ensuite les empêcher de dégrader les murs, ce qu'ils font généralement en y cherchant du salpêtre.

On peut mettre la nourriture dans une mangeoire, ou bien on la distribue au dehors sur une aire battue, bien propre, située devant le colombier. On fait deux distributions par jour, matin et soir.

Ponte et incubation. — C'est le mâle qui choisit le nid. Celui-ci, qu'il soit dans le mur ou autrement, doit être garni de litière ; en tout cas, le couple y apporte des brins de paille.

La ponte commence quelques jours après, et dure deux jours. La femelle ne garde complètement le nid que lorsque ses deux œufs sont pondus. Or, le second œuf n'est pondu qu'après un nouvel accouplement.

Pendant l'incubation, qui dure dix-sept ou dix-huit jours, le mâle tient compagnie à la femelle.

Les petits éclosent successivement, à un intervalle variant entre douze et vingt-quatre heures. Le petit bêche sa coquille. Il importe de ne pas intervenir, car, à vouloir l'aider, on risquerait la plupart du temps de compromettre l'existence du jeune.

Les pigeonneaux naissent le corps couvert d'un léger duvet qui ne disparaît que longtemps après qu'ils ont toutes leurs plumes. C'est alors seulement qu'ils se hasardent à quitter le nid et que les **parents les abandonnent pour recommencer une autre ponte.**

LA VOLIÈRE.

C'est à ce moment, c'est-à-dire dès leur première sortie, que les jeunes pigeons sont le plus gras, et qu'ils conviennent le mieux pour la table.

Les bisets font trois pontes par an, quelquefois quatre. Les pigeons de volière en font jusqu'à dix.

C'est vers trois ou quatre mois que les jeunes pigeons de volière, tels que volants, nonnains, culbutants, mondains, etc., donnent les premiers signes d'amour.

Les premières pontes sont très irrégulières, souvent il n'y a qu'un œuf; d'autres fois, les œufs sont clairs. Ce n'est que vers l'âge de dix ou douze mois que la ponte est régularisée et normale.

On n'engraisse généralement pas les pigeonneaux destinés au marché. Cependant, si on juge la chose nécessaire, on peut y procéder en s'y prenant de la manière suivante : on les enferme dans un panier couvert, quelques jours avant leur sortie du nid, le panier est placé dans un endroit calme et obscur, puis matin et soir on gorge les oiseaux de grains de maïs ramollis dans l'eau pendant deux jours.

Vers sept ou huit ans, la ponte diminue et cesse même chez les pigeons ; il faut donc se débarrasser des pigeons dès l'âge de cinq ou six ans. On reconnaîtra toujours avec un peu d'habitude les vieux individus à leur plumage terne, leurs yeux moins vifs, leurs ongles longs et crochus, leurs pattes couvertes d'écailles blanchâtres, et leur bec aminci.

Maladies. — Les pigeons sont sujets à quelques maladies qu'ils contractent assez facilement, il faut le dire, surtout dans le jeune âge. Comme chez ces petits animaux le diagnostic est loin d'être facile et qu'un traitement curatif aussi simple qu'il puisse être est toujours difficile et surtout dispendieux, on cherche rarement à guérir les malades. Ce qu'il faut chercher surtout, c'est à prévenir les maladies, et comme pour les autres animaux, comme pour les hommes, on y arrive par une hygiène bien comprise.

Une bonne aération, mais pas de froid en hiver; une propreté des plus minutieuses pour éviter la ver-

mine, qui est on ne peut plus nuisible aux pigeons, qui s'arrachent les plumes, maigrissent, deviennent tristes et négligent leurs couvées.

Lorsqu'un pigeon est malade et quelle que soit sa maladie, il est bon de le réchauffer en lui donnant quelques gouttes de vin chaud. On ranime ainsi l'animal; lorsque ce traitement, d'une extrême simplicité, on le voit, ne réussit pas, il serait trop dispendieux d'en essayer un autre. Mieux vaut alors sacrifier l'animal.

Le pigeon voyageur. — L'emploi des pigeons messagers ou voyageurs ne date pas d'hier, car Pline en fait déjà mention.

Autrefois, la dépêche était attachée au cou du pigeon à l'aide d'un fil de soie, mais souvent elle se perdait, aujourd'hui on écrit la dépêche sur un petit carré de papier gommé qui est appliqué sous une des plumes de la queue.

« Comment expliquer, dit l'abbé Moigno, ce phénomène surprenant d'un pigeon ou d'une hirondelle, transportés dans des paniers bien fermés à 100 lieues de leurs nids et revenant à tire-d'aile vers leur jeune famille ? On a longtemps été tenté de soupçonner chez ces étonnants oiseaux  l'existence d'un sixième sens que nous n'avons pas ; et ce soupçon se serait peut-être changé en certitude sans ce fait, qu'en général, pour assurer le succès de ces longs retours, il faut soumettre l'oiseau voyageur à des exercices préalables ; le porter successivement à des distances de plus en plus grandes, et le lancer toujours dans la même direction. Mais les faits étranges dont nous sommes témoins à Paris, le retour au colombier de pigeons non préalablement exercés, après un long circuit fait en ballon et sur les chemins de fer, déroute de nouveau toutes les conjectures, et nous laisse en présence d'un véritable mystère. »

Depuis 1870 surtout, on s'occupe beaucoup en France des pigeons messagers, la création des colombiers militaires se poursuit avec activité. Il en est de même en Belgique, où des sociétés colombophiles établissent des concours et décernent des prix à ceux qui parcourent le plus rapidement une distance convenable. C'est surtout à Bruxelles, à Liège et à Anvers qu'on s'occupe de cette question.

Les pigeons voyageurs bien entraînés font généralement un kilomètre par minute. Ils appartiennent aux races des *pigeons volants* et des *pigeons à cravates* dont nous avons déjà dit un mot.

HUITIÈME PARTIE

LAPINS, LÉPORIDES ET COBAYES

CHAPITRE XXXII

LE CLAPIER ET SES HABITANTS

Clapier-modèle. — Le clapier est le logement du lapin. Généralement on loge ces petits mammifères dans la première cage venue. C'est là une négligence impardonnable : les lapins, pour venir à bien, veulent être sainement et confortablement logés.

L'exposition qui convient le mieux est celle du levant.

Parmi tous les systèmes de clapiers proposés par les auteurs, un des plus perfectionnés est certainement le clapier-modèle de M. Lemoine dont nous donnons ici la description et le croquis d'après l'auteur.

Chaque sujet doit avoir sa loge.

Qu'elle soit en ciment, en briques ou en bois, chaque loge doit avoir 1^m25 de largeur sur 0^m80 de profondeur, avec une ouverture de 0^m65 de hauteur sur 0^m45 pour la porte.

Le clapier dont nous donnons la façade (page 374) et la coupe représente deux loges superposées. La première est à 0^m30 du sol, elle a 0^m80 de hauteur; puis un bandeau de 0^m18 forme le plancher de la seconde case, qui a les mêmes proportions, plus une toiture, dont la saillie doit avoir au moins 0^m50; cette saillie est nécessaire pour abriter de la pluie, du soleil, du froid, et de plus elle procure une demi-obscurité que les lapins aiment beaucoup.

On remarquera, dans la coupe, que le sol est très

LE LAPIN.

incliné pour faciliter l'écoulement des urines qui se réunissent dans une petite rigole correspondant à un tuyau; cette disposition permet de recueillir cet engrais très riche.

Dans l'intérieur de la case, en construisant, on établit un petit solin sur lequel doit reposer un plancher en bois, formé avec des lames de 0^m01 et assemblés par deux traverses. On peut remplacer les lames de bois par des planches percées de trous, toujours pour que la litière soit sèche.

Les portes seront grillagées avec un fil de fer fort, ayant des mailles étroites pour empêcher l'entrée des rongeurs et des bêtes puantes qui sont très friands de jeunes lapereaux.

D'après ces données, on établira autant de cases que l'on désirera; avec des loges ayant ces proportions, on pourra facilement surveiller les nids qui sont souvent au fond de la case, et le lapin trouvera néanmoins un coin obscur où il pourra se réfugier, car il est craintif et s'effraie facilement.

Enfin le grand avantage, c'est que l'on n'aura à redouter ni le manque d'air, ni le séjour sur un fumier en fermentation, car il faut répéter, en terminant, que le lapin aime la propreté, et ce qui prouve bien à quel point une case humide et sale lui est antipathique, c'est que, pour ne pas salir toute sa loge, il dépose ses déjections toujours dans un même endroit. Avec un plancher, il est assuré d'avoir une litière sèche.

Comme annexe aux cases, nous avons des pièces où je transporte les lapereaux au moment du sevrage, et, pour éviter que les jeunes femelles travaillent trop tôt, nous les mettons seules. (E. Lemoine)

Tonneaux-clapiers. — Mais ce n'est pas là la seule manière de loger les lapins, il y en a d'autres.

Un des plus employés est le système des tonneaux, qui est très économique et facile à nettoyer.

Un éleveur de lapins, qui possédait un clapier à Paris, près de la barrière du Trône, fait observer a ce sujet M. A. Gobin, employait comme cases de vieux tonneaux qu'il couchait sur des chantiers, la bonde en bas ; l'un des fonds était enlevé et servait à faire un plancher ; il était remplacé par une porte grillagée en bois ; l'intérieur était garni d'un râtelier à balance et d'une augette. Une rigole recevait l'urine s'écoulant par la bonde et la conduisait au loin.

M. Eugène Gayot a perfectionné le système en perçant une porte dans chaque fond du tonneau, et en le divisant en deux chambres dont la plus petite sert à la fois de râtelier et de passage ; une trappe percée au sommet permet de distribuer le fourrage dans le ratelier ; un levier à coulisse donne la facilité d'interdire la communication entre les deux chambres.

Un tonneau d'un muid (750 litres environ) peut servir au logement de dix lapereaux ; une bordelaise (227 litres) forme une habitation suffisamment spacieuse pour une mère. Il est bien entendu que ces tonneaux peuvent être placés les uns à côté des autres sous un hangar léger, recouvert en carton bitumé. Quand on veut nettoyer, on se sert d'un râble plat d'une face, arrondi de l'autre, et on fait alternativement passer les animaux d'un compartiment dans l'autre [1]

Choix d'une race de lapins. — Il n'est pas indifférent d'élever une race quelconque de lapins. Pour ces animaux comme pour ceux qui ont été étudiés précédemment, il y a un choix à faire.

Tout d'abord nous devons définir clairement

[1]. A. Gobin : *Précis pratique de l'élevage des lapins.*

quelques termes au sujet desquels règne souvent une certaine indécision : *lièvre*, *hase*, *lapin*, *léporide*.

Le lièvre, le lapin et le léporide sont des animaux très voisins.

« Il n'existe pas de différences profondes, dit M. Arloing, dans la conformation des organes génitaux du lièvre, du lapin et du léporide.

« Nous n'avons rien trouvé en comparant le lièvre

CLAPIER-MODÈLE.

au lapin qui puisse s'opposer à l'union et à la fécondation réciproque de ces deux espèces. L'expérience a démontré, du reste, que cette union féconde pouvait se réaliser. »

Le *lièvre* ne creuse pas de terrier, il a un gîte. Il a les oreilles longues et droites, les membres postérieurs longs et forts, il atteint assez communément le poids de 4 kilogrammes.

Son pelage est roux fauve ; sa chair rouge.

La femelle ou *hase* porte ses petits pendant trente jours ; elle fait deux ou trois portées par an, de deux chacune.

Le *lapin* vit en société dans des terriers ; il est plus petit que le lièvre, tout au moins le lapin sauvage ; il a les oreilles plus courtes, le poil est gris roussâtre, sauf le ventre, la gorge et le dessous de la queue, qui sont blancs. La chair est blanche. La femelle ou *lapine* porte pendant trente jours, mais elle fait six, sept ou huit portées par an, et chaque portée varie entre cinq et douze petits.

Le *léporide* a des caractères intermédiaires sur lesquels nous aurons à revenir.

En ce qui concerne les races de lapins, elles se sont tellement multipliées, ou, pour mieux dire, on en a tellement créés de plus ou moins arbitraires d'ailleurs, qu'un volume ne suffirait pas pour les décrire. Nous nous bornerons aux principales, à celles qui sont nettement caractérisées.

« Chaque localité, dit M. E. Gayot, qui s'est beaucoup occupé de ces animaux, a pour ainsi dire sa race, sa variété de lapins, sans que cela tire trop à conséquence au point de vue des éducations. Les principales particularités viennent ou du régime qui est plus ou moins abondant et substantiel, ou de l'emploi, comme reproducteurs, d'animaux plus ou moins bien choisis, et enfin du pelage, dont les variations infinies ne trouvent pas d'autre explication que celle qui peut être fournie par la promiscuité. On rencontre partout toutes les nuances de gris clair, foncé, ardoise; toutes les robes blanches, noires, rougeâtres; isabelle, café au lait, pie ; le poil noir franc est le plus rare, le gris clair et le roussâtre sont les plus communs »[1].

Parmi les principales races, qui toutes dérivent du lapin sauvage, nous devrons mentionner les suivantes :

Lapin bélier ou rouanais. — C'est le géant de l'espèce ; il a la tête très grosse et fortement busquée, ses oreilles sont larges, longues et tombantes. Il atteint le poids considérable de 8 à 10 kilos ; sa fécondité est limitée. Un élevage intelligent reformerait le volume et les défectuosités de la tête afin de réduire les exigences de la race.

Cette race obtient depuis quelques années un vif succès en Angleterre, où on la désigne sous le nom de *lapin à oreilles pendantes*.

Lapin nicard. — Le lapin *nicard* est la plus petite espèce connue, celle qui se rapproche le plus du lapin sauvage. Son poids ne dépasse guère 1 kil. 1/2. Cette espèce, qui est très répandue en Provence, est rustique et très féconde.

Lapin argenté. — Le *lapin riche* ou *argenté* a le poil gris blanc tacheté de petits points noirs ; il est très soyeux, très fourni, et présente à la lumière des reflets brillants qui ont fait donner à l'animal le nom de *lapin argenté*.

La peau de ce lapin est très estimée des pelletiers, qui la vendent souvent pour du *petit gris*.

Ce lapin est de grosseur moyenne.

---

[1]. *Encyclopédie pratique de l'Agriculture*, tome IX.

Il fournit, indépendamment de sa fourrure, une chair très délicate.

Lapin de Chine. — Le *lapin blanc de Chine* ou lapin polonais, encore appelé lapin de l'Himalaya, a le poil ras, les yeux rouges, le nez et les pattes noirs. Son poil est blanc; aussi sa fourrure est-elle assez recherchée sous le nom de *fausse hermine*

Lapin d'Angora. — Le *lapin d'Angora*, dit M. Gayot, est originaire d'Asie, comme la chèvre et le chat connus sous la même appellation. Son poil long, soyeux, fin et touffu constitue son principal mérite et son principal produit ; sa viande est de qualité moindre et bientôt coriace. Cette dernière accusation tient sans doute en partie à ce que la race, cultivée pour ses poils, et non plus pour sa peau seulement, est entretenue dans toute l'étendue de sa longévité. On n'en sacrifie guère les individus avant l'âge de cinq à six ans, et l'on en conserve souvent jusqu'à sept et huit ans. La couleur blanche est la plus commune; mais on voit aussi des animaux d'un gris ardoisé et noir. La nature particulière de son poil est bien connue. On le récolte en tirant doucement à la main ou au peigne, trois ou quatre fois par an..... La castration du mâle est une excellente pratique qui profite à la production et à la qualité du poil. On reconnaît que le moment est venu de récolter celui-ci quand il se frise et se pelotonne.

En croisant très diversement entre elles ces diverses races, on a obtenu nombre de variétés de fantaisie auxquelles on attache un intérêt passager, mais qui n'ont pas plus de raison d'être que de n'être pas. Nous les encouragerions volontiers si leur production pouvait mettre l'élevage sur une voie de meilleure entente et de soins plus complets profitables à l'espèce. Mais il n'en est pas ainsi. Les particularités que le hasard fait naître et que le caprice essaie de fixer par la génération portent sur des enfantillages, sur des inutilités regrettables.

CHAPIRRE XXXIII

ÉLEVAGE DU LAPIN

Choix des reproducteurs. — Dans la production du lapin, il faut un mâle pour dix femelles. C'est le soir qu'il faut remettre les femelles au mâle. Après l'accouplement, la femelle sera mise dans une loge séparée ; cela est indispensable, car le mâle

LAPINS DOMESTIQUES.

étant très ardent, obséderait la femelle et provoquerait l'avortement.

De même, une lapine fécondée depuis quelques jours doit être séparée des autres lapines, car souvent elles se battent entre elles ; d'où résultent des avortements fréquents.

On donnera la préférence à un mâle âgé de deux ou trois ans, fort et bien constitué.

Le choix de la femelle n'est pas moins important : elle doit avoir la tête bien régulière, les mamelles apparentes, les jambes fortes et écartées.

Reproduction. — Il ne faut faire couvrir les femelles qu'à l'âge de six mois, dit M. Silvestre; elles portent trente ou trente et un jours, et leurs portées sont depuis deux ou trois jusqu'à huit et dix petits ; il est plus avantageux qu'elles ne soient que de cinq à six : les lapereaux sont plus forts et mieux nourris; aussi quelques cultivateurs enlèvent-ils l'excédent de ce nombre dans les portées trop considérables, et ce procédé est convenable lorsque les mères sont faibles et surtout lorsqu'elles ont déjà perdu ou détruit leurs portées antérieures.

De la mise bas. — Une lapine en gestation doit être tenue bien à l'abri de l'humidité. Il lui faudra une bonne litière bien propre et une nourriture succulente.

Lorsqu'une mère a mis bas, son premier soin est de lécher ses petits, puis elle s'occupe d'elle. Il est prudent de ne toucher que le moins possible aux jeunes lapereaux ; cependant on surveillera le nid pour voir s'il n'y a pas de mort-nés, qu'il faudrait enlever, ou si, comme nous l'avons dit, la portée n'est pas trop nombreuse.

Soins à donner aux lapereaux. — Le prompt développement d'une portée dépend de la richesse de l'allaitement et des soins hygiéniques qu'on procure aux jeunes. Les cabanes seront toujours tenues propres, on aura soin que les lapereaux aient toujours de la litière bien sèche.

Pendant toute la première quinzaine, le lait est la seule nourriture des jeunes lapereaux, la femelle en est généralement bien fournie.

C'est vers le seizième ou dix-septième jour que les jeunes commencent à ajouter quelque nourriture à leur régime lacté.

A un mois, ils mangent seuls et leur mère partage avec eux sa nourriture.

Sevrage des lapereaux. — C'est à ce moment qu'on peut sevrer les lapereaux ; il est bien rarement avantageux de le faire avant ; le faire après, à six semaines, comme on le recommande généralement, n'est à préconiser que si la mère est très robuste et la portée peu nombreuse.

C'est donc vers un mois ou cinq semaines que l'on sépare les jeunes de leur mère en les faisant entrer dans une cabane tenue chaudement. Pour rendre cette séparation moins pénible, on leur donnera, indépendamment des herbes, du pain mouillé avec du lait.

Vers l'âge de deux mois et demi, on procèdera à la castration des mâles pour éviter qu'ils contrarient les femelles, ou bien on séparera et on mettra dans des cabanes spéciales les mâles choisis pour reproducteurs.

L'opération de la castration est très simple pour les lapins. Voici comment on y procède :

Avec le pouce et les deux premiers doigts de la main gauche, on saisit l'un des testicules que le lapin cherche toujours à rentrer intérieurement ; lorsqu'on le tient, on pratique avec un canif une ouverture longitudinale dans la peau, et on fait glisser le testicule qu'on jette au dehors. On procède ensuite sur l'autre testicule. L'opération terminée, on enduit la place d'un peu de beurre ou de saindoux, ou bien on fait une couture avec une aiguillée de fil.

Cette opération de la castration dispose les lapins à grossir, elle améliore la peau, enfin, la chair des lapins castrés est plus fine et plus délicate.

Comme la castration ne doit se faire qu'au printemps (c'est du moins à ce moment qu'elle réussit le mieux), on peut la pratiquer sur des lapins d'un certain âge; toutefois, jamais il ne faut attendre que le lapin ait dépassé deux ans. De plus, il faut avoir soin de laisser jeûner les lapins qu'on veut castrer au moins pendant huit heures.

Il faut se garder, tout en nourrissant copieusement les lapins, de leur donner de la nourriture en excès, car ils sont très voraces et leur ventre pourrait gonfler; cet accident, connu sous le nom de *gros-ventre*, atteint généralement les lapins âgés de deux mois. Il est presque toujours mortel.

Nourriture des lapins. — De la nourriture dépendent en grande partie la saveur et la délicatesse de la chair.

Les lapins sont de gros mangeurs; par contre, ils sont fort peu difficiles sur le choix de leurs aliments.

Il importe de distribuer régulièrement la nourriture à ces petits animaux. Trois repas par jour sont recommandés, un le matin, un à midi, un troisième le soir.

Une foule d'aliments conviennent aux lapins. En hiver on leur donnera des regains de prés naturels ou artificiels, des choux, carottes, navets, betteraves, pommes de terre, etc. On peut y ajouter un peu d'orge et d'avoine, mais en faible quantité.

En été, la marge est encore plus large. Toutes les plantes des prairies naturelles et artificielles leur conviennent; on peut y ajouter des branchages de noisetiers, d'acacia, etc., qu'ils mangent jusqu'à l'écorce. La pimprenelle, le persil, les fanes de carotte, etc., constituent un régal pour eux. Mais, ce qu'ils aiment par-dessus tout, c'est la chicorée sauvage qu'on cultive souvent spécialement pour eux. A ces aliments on peut ajouter des croûtes de pain, des feuilles de maïs, du céleri.

Les changements de nourriture doivent être ménagés avec transition, car toute alimentation nouvelle les tente médiocrement au début; toutefois, ils s'y accoutument bien vite.

Pour le lapin, ce qui importe surtout, c'est la variété des aliments. A cette condition seulement ils donnent une chair fine et délicate.

Comme les lapins gaspillent beaucoup, on ne saurait trop recommander de leur donner de petits râteliers, qu'on entretiendra soigneusement. On aura soin de renverser le râtelier sur la litière avant chaque distribution, pour qu'il ne conserve aucun reste du repas précédent.

Précaution importante s'il en fut : ne jamais donner aux lapins des herbes échauffées et surtout mouillées, qui provoquent souvent des maladies graves.

« A l'état sauvage, dit M. V. Rendu, le lapin, une fois hors de son terrier, n'interrompt son repas que pour vaguer et flâner. Très courtes, mais très multipliées sont ses promenades; dès qu'il s'arrête, il se met à manger; au moindre bruit, il détale. Le lapin domestique, privé de sa liberté, procède un peu différemment. Manger est toujours sa grande affaire, mais, au lieu de précipiter sa digestion par l'exercice, il la confie au sommeil. A peine est-il repu, il s'allonge, se couche à plat ventre, étend ses pattes de devant, y pose son museau, et s'endort d'un sommeil léger. A son réveil, il fait nonchalamment quelques pas, se dirige vers la table derechef, et puis, de nouveau, s'endort : ainsi s'écoule, sans souci, son heureuse existence que remplit surtout l'idée de bien vivre. Gardons-nous de déranger ses goûts de sybarite, réglons-les plutôt, afin de les tourner à notre profit. »

Les lapins doivent toujours avoir de l'eau claire et bien fraîche à leur disposition. On la verse dans une petite augette.

La plupart des herbes provenant du sarclage ne sauraient être mieux utilisées qu'à la nourriture des lapins, mais, si la terre s'y est attachée, il convient de les laver : sans cela, ces animaux, délicats à l'excès sur tout ce qui tient à la propreté, ne touchent qu'aux parties non terreuses et le reste se trouve ainsi perdu. Comme le fait si judicieusement observer M. Rendu, toute nourriture herbacée demande à être cueillie de la veille et distribuée à demi fanée, en vertu du principe que le sec convient mieux aux lapins qu'une nourriture trop aqueuse ;

LAPINS.

cette précaution est surtout nécessaire à l'égard des plus jeunes lapereaux. Le régime alimentaire des lapins varie avec l'âge. Pendant le premier âge, herbes choisies, laiteron, chicorée, pimprenelle, pissenlit, entremêlées de ramille et de petite centaurée. A partir du troisième mois, carottes, navets et betteraves peuvent entrer, en certaine proportion, dans les repas ; le trèfle, le sainfoin, la luzerne, l'herbe des prés à demi flétrie, les fanes de pois, les lentilles et haricots, les développent très bien ; le grain sans nul doute, les pousserait avec plus d'activité, mais c'est une nourriture chère dont il faut être sobre pendant la croissance, sauf à s'en montrer libéral pour le couronnement de l'édifice, lorsque l'époque de la mise à l'engrais est arrivée

Engraissement des lapins. — Il faut attendre que les lapins aient au moins cinq mois avant de songer à leur engraissement. On les vend le plus ordinairement entre six et sept mois, dit M. Pierre Joigneaux ; plus tard, ils sont moins tendres et par conséquent moins recherchés ; on n'a pas intérêt d'ailleurs à les conserver plus longtemps que de raison, à moins qu'il ne s'agisse de reproducteurs que l'on vend à tout âge, après avoir pris, nous assure-t-on, la précaution de leur limer les ongles qui s'allongent en même temps que les lapins vieillissent.

L'engraissement est d'autant plus rapide que le repos est plus complet et l'alimentation plus riche. Dans les Flandres, au moins chez un grand nombre de cultivateurs, voici de quelle manière on procède pour engraisser un lapin en quinze jours : on fixe un bout de planche contre le mur, à un mètre environ du sol, et on place l'animal sur ce bout de planche où il peut à peine se retourner. C'est là qu'on lui sert, trois fois par jour et à heures fixes, une nourriture copieuse, qui consiste en pain de seigle avec du lait, en deux poignées de graines d'avoine, une vers midi, l'autre vers le soir, et enfin en trèfle sec, quand ce fourrage est du goût de l'animal ; le lapin, ainsi placé, ne bouge guère ou ne bouge pas, tant il a peur de tomber, et cette immobilité favorise beaucoup la production de la graisse. On le met à la gêne pour lui donner de l'embonpoint, comme on met à la gêne les vaches dans leurs loges, les oies, les canards, les dindes et les poules dans leurs cages étroites ou épinettes.

Ce mode d'engraissement rapide exige une certaine attention. La nourriture dont on se sert amène parfois un état de constipation qu'il faut combattre avec un peu de nourriture verte.

L'engraissement en un mois ou cinq semaines n'offre pas cet inconvénient. On se contente de placer les lapins dans une caisse ou une loge, toujours en lieu sec, un peu chaud même et en partie obscur. On leur donne à manger trois fois par jour, à des heures très régulières, en variant le plus possible la nature du manger et en faisant alterner le sec avec le frais. Chaque fois qu'on leur sert un repas, on a bien soin d'enlever les débris du repas précédent ; enfin l'on s'arrange de façon que la litière soit toujours riche.

En somme, aussi bien pour l'élevage que pour l'engraissement des lapins, il est essentiel de les tenir en lieu sec et bien aéré, plutôt chaud que froid, de varier souvent la nourriture, de manière qu'elle soit tantôt sèche et tantôt fraîche, d'éviter les feuilles et les herbes mouillées, enfin de renouveler fréquemment la litière. La réussite dépend de ces conditions [1].

Maladies des lapins. — Les maladies sont assez nombreuses, mais toutes n'ont pas la même gravité.

L'*indigestion* provient de l'emploi de l'herbe mouillée ou d'un excès d'herbes trop succulentes.

La *gale* atteint parfois les lapins, et elle revêt chez eux un caractère contagieux assez grave. Elle a surtout son siège à l'intérieur des oreilles ; les animaux deviennent tristes et dépérissent à vue d'œil. Quelquefois ils perdent l'appétit, d'autres fois ils le conservent, mais toujours cette affection les empêche de croître. Il faut donc sacrifier tous les individus atteints pour éviter la contagion.

Le *gros-ventre* ou *bouteille* est occasionné par un amas d'eau assez considérable qui séjourne dans la vessie du lapin.

On a conseillé et recommandé de ne pas donner à boire aux lapins pour les préserver de cette affection, c'est là une erreur grossière. La bouteille a d'autres causes, notamment la consommation des herbes mouillées. Les lapins qui en sont atteints doivent être isolés ; on leur donnera de l'orge grillée et des plantes aromatiques.

L'*ophtalmie*, ou mal d'yeux, attaque surtout les lapereaux sur la fin de l'allaitement. Cette maladie est due à la malpropreté du clapier, notamment à l'action irritante des vapeurs ammoniacales qui se

1. *Le Livre de la ferme et des maisons de campagne.*

dégagent des fumiers. Il va sans dire que le meilleur remède est de faire disparaître la cause du mal. Une extrême propreté et une exposition chaude, voilà ce qu'il faut avant tout aux lapins.

M. Joigneaux a donné le nom de *défense* à une infirmité singulière qui atteint parfois les lapins. Il arrive à ces petits mammifères, soumis au régime invariable d'herbes molles, comme les laitues et les choux, d'avoir les incisives allongées en forme de défense et de ne pouvoir plus prendre de nourriture. Le remède consiste à leur casser les défenses et à les empêcher de repousser en donnant aux lapins une nourriture un peu ligneuse, capable d'user ces dents à mesure qu'elles tendent à se développer.

Question économique. — La question économique de l'élevage des lapins a été souvent agitée. Voici à ce sujet ce que nous trouvons dans *le Livre de la ferme*. C'est ce qui a été dit de plus sensé croyons-nous, sur ce sujet scabreux :

« On a beaucoup écrit sur l'éducation des lapins ; d'aucuns font de cette industrie une entreprise lucrative ; d'autres la réduisent à peu de chose et la dédaignent. Nous croyons, nous, que la vérité se trouve entre les deux extrêmes, et qu'il ne faut ni trop exalter ni trop ravaler cette industrie ; et tout, bien examiné, nous sommes tenté de croire que l'on a raison d'encourager l'éducation de ces animaux sur une assez grande échelle, lorsque les débouchés assurent l'écoulement des produits. Les auteurs qui nous prouvent par des chiffres qu'il est facile de réaliser un joli revenu avec des lapins n'ont qu'un tort, celui de ne pas tenir compte des accidents de la mortalité. Il est aisé, sans doute, de dire qu'une femelle donnera par an six ou sept portées, que la moyenne de chaque portée est de cinq ou six lapereaux, qu'il en coûte tant par jour pour la nourriture, qu'un lapin gras vaut 2 francs ou 2 fr. 50, et que, tous les frais déduits, le bénéfice s'élève pour l'ensemble à une somme déterminée, mais peut-on raisonnablement nous garantir qu'aucune épidémie ne ravagera la garenne ou le clapier, qu'aucune mère ne détruira ses petits? Non, on ne le peut pas, et c'est précisément parce que nous avons quelques mauvaises chances à courir que nous ne produisons pas de chiffres. Nous nous bornons à faire observer que dans un climat doux, sec, avec une nourriture bien choisie et des soins de propreté minutieux, il y a beaucoup à espérer, et que dans des conditions différentes il y a beaucoup à craindre. »

CHAPITRE XXXIV

LAPINS DE GARENNE

Le lapin sauvage. — Nous venons de voir l'élevage du lapin domestique dans le clapier, mais on peut encore élever le lapin sauvage. Cet élevage se fait, non plus dans des cabanes, mais dans des enclos placés dans des lieux convenables et qu'on appelle *garennes*.

En garenne, le lapin se multiplie moins qu'en clapier, mais la chair du premier est autrement délicate, et de ce chef bien plus recherchée.

Quel est le meilleur système, la garenne ou le clapier? Cela dépend de bien des circonstances. Lorsque la nourriture est peu abondante ou d'un prix élevé, la garenne est préférable; au contraire, avec une nourriture abondante et à bas prix, le clapier est meilleur. D'ailleurs, le prix du terrain doit encore intervenir; d'une manière générale il n'y a pas avantage à établir une garenne sur un terrain dont le prix dépasse 600 ou 700 francs l'hectare.

Le lapin sauvage est loin d'être à négliger: on en consomme en France environ quatre à cinq millions par an.

Le lapin de garenne est de taille moyenne, son pelage est gris, c'est un gros mangeur qui ravage les récoltes et cause pour plusieurs millions de dégâts tous les ans.

Les anciens, dit M. le docteur George, ne faisaient la guerre au lapin que pour s'en débarrasser. C'est, dit-on, un Espagnol qui eut le premier l'idée de l'employer comme aliment. C'est également en Espagne que le lapin paraît avoir été domestiqué. Mais on sait que la chair du lapin domestique est très inférieure à celle de son congénère sauvage.

On a beaucoup discuté sur la cause réelle qui donne à la chair du lapin sauvage sa saveur particulière et son goût de gibier. On répète volontiers que c'est parce que le lapin, à l'état domestique, se nourrit d'herbes fades, tandis que, à l'état sauvage, il se nourrit d'herbes aromatiques, telles que le thym et le serpolet. Mais on a objecté à cette opinion les faits suivants : le lapin sauvage consomme des aliments très divers, tels que les céréales en herbe au printemps, les carottes et les betteraves en automne, les choux et les colzas en hiver.

D'autre part, quand on élève des lapins sauvages à l'état domestique, on voit le goût de leur chair se modifier ; et, à la quatrième génération, s'ils ont gagné en taille et en poids, leur chair a perdu de son fumet.

Il faudrait donc admettre que la saveur de la viande chez le lapin de garenne tient surtout à son état sauvage, et que c'est en quelque sorte « le parfum de la liberté ».

Cependant l'alimentation ne saurait être indifférents pour le goût de la viande, non plus chez le lapin que chez tous les autres animaux. Les lapins, continue M. George, élevés dans des terrains arides, montagneux, où croissent des herbes aromatiques,

LAPINS DE GARENNE.

sont incomparablement les meilleurs. Louis XVIII, à ce que raconte Elzéard Blaze, savait distinguer le lieu de naissance d'un lapin servi sur sa table : « Il flairait, mangeait et ne se trompait jamais. »

Le lapin n'a passé nulle part pour un gibier très délicat; pourtant, lorsqu'il est bien assaisonné, il constitue un mets agréable. Sa chair est blanche, ferme, et est considérée par quelques personnes comme « fort appétissante » surtout lorsque l'animal est jeune. On accorde à cette viande le grand mérite de n'être pas échauffante, comme celle des autres gibiers. Néanmoins, il n'en faudrait pas user d'une façon trop continuelle, car on s'en dégoûterait vite.

Les garennes. — Voyons maintenant les garennes en elles-mêmes.

On distingue deux sortes de garennes :

1° Les garennes libres;

2° Les garennes forcées.

1° Garennes libres. — Les garennes libres sont celles qui ne sont pas entourées de murs. Ces garennes ne peuvent être établies en France à cause de la facilité avec laquelle les lapins s'y multiplient, et à cause des dégâts qu'ils y font.

Dans les pays où elles sont possibles, elles sont établies sur des terrains montagneux et incultes, les lapins utilisent les moindres herbes et s'y reproduisent abondamment.

En Irlande et en Danemark, ces garennes libres sont assez communes sur les dunes. On en retire un grand profit par la dépouille des innombrables quantités de lapins qu'elles produisent.

2° Garennes forcées. — Les garennes forcées sont celles qui sont closes. Les clôtures consistent en murs, haies ou fossés. Les haies ne sont pas à recommander, car les lapins parviennent toujours à les franchir; il en est de même des fossés, à moins, toutefois, qu'ils ne soient très larges et remplis d'eau; la meilleure clôture consiste en murs solides; il est important que les fondations soient profondes, autrement, le lapin, en creusant ses terriers, passerai par dessous. Le mur doit avoir environ trois mètres de haut; au-dessus il sera garni d'un chaperon ayant pour but de se préserver des renards.

L'étendue de la garenne varie beaucoup; deux ou trois hectares suffisent pour produire des lapins en abondance.

Le choix du terrain est loin d'être indifférent. Un sol sablonneux ne saurait convenir, car les éboulements empêcheraient les lapins d'ouvrir des galeries; une terre argilo-calcaire convient parfaitement. La garenne sera établie sur un sol inégal ou montueux, sur un coteau élevé par exemple, exposé au midi.

Le terrain ne doit pas être trop fertile, car les lapins y trouveraient des herbes trop succulentes, ce qui donne à leur chair le goût des lapins de clapiers; d'ailleurs, sur un sol très riche, on trouverait autre chose à faire qu'une garenne. Le terrain en pente est à recommander pour que l'eau ne séjourne pas dans la garenne.

Tout emplacement, soit **un verger**, **un pré**, **un**

bois ou une partie de forêt peut servir d'enclos privé pour les lapins; ces divers locaux conviennent également à leur multiplication si l'on sait, au moyen de quelques arrangements particuliers, leur offrir ce que leur nature réclame : nourriture, logement, salubrité.

« Les terrains maigres tels que les savarts peuplés de pins et de bouleaux, lisons-nous dans *le Poussin*, peuvent être destinés à cet usage, surtout s'ils sont situés sur le versant d'une colline ou le plateau agreste d'une montagne. Les lapins semblent particulièrement affectionner ces lieux; ils s'y fixent volontiers et ne tardent pas à s'y multiplier en raison de la tranquillité qu'on leur accorde.

« La garenne sera établie de telle sorte qu'il y ait des sentiers étroits et des champs ensemencés autour de l'enclos; de cette manière les habitants trouveront une alimentation facile. Les principales cultures seront : le blé, le seigle, l'avoine, les prés naturels ou artificiels, les colzas, les choux, les carottes, les betteraves, etc. Çà et là sur la lisière du bois, on ménagera à dessein plusieurs buttes de terre de 6 à 7 mètres de diamètre composées en partie de pierres, de sable ou de craie. On les bâtira de telle façon que les pierres agencées les unes dans les autres puissent offrir à nos lapins quelques galeries sombres et retirées[1]. Sur un monticule de faible hauteur, que couronnera un

---

1. Ces galeries, qui devront se confondre vers le centre en forme d'X et présenter quatre ouvertures différentes, imiteront les sinuosités de celles creusées par nos lapins, c'est-à-dire qu'elles seront tortueuses et plus basses que le sol extérieur.

gracieux kiosque au toit de chaume, on distribuera les vivres dans les saisons pluvieuses.

« Si la garenne n'est pas plantée, car le cas précédent ne se réalise pas toujours, il faut y faire des plantations un an ou deux à l'avance. On choisira de préférence des arbres dont les lapins mangent les fruits, tels que : hêtres, genévriers, chênes, acacias, ormes, cormiers, pommiers sauvages, poiriers, pruniers, cornouillers, châtaigniers, etc.

« De plus, comme les lapins ont besoin d'ombre, on plantera des arbres verts formant de petits taillis ; toutefois on peut s'en passer lorsque les arbres fruitiers sont d'un certain âge.

« Dans la garenne on semera toutes sortes de plantes odoriférantes, telles que du basilic, du thym, du serpolet, de la lavande ; on y ajoutera des choux, des épinards, des laitues, etc. »

Peuplement d'une garenne. — Pour peupler une garenne ainsi disposée, il suffit d'y lâcher des jeunes lapins pris dans un clapier, ou bien d'y mettre des mères pleines. On mettra un mâle pour environ trente femelles.

Comme les lapins multiplient abondamment, il est important de détruire la plupart des mâles, parce qu'ils font souvent la guerre aux jeunes. On n'en laissera qu'un pour trente.

Dans la garenne, les lapins ne tardent pas à creuser leurs terriers. Ils le construisent de plusieurs manières. Tantôt le lapin creuse sa demeure comme un seul boyau ayant une ou plusieurs sorties, tantôt il y multiplie les conduits et les fait aboutir à d'autres terriers, étageant les galeries au-dessus les unes des autres. Quand il n'existe qu'un seul boyau à proprement parler, il est très facile de distinguer l'entrée de la sortie. La première s'annonce par une plus ou moins grande quantité de terre déposée à l'entrée tandis que la deuxième est complètement dépourvue de cette terre, ce qui prouve tout simplement que celle-ci est rejetée par la première ouverture.

Au moment de produire ses petits, la lapine quitte furtivement son terrier et se creuse à quelque distance de là un simple trou (*fouare*); c'est là qu'elle dépose sa progéniture et c'est là aussi qu'elle commencera l'éducation de ses petits enfants[1] Pendant toute la durée de l'allaitement, l'ouverture du terrier reste à peu près fermée; par prévoyance la lapine a aggloméré quantité de terre et de feuilles pour lui en dissimuler l'entrée. Sort-elle pour prendre son repas, elle prend la précaution de tasser fortement la terre en frappant du derrière et l'arrose ensuite de son urine pour en faire disparaître toute trace de nourrice. Au fur et à mesure que les jeunes grandissent, l'entrée du terrier s'élargit jusqu'au moment où, une fois sevrés, ils quittent avec la mère le trou hospitalier qui les a vu naître. Dès lors ils vont habiter en commun

[1]. Malgré l'assertion de beaucoup d'auteurs, le mâle ne s'occupe nullement de sa progéniture, il ne la connaît jamais sans doute; à la femelle seule en incombent les soins. Je nie également l'affinité qu'on suppose exister entre chaque couple, tel que cela se voit chez les renards, les blaireaux; le bouquinage a lieu tout simplement comme pour les lièvres, c'est le plus fort et le plus rusé qui couvre la femelle.

G. M.

avec les autres lapins et songent bientôt eux-mêmes à s'accoupler et à jeter les fondements d'une nouvelle colonie.

Manière de s'emparer des lapins de garenne. — Dans une garenne forcée, il faut s'abstenir autant que possible de tirer au fusil les lapins dont on veut s'emparer, cela jette le trouble dans la colonie, il en est de même du furet. Le meilleur moyen est de les prendre au panneau.

Lois relatives aux lapins. — En raison même de sa nocuité et du tort qu'il peut causer aux cultures, le lapin joue un rôle assez important dans la législation rurale.

Les propriétaires des garennes sont responsables des dommages causés par les lapins sur le fonds voisin, s'ils ne justifient pas qu'ils ont cherché à détruire ces animaux, ou permis aux propriétaires voisins de les détruire eux-mêmes.

Les lapins de garenne sont des immeubles, ainsi que les pigeons de colombier, les ruches à miel et les poissons des étangs, quand ils ont été placés par le propriétaire pour le service de l'exploitation des forêts (Art. 524 du Code civil.)

CHAPITRE XXXV

LÉPORIDES ET COBAYES

Production du léporide. — Nous savons déjà ce qu'est le léporide : ajoutons que c'est en 1847 que ce produit fut obtenu par M. Roux, en mariant le lièvre et la lapine. M. E. Gayot s'est particulièrement occupé de ces animaux, il a publié en ce qui les concerne des travaux très remarquables et très remarqués. Nous ne saurions mieux faire que de lui laisser la parole :

« Le lapin n'a pas pour le lièvre plus d'inclination que ce dernier n'en montre pour lui. Entre eux, l'hostilité est permanente, et, chose étrange, c'est le plus petit qui domine, qui impose la loi et demeure toujours maître du champ de bataille.

« Peu soucieux néanmoins de cette incompatibilité d'humeur, l'homme a cherché à croiser lièvres et lapins, lapins et hases.

« C'est par le lièvre et le lapin que M. Roux a intelligemment poursuivi la création du léporide. La difficulté principale est d'élever l'étalon en état de domesticité. On ne s'adresse pas à la hase et au lapin parce que la fécondité de la hase se trouve enrayée par le seul fait de la captivité, alors même que son propre mâle vit avec elle. D'ailleurs, en tout état de cause, elle est moins prolifique.

« En d'autres termes, ses portées sont moins rapprochées et moins nombreuses que celles de la lapine, sans compter qu'elle tue sa progéniture quand elle n'accouche pas en état de liberté. Ces considérations étaient déterminantes et expliquent le choix qui a été fort judicieusement fait du lièvre, comme étalon de la lapine comme mère. L'élevage domestique du levraut est malaisé. Il faut le prendre à l'âge de vingt ou trente jours, dès qu'il peut se passer de sa nourrice, et le placer avec de petites lapines domestiques du même âge en isolant avec soin celles-ci et celui-là de tout autre animal de leur espèce. Ainsi composée, la petite famille grandit sans encombre. Le levraut ne devient jamais aussi familier que ses compagnes, mais il s'habitue à la réclusion, comme les petites lapines se sont accoutumées à lui. A l'époque de la puberté, on favorise l'accouplement fructueux en ne laissant au mâle qu'une ou deux de ses compagnes d'élevage, qu'on remplace successivement par les autres.

« Ainsi menées, les choses vont à souhait; le croisement s'opère naturellement et la fécondation est assurée.

« Les portées sont un peu moins nombreuses chez la lapine livrée au lièvre. Celle qui, donnée au lapin, aurait produit de huit à douze petits, n'en donne plus que de cinq à huit avec le lièvre. L'expérience montre aussi que le lièvre est plus prolifique avec la femelle du lapin qu'avec la hase, et aussi que la lapine est moins féconde avec le lièvre qu'avec son propre mâle. »

« Pour diriger les croisements à son gré, dit M. Broca, et pour conserver ses lièvres étalons en évitant de les épuiser par des accouplements trop fréquents, M. Roux isole ces animaux dès qu'ils ont fait leurs preuves. Il isole également, dans autant de cages distinctes, les femelles qu'il leur destine. Lorsqu'il veut obtenir un croisement, il place le lièvre à la nuit tombante dans la cage d'une femelle en chaleur, et le retire le lendemain matin. Cet accomplissement réussit aussi sûrement que celui du lapin et de la lapine. »

Caractères du léporide. — Les léporides de premier sang qui résultent de ce premier croisement ressemblent beaucoup plus au lapin qu'au lièvre. Il y a à peine dans leur pelage une légère teinte de roux, et le gris prédomine toujours. Les oreilles sont un peu plus longues que chez le lapin ; les membres postérieurs sont aussi un peu plus allongés : la physionomie est moins sauvage, moins effarée que celle du lièvre. Le volume est à peu-près le même que celui des deux parents. Somme toute, ces animaux pourraient être aisément confondus avec les lapins : pour les en distinguer il faut les considérer avec attention. M. Roux n'a trouvé aucun avantage à propager cette race.

Les léporides, de premier sang, accouplés entre eux, produisent des animaux semblables à eux, et féconds comme eux. Accouplés avec les lapines, ils donnent des métis de second sang presque entièrement semblables aux lapins. M. Roux a jugé également que ces croisements de retour vers l'espèce du lapin étaient sans utilité pratique.

Mais il n'en est pas de même du croisement de retour vers l'espèce du lièvre. Les léporides de second sang, issus du père lièvre et d'une femelle de premier sang, sont plus beaux, plus forts et plus grands que les animaux d'espèce pure.

Ces nouveaux hybrides, qui sont lièvres pour les trois quarts, et lapins pour un quart seulement, et que, pour ce motif je désignerai sous le nom de *quarteron*, sont loin de présenter les caractères du lièvre à un degré aussi élevé qu'on pourrait s'y attendre... Par leur forme comme par leur couleur, ils semblent placés à égale distance du type lièvre et du type lapin, de telle sorte que si l'on ignorait leur généalogie, on serait tenté de les prendre pour des métis de premier sang.

Les léporides quarterons sont féconds entre eux, et constituent une bonne race, mais ils sont peu prolifiques, et sous ce rapport ils se rapprochent beaucoup des lièvres. Leurs portées ordinaires sont seulement de deux à cinq petits, et pour obtenir une race plus productive, M. Roux a eu l'idée de les recroiser avec les métis de premier sang. Le produit obtenu est lièvre pour 5/8 et lapin pour 3/8. Ils sont aussi beaux que les quarterons et beaucoup plus prolifiques. Leurs portées sont de cinq à huit petits : ceux-ci s'élèvent sans aucune difficulté, ils ont même la vie plus résistante que les lapins d'espèce pure. Ils prennent rapidement leur croissance, et sont déjà capables de se reproduire à l'âge de quatre mois. La femelle porte trente jours, elle allaite environ trois semaines, et reçoit de nouveau le mâle dix-sept jours après avoir mis bas. Elle peut donc donner sans difficulté six portées par an. C'est cette race des 3/8 que M. Roux cultive de préférence ; c'est celle qui coûte le moins à élever et qui produit le plus de chair pour une quantité donnée d'aliments ; c'est elle par conséquent qui donne les plus beaux revenus.

Le pelage des 3/8 est d'un gris roux, intermédiaire entre la couleur du lièvre et celle du lapin, mais la consistance du poil est tout à fait comme chez le lièvre. Leurs oreilles sont aussi longues que celles du lièvre, et il y a ceci de remarquable que, chez tous les jeunes et chez beaucoup d'adultes, elles ne sont pas parallèles, comme chez les animaux d'espèce pure ; l'une d'elle est dressée, l'autre pendante, et cela suffit pour donner à l'animal une physionomie toute particulière.

Les léporides ont la tête plus grosse que les lapins, la physionomie éveillée, plus craintive, l'œil plus grand, c'est-à-dire plus ouvert, et, si je ne me trompe, un peu plus rapproché des narines, les membres postérieures plus longs, presque aussi longs que chez le lièvre, les membres antérieurs plus longs d'une manière absolue, et par rapport à la longueur des membres postérieurs. La queue est plus courte que chez le lièvre, plus longue que chez le lapin.

On voit souvent paraître parmi les léporides, comme parmi les lapins d'espèce pure, une variété albinos, et une autre variété aux longs poils, dont l'aspect rappelle celui des lapins angoras.

Qualités du léporide. — Tous les léporides, quels qu'ils soient, ont la chair semblable à celle du lapin sauvage, c'est-à-dire à peine plus foncée que celle du lapin domestique, et les quarterons eux-mêmes, sous ce rapport sont beaucoup plus rapprochés du lapin que du lièvre.

La chair des léporides n'a pourtant pas le goût de la chair des lapins, soit domestiques, soit sauvages ; elle a un goût particulier qui n'est pas sans analogie, au dire de M. le docteur Macquet, avec celui de l'aile de dinde, et qu'on préfère généralement à celui des parties les plus estimées du lapin de garenne.

LE COBAYE.

La production du léporide, conclut M. Eugène Gayot, est un coup de maître.

L'agriculture doit s'en emparer comme d'une conquête utile et profitable. Voilà longtemps qu'elle se renouvelle sur une grande échelle et qu'elle procure des bénéfices considérables. Le lapin sauvage devient quelquefois un fléau ; le lapin domestique ne livre à la consommation qu'une viande peu estimée ; le léporide donne un aliment abondant, qui s'obtient économiquement et auquel on trouve une saveur agréable.

Le cobaye ou cochon d'Inde. — Il nous reste pour clore ce traité des animaux de basse-cour à parler d'un petit mammifère qui, autrefois était assez commun dans les basses-cours, mais qui aujourd'hui tend à en disparaître; nous voulons parler du cobaye ou lapin d'Inde, plus connu sous le nom de cochon d'Inde (*cobaye aperea*).

Tout le monde connaît ce petit rongeur, assez semblable au rat commun, quoique de taille un peu plus forte, il est dépourvu de queue. Sa robe est formée de taches noires, blanches et rousses, ce qui lui donne un caractère d'originalité qui n'est pas dépourvu d'un certain charme.

Au moyen âge, on élevait les cobayes pour les manger; mais tous les auteurs du temps s'accordent à dire que sa chair, fade et douceâtre, était peu appréciée. Depuis longtemps on a complètement renoncé à ce comestible.

On a voulu faire du cochon d'Inde, un animal d'une stupidité remarquable. C'est là une exagération. Le fait est que l'animal est encore peu connu; en étudiant bien ses mœurs et son genre de vie, il est aisé de se convaincre qu'il n'en est pas tout à fait ainsi.

Le mâle aime tendrement sa femelle et, chose que le lapin ne fait pas, il soigne sa progéniture avec une tendre sollicitude. Les petits cobayes naissent entièrement couverts de poils, et les yeux ouverts.

Le cochon d'Inde, connaît parfaitement la personne qui le soigne depuis son enfance, il lui prodigue même ses caresses; à sa vue il manifeste sa joie par de petits cris rappelant ceux des rats; souvent même il prend follement ses ébats et sautille avec allégresse lorsqu'il voit arriver sa nourriture.

Celle-ci est à peu près la même que celle du lapin, toutefois, il montre une préférence marquée pour certaines herbes, telles que : le pissenlit, le trèfle, la luzerne, la chicorée amère, etc., enfin il aime surtout les croûtes de pain trempées dans le lait.

Le cobaye est aujourd'hui un inutile, un animal de fantaisie qui n'a aucune utilité pratique. On le trouve encore dans quelques clapiers ou garennes en compagnie des lapins qu'il semble affectionner beaucoup et qu'il égaye par son humeur folâtre et enjouée.

TABLE DES MATIÈRES

	Pages
Dédicace.	III
Introduction.	IX

PREMIÈRE PARTIE : Coqs et poules.

CHAPITRE Ier. — Considérations historiques.	1
Origines.	1
Les coqs et les poules chez les anciens.	2
Le coq gaulois.	4
La gallinoculture.	5
Valeur alimentaire des volailles et des œufs.	10
CHAPITRE II. — Organisation de la poule.	13
Les Gallinacés.	13
Classification.	14
Squelette.	15
Muscles.	16
Viscères.	16
Respiration.	18
Organes des sens.	19
CHAPITRE III. — Le coq et la poule.	20
Mœurs, habitudes, genre de vie.	20
Le coq.	21
Le chant du coq.	21
Les combats de coqs.	27
La poule.	28
Combien de poules faut-il pour un coq ?	31

TABLE DES MATIERES

CHAPITRE IV. — Les races	36
Choix d'une race	36
Aptitudes des diverses races	38
Classification des races	42
CHAPITRE V. — Races dites primitives	43
Généralités	43
Le coq de Sonnerat	43
Caractères généraux	43
Captivité	44
Le coq de Malaisie	45
Caractères	45
Variétés	46
Le coq bankiva	48
Généralités	48
Caractères	48
CHAPITRE VI. — Races de produit	50
a. Races françaises	50
Race commune	50
Caractères généraux	50
Mœurs et genre de vie	52
Considérations générales	52
Choix des reproducteurs	54
Race de La Flèche	55
Généralités	55
Caractères	56
Qualités	57
Poule du Mans	59
Race de Crèvecœur	59
Caractères généraux	59
Qualités et défauts	62
Variétés	64
Variété de Caux	64
Variété de Merleraux	64
Variété de Gournay	64
Variété de Pavilly	64
CHAPITE VII. — Races françaises (suite)	66
Race de Houdan	66

Généralités	66
Caractères	67
Historique	71
Race de la Bresse	73
Généralités	73
Caractères	75
Variétés	75
Qualités et défauts	76
Race de Barbezieux	78
Caractères généraux ; qualités et défauts	78
Race courtes-pattes	79
Caractères	79
Qualités et défauts	79
Race coucou	80
Caractères	80
Race noire	80
Caractères	80
Historique	81
Race Gascogne	82
Caractères	82
CHAPITRE VIII. — *b*. Races étrangères	84
Généralités	84
Division	86
1° Races de produit	86
Race anglaise	86
Race de Dorking	86
Races belges	92
Race campine	92
Race de Bruges ou d'Yprès	93
Race des Ardennes	94
Races hollandaises	95
Race Bréda	95
Race Pelkip	97
CHAPITRE IX. — Races étrangères de produit (suite)	98
Race allemande	98
Race de Hambourg	98
Race espagnole	100

Races asiatiques. 109
Race de Lang-Shan. 109
Race walikiki. 111
Races cochinchinoises. 113
Race de Brahmapoutra. 123

CHAPITRE X. — RACES ÉTRANGÈRES D'AGRÉMENT. . . . 127
Considérations générales. 127
Race de Padoue. 128
Race de Jérusalem. 130
Race nègre. 132
Race de Nagasaki. 134
Race de Bantam. 135
Race naine de combat. 135
Race sultane. 137
Race de Yokohama. 137
Race phœnix. 138

CHAPITRE XI. — CROISEMENT DES RACES. 142
Considérations générales. 142
Sélection. 149
Consanguinité. 152

CHAPITRE XII. — HABITATION DES POULES. 153
Le poulailler. 153
Exposition. 153
Emplacement. 153
Construction. 154
Mobilier du poulailler. 159
Dispositions concernant l'hygiène. 165

CHAPITRE XIII. — NOURRITURE DES POULES. 167
Considérations économiques. 167
Choix des aliments. 168
Valeur nutritive et commerciale des aliments. . 171
Distribution des aliments. 173
Hygiène de l'alimentation. 177

CHAPITRE XIV. — LA PONTE. 180
Formation de l'œuf. 180

Fréquence de la ponte. 183
Signes extérieurs de la ponte. 186
Prolongation de la ponte. 190

CHAPITRE XV. — Les œufs. 191
   Constitution physiologique de l'œuf de poule. . 191
   Anomalies des œufs. 195
   Œufs clairs, œufs fécondés. 197
   Conservation des œufs. 199
   Transport des œufs. 202

CHAPITRE XVI. — Incubation. 203
   Choix des œufs à couver. 203
   Incubation naturelle 204
   Les nids. 204
   Signes annonçant le besoin de couver. 204
   Choix des couveuses. 204
   Nombre des œufs à donner à une couveuse. . . 206
   Inconvénients de donner à une couveuse des œufs
     d'espèces différentes. 206
   Soins à donner aux couveuses. 207
   Durée de l'incubation. 207
   Physiologie de l'incubation. 208
   Incubation artificielle. 211
   Historique. 211
   Couveuses artificielles. 212
   Les hydro-incubateurs. 214

CHAPITRE XVII. — Education des poussins. 221
   Eclosion. 221
   Nourriture des poussins. 227

CHAPITRE XVIII. — De l'engraissement. 230
   Principes généraux. 230
   1° Engraissement des jeunes poulets 235
   2° Engraissement des volailles adultes . . . 235
   Chapons. 236
   Poulardes. 236
   Engraissement mécanique. **240**

CHAPITRE XIX. — Produits du poulailler 241
    Usage des œufs. 241
    La chair des volailles. 243
    Les plumes. 244
    Le fumier des poules. 244
    Poulailler roulant. 247

CHAPITRE XX. — Maladies des poules. 251
    Généralités. 251
    Pépie. 252
    Diarrhée. 253
    Toux. 253
    Constipation. 253
    Picage. 254
    Mue. 255
    Pustules. 256
    Maladie du croupion. 256
    La gale ou blanc. 257
    Vermine. 258
    La goutte. 258
    Ophtalmie. 259
    Roupie. 259
    Diphtérie. 260
    Choléra des poules. 262

DEUXIÈME PARTIE : Dindons.

CHAPITRE XXI. — Histoire naturelle et races. . . 266
    Caractères. 266
    Historique. 268
    Statistique. 270
    Espèces et variétés 270
    Mœurs. 271

CHAPITRE XXII. — Production et élevage. 276
    Ponte. 276
    Incubation. 277
    Elevage. 279

TABLE DES MATIÈRES

CHAPITRE XXIII. — Engraissement 284
    Engraissement des dindonneaux. 284
    Engraissement des dindons. 285
    Maladies des dindons. 288
    Produits. 290

TROISIÈME PARTIE : **Pintades.**

CHAPITRE XXIV — Histoire naturelle. Ponte. Elevage. 292
    Caractères. Mœurs. 292
    Ponte et incubation. 294
    Elevage. 295
    Nourriture. 296
    Produits. 297

QUATRIÈME PARTIE : **Oies.**

CHAPITRE XXV. — Histoire naturelle. Origine. Races. 299
    Caractères distinctifs 299
    Mœurs, instincts 300
    Oies et jars. 302
    Les races. 304

CHAPITRE XXVI. — Elevage. Engraissement. Produits. 309
    Ponte. 309
    Incubation. 309
    Eclosion. 310
    Nourriture. 310
    Engraissement. 311
    Maladies des oies. 313
    Produits de l'oie 316

CINQUIÈME PARTIE : **Canards.**

CHAPITRE XXVII. — Caractères. Mœurs. Races. . . 319
    Histoire naturelle. 319

Espèces et races. 323
Produits de l'élevage du canard. 328

CHAPITRE XXVIII. — Elevage. Engraissement. Maladies.
Ponte. 330
Incubation. Eclosion. 330
Engraissement. 331
Maladies des canards. 333

SIXIÈME PARTIE : Cygne et paon.

CHAPITRE XXIX. — Histoire naturelle et élevage . . 337
Le cygne. 337
Le paon. 341

SEPTIÈME PARTIE : Les pigeons.

CHAPITRE XXX. — Caractères. Mœurs. Races. . . . 348
Généralités. 348
Usages et produits. 348
Mœurs et genre de vie. 349
Races de pigeons. 352

CHAPITRE XXXI. — Elevage du pigeon. 359
Colombier et volière. 359
Nourriture des pigeons. 363
Ponte et incubation. 364
Maladies. 366
Le pigeon voyageur. 368

HUITIÈME PARTIE : Lapins, Léporides et Cobayes.

CHAPITRE XXXIII. — Le clapier et ses habitants . . 370
Clapier-modèle. 370
Tonneaux-clapiers. 372

TABLE DES MATIÈRES

Choix d'une race de lapins	373
Lapin-bélier ou rouanais	376
Lapin-nicard	376
Lapin argenté	376
Lapin de Chine	377
Lapin d'Angora	377

CHAPITRE XXXIII. — Elevage du lapin 379
   Choix des reproducteurs 379
   Reproduction 380
   De la mise-bas 380
   Soins à donner aux lapereaux 381
   Sevrage des lapereaux 381
   Nourriture des lapins 382
   Engraissement des lapins 386
   Maladies des lapins 388
   Question économique 389

CHAPITRE XXXIV. — Lapins de garenne 391
   Le lapin sauvage 391
   Les garennes 394
   1° les garennes libres 394
   2° les garennes forcés 395
   Peuplement d'une garenne 397
   Manière de s'emparer des lapins de garenne . 399
   Lois relatives aux lapins 399

CHAPITRE XXXV. — Léporides et Cobayes . . . 400
   Production du léporide 400
   Caractères du léporide 402
   Qualités du léporide 404
   Le cobaye ou cochon d'Inde 405

www.ingramcontent.com/pod-product-compliance
Lightning Source LLC
Chambersburg PA
CBHW060545230426
43670CB00011B/1689